Otto Fenichel

Psychoanalytische Neurosenlehre

Band III

WV

OTTO FENICHEL

Psychoanalytische Neurosenlehre

Walter-Verlag Olten und Freiburg im Breisgau

The Psychoanalytic Theory of Neurosis

Die Übersetzung aus dem Amerikanischen besorgte

Klaus Laermann

Die Gesamtherstellung erfolgte in den Werkstätten des Walter-Verlags
Printed in Switzerland

ISBN 3-530-20303-3

INHALT

Anmerkung des Übersetzers

Die arabischen Zahlen verweisen auf die Titel der Bibliographie im ersten Band. K. L.

D. PSYCHONEUROSEN. DIE SEKUNDÄRE BEARBEITUNG VON SYMPTOMEN

Kapitel XIX: Die Abwehr von Symptomen und der sekundäre Krankheitsgewinn

1. Allgemeine Bemerkungen

Es war von der Natur der Sache her notwendig, die Erörterung der speziellen Formen von Neurosen in die Kapitel über die Mechanismen der Symptombildung aufzunehmen. Da die Symptombildung die gesamte Persönlichkeit beeinflußt, ist sie auch für den Verlauf einer Neurose verantwortlich. Auch die Reaktion des Ich auf eine Neurose ist bisher an mehreren Stellen berührt worden. Die folgende Zusammenfassung der verstreuten Bemerkungen soll dazu dienen, die Mechanismen des Verlaufs von Neurosen nach den ersten Symptombildungen zu veranschaulichen.

Ein neurotisches Symptom stellt für das Ich eine neue schmerzhafte Erfahrung dar. Die Reaktion des Ich auf eine solche Erfahrung hängt von seiner Entwicklung und von seiner Stärke ab.

Ein sehr schwaches Ich kann passiv überwältigt werden; eine unerwartet schmerzhafte Erfahrung kann bei ihm eine traumatische Wirkung hervorrufen. Es lernt, sich gegen solche Erfahrungen entweder durch einfache Verleugnung oder durch andere Abwehrmechanismen zu verteidigen. Dabei folgt es dem Mechanismus seines ersten Urteils, nach dem alles Unangenehme ausgespuckt werden muß (616). Auf der Entwicklungsstufe einer passiv-rezeptiven Realitätsbewältigung steht dem Ich nur eine Antwort auf die Erfahrung von Schmerz zur Verfügung: der Schrei nach Hilfe.

Im Gegensatz dazu kann das reife Ich, das in Übereinstimmung mit dem Realitätsprinzip handelt, schmerzhafte Erfahrungen als solche anerkennen (575). Durch diese Anerkennung vermag es späterhin, ähnliche Erfahrungen entweder zu vermeiden oder auf sie angemessen zu reagieren, indem es unvermeidliche Schmerzen als so harmlos oder gar nützlich wie möglich hinnimmt (507).

Ein Ich, das neurotische Symptome an sich erfährt, befindet sich ungefähr in der gleichen Situation wie eines, das zum erstenmal einen Gefühlsausbruch erlebt. Symptome und Gefühlsausbrüche gleichen sich insofern, als sie schmerzhaft und dem Ich fremd sind, obwohl sie innerhalb dessen eigener Persönlichkeit auftreten. Zunächst wird das Ich traumatisch durch Gefühlsausbrüche überwältigt; in der Folge versucht es, sich gegen sie zu verteidigen und in der Außenwelt einen Schutz zu finden, der es ihm gestattet, sich selbst weiterhin passiv zu verhalten; schließlich lernt es, seine archaische Abwehr zu überwinden und seine Affekte in der Weise zu beherrschen, daß es sie für seine eigenen Zwecke einsetzt (191, 440, 697, 1021). Ob dies gelingt, hängt natürlich von ökonomischen Umständen ab. Die Fähigkeit des Ich zu reifer Realitätsbewältigung wird durch seine relative Stärke im Verhältnis zu den Kräften bestimmt, die es zu beherrschen hat. Geschwächt werden kann das Ich durch Energiebeträge, die zur Aufrechterhaltung von Gegenbesetzungen an anderen Stellen notwendig sind. Von entscheidender Bedeutung ist darüber hinaus die Entwicklungsstufe des Ich am Beginn eines neurotischen Konflikts.

Neurotiker sind Menschen, die zu archaischen Reaktionsmustern neigen. Viel seltener als Affekte unterliegen daher neurotische Symptome der Kontrolle von seiten einer ausgereiften Persönlichkeit. Versuche einer solchen Kontrolle setzen eine gewisse Lernfähigkeit voraus sowie die Fähigkeit, neue Erfahrungen den alten zuzuordnen, Unterschiede zu verstehen und das jeweilige Verhalten einem vernünftigen Urteil entsprechend zu modifizieren. Neurotiker sind Menschen, die über diese Fähigkeit nicht verfügen und statt dessen dazu neigen, mit rigiden infantilen Verhaltensmustern zu reagieren. Man findet daher bei ihnen weit häufiger pathologische Formen der Reaktion auf Symptome als deren rationale, situationsgerechte Verarbeitung. Sie neigen dazu, von Symptomen überwältigt zu werden, eine Abwehr gegen sie aufzubauen und Hilfe von außen zu verlangen.

Neurosen, die von Kindheit oder Jugend auf ohne Unterbrechung wirksam waren und nur in ihrer Intensität variierten, können selbstverständlich nicht als Traumen erfahren werden. Manche Symptomneurosen brechen jedoch unvermittelt und unerwartet aus. Zuweilen kann sich auch eine bereits ausgebildete Neurose plötzlich verschlimmern.

Das geschieht bei «Nervenzusammenbrüchen», die gelegentlich bloße Angstanfälle sind und bei denen manchmal ein neurotisches Gleichgewicht verlorengeht, das bis zu diesem Zeitpunkt mühsam aufrechterhalten wurde. So können die rigiden Restriktionen der Isolierungen zusammenbrechen, die Zwangscharaktere daran hindern, Angst und seelischen Schmerz zu empfinden. Die Persönlichkeit wird in einem solchen Fall plötzlich von Angst und vegetativen Empfindungen überflutet, die um so schmerzhafter sind, als die Patienten es wegen ihrer Abwehrmaßnahmen nicht gelernt haben, mit ihren Gefühlen fertig zu werden.

An dieser Stelle erhebt sich die Frage, was dafür verantwortlich ist, daß Neurosen so plötzlich ausbrechen oder sich verschlimmern. Die Theorie der dynamischen Grundlage aller neurotischen Erscheinungen erlaubt es, die auslösenden Faktoren schematisch zusammenzufassen. Der Leser sollte sich jedoch vergegenwärtigen, daß die verschiedenen Faktoren einander ergänzen oder füreinander eintreten können. Sie stellen in der Praxis Kombinationen mehrerer Elemente dar, die im folgenden künstlich voneinander isoliert werden (576).

Ein gewisses Ausmaß von neurotischen Konflikten und von pathogener Abwehr kann von jedem ertragen werden, ohne daß er zusammenbricht. Aber je mehr Energie jemand in latenten Abwehrkonflikten verbraucht, desto mehr wird er zu einer Erkrankung neigen, wenn er sein seelisches Gleichgewicht verliert. Eine intensive Störung dieses Gleichgewichts kann selbst bei einem Menschen, der nur wenig dazu prädestiniert ist, eine Neurose auslösen. Krankheitsdisposition (die Intensität latenter Abwehrkämpfe) und auslösende Faktoren verhalten sich komplementär zueinander (596).

Faktoren, die eine Neurose auslösen, sind Erlebnisse, die das Gleichgewicht von abgewehrten Triebregungen und Abwehrkräften stören, das zuvor relativ stabil war (1513). Solche Störungen können auf dreierlei Art zustande kommen:

A. Durch die Zunahme einer abgewehrten Triebregung. Solch eine Zunahme muß nicht notwendig so weit gehen, daß die Gegenbesetzung vollständig zusammenbricht. Sie muß jedoch stark genug sein, um die zuvor bestehende Abwehr von Abkömmlingen der abgewehrten Triebregung unzureichend werden zu lassen. Sie kann auf verschiedene Art entstehen:

1. Die Zunahme kann absolut sein. Viele Neurosen brechen aufgrund der physiologischen Intensivierung der Sexualtriebe während der Pubertät oder im Klimakterium aus.

2. Es kann sich um eine relative Zunahme einer abgewehrten Triebregung auf Kosten anderer Triebansprüche handeln. a) Eine derartige Zunahme kann verursacht sein durch Erfahrungen, die bewußt oder unbewußt eine Versuchung oder Stimulierung dieses besonderen Triebwunsches bedeuten. b) Sie kann auf Erfahrungen zurückgehen, die bewußt oder unbewußt andere Triebansprüche abwerten, deren Energie in der Folge auf die abgewehrte Triebregung verschoben wird (581). Enttäuschungen rufen bei Erwachsenen oft eine Regression zu infantilen Triebwünschen hervor. c) Sie kann auf äußere Frustrationen oder die Blockierung von Triebbefriedigungen zurückgehen, die bisher erreichbar waren. Jede sexuelle Frustration erhöht bei Erwachsenen die Intensität ihrer unbewußten infantilen Triebwünsche. d) Sie kann schließlich auf die Blockierung einer jeden Aktivität zurückführbar sein, die aufgrund früherer Verschiebungen an die Stelle einer Triebbefriedigung getreten war. Eine solche Blockierung kann dazu führen, daß die abgewehrten Triebregungen stärker als zuvor an die Oberfläche drängen.

B. Eine Abnahme der Abwehrkräfte. Eine derartige Abnahme muß nicht so weit gehen, daß eine Abwehr vollständig aufgegeben wird, aber sie muß groß genug sein, um die zuvor bestehende Abwehr von Abkömmlingen des Unbewußten zu lockern.

1. Ist das Ich durch Anstrengung, Erschöpfung, Rauschzustände oder Krankheit geschwächt, so sind auch seine Abwehrkräfte weniger stark, und das Verdrängte tritt leichter hervor.

Wer müde ist, verspricht oder irrt sich häufiger, und Kranke lassen sich allerlei durchgehen, was sie sich unter anderen Umständen versagt haben würden. Unter gewissen Bedingungen kann dies als Erleichterung begrüßt werden und sogar dazu dienen, daß eine Besserung oder Heilung von Neurosen möglich wird.

Häufig scheinen sich Neurosen unter großer äußerer Belastung zu bessern. Das mag den Eindruck hervorrufen, die Neurose sei nur eine Art Spiel gewesen, das zu Ende geht, sobald wirkliche Schwierigkeiten auftreten. Auf der Suche nach einer Erleichterung nehmen manche Patienten zu äußeren Belastungen ihre Zuflucht oder versuchen sich durch schwere Arbeit zu zerstreuen. Einen günstigen Einfluß können solche Bemühungen auf den Verlauf einer Krankheit haben, wenn Schuldgefühle unter den Motiven der Abwehr vorherrschen. Krankheit, «Roboter»-Arbeit, anstrengende Aufgaben oder wirkliches Elend werden als Bestrafung angesehen, die Schuldgefühle besänftigen und Privilegien verschaffen.

Ist die Schwächung der Abwehr jedoch weniger weit fortgeschritten, so kann das das Gegenteil bewirken. Abkömmlinge des Unbewußten, die bisher blockiert waren, können zum Durchbruch gelangen und als Symptome zutage treten. Droht ein solcher Durchbruch allzu gefährlich zu werden, so kann das Ich auf ihn mit verstärkter Abwehr reagieren.

Das ist bei einigen «Pathoneurosen» der Fall (478). Häufig werden Neurosen durch vorausgegangene größere Anstrengungen ausgelöst. Das hat seinen Grund darin, daß die Verarmung des Ich infolge solcher Anstrengungen seine Abwehrkräfte herabsetzt und als gefährliches Signal empfunden wird. Anstrengungen dieser Art können jedoch auch als Kastrationsdrohung oder masochistische Versuchung erfahren werden.

2. Was für die allgemeine Schwächung des Ich gilt, gilt ebenso für die Schwächung bestimmter Einstellungen der Abwehr aufgrund einer relativen Stärkung anderer Teile des Ich. Wird das Selbstgefühl durch einen Erfolg, durch die Verwirklichung von Idealen oder durch den Gewinn von Liebe, Macht oder Prestige erhöht, so tritt ein allgemeines Hochgefühl ein, das zu einer Herabsetzung der Zensur führt. Das kann zur Folge haben, daß sich zuvor verbotene Auswege öffnen und daß eine allgemeine Erleichterung Platz greift (1237). Auch hier kann eine Verminderung der Zensur nicht zu wirklicher Befreiung führen, sondern zur Bildung von Symptomen. Denn eine allzu große Erleichterung dieser Art kann als Gefahrensignal empfunden werden.

C. Paradoxerweise kann auch eine Intensivierung der Abwehrkräfte eine Neurose auslösen. Manche neurotischen Erscheinungen sind eher Manifestationen der Abwehr als ein Durchbruch des Abgewehrten. Denn mit jeder Zunahme der Abwehrkräfte wird die innerpsychische Auseinandersetzung intensiviert. Dadurch gerät das psychische Gleichgewicht in Gefahr. Eine verstärkte Unterdrückung kann durch eine noch stärkere Rebellion beantwortet werden. Demnach kann alles, was zur Verstärkung von Angst oder Schuldgefühlen beiträgt, die das Motiv der Abwehr bilden, eine Neurose auslösen.

1. Die Angst kann unmittelbar verstärkt werden durch eine neue Bedrohung, durch Erfahrungen, die subjektiv als bedrohlich wahrgenommen werden, und durch Erfahrungen, die etwas als bedrohlich erscheinen lassen, das bisher nicht als Bedrohung aufgefaßt wurde (566). Auf diese Weise kann bei Kindern der unerwartete Anblick der Genitalien Erwachsener ganz ebenso eine Neurose auslösen wie eine bevorstehende Prüfung oder Traumen, die als Kastration oder Selbstaufgabe erlebt werden.

2. Schuldgefühle können unmittelbar verstärkt werden. Empfindet jemand Reue oder wird er durch eine Autorität zu erhöhter Perfektion gedrängt, so kann die Triebunterdrückung zugleich mit den Schuldgefühlen wachsen.

3. Nach dem Verlust von allem, was bisher als Stütze oder Versicherung gedient hat, nehmen sowohl Angst wie Schuldgefühle indirekt zu. So kann eine Rationalisierung ihre Wirksamkeit einbüßen. Oder es kann bei Personen, deren Selbstgefühl durch orale Abhängigkeit bestimmt wird, ein Zusammenbruch eintreten, wenn die benötigte narzißtische Zufuhr abnimmt und ein Liebesentzug die Angst, verlassen zu werden, erhöht. Da Prestige, Macht und Selbstvertrauen im Kampf gegen die Angst eingesetzt werden, kann jede Herabsetzung eines dieser drei Faktoren eine Neurose auslösen. Ist das Selbstvertrauen schwach und wird eine Bestrafung unbewußt erwartet, so bedeutet jedes Versagen, daß die erwartete Bestrafung unmittelbar bevorsteht. Ein Erfolg kann darüber hinaus die Bedeutung von etwas Unverdientem oder «Falschem» annehmen und die Inferiorität oder Schuld der betreffenden Person offen zutage treten lassen. Freud beschrieb Patienten dieses Typus als diejenigen, «die am Erfolge scheitern» (592). Ein Erfolg kann

aber nicht nur etwas bedeuten, das unmittelbare Bestrafung nach sich zieht, sondern ebensogut etwas, das den Ehrgeiz anstachelt und damit Ängste in bezug auf zukünftiges Versagen und zukünftige Bestrafung mobilisiert.

4. Die Abwehrkräfte können reaktiv zunehmen, nachdem sie vorübergehend abgenommen haben. Die unter B. erwähnten Faktoren können in doppelter Weise wirksam werden.

Pathologische Reaktionen auf äußere Ereignisse haben ihre Ursache in dynamischen und ökonomischen Veränderungen während der Abwehrkämpfe. Bestimmte Ereignisse werden im Licht der Vergangenheit mißverstanden und als Versuchungen, Bedrohungen, Befriedigungen oder Versicherungen interpretiert. Sie bewirken Veränderungen in der Stärke der abgewehrten Triebregungen oder der abwehrenden Ängste und Schuldgefühle.

Faktoren, die eine Neurose auslösen, sind zumeist Erlebnisse, die (objektiv oder subjektiv) Kindheitsereignissen ähneln, die die entscheidenden Konflikte hervorgerufen haben. Solche Erfahrungen hängen mit den «Komplexen» einer Person zusammen. Je mehr ungelöste Abwehrkämpfe in ihrem Innern ausgetragen werden, desto eher ist sie geneigt, spätere Erfahrungen als eine Wiederholung von Ereignissen zu interpretieren, die einmal den Abwehrkampf hervorgebracht haben.

Wirkt ein Angstanfall oder ein Nervenzusammenbruch auf das Ich wie ein Trauma, so kann das zu einer traumatischen Neurose führen, die dann sekundär eine ursprüngliche Psychoneurose überlagert. Patienten dieses Typus können der Schlaflosigkeit verfallen oder nur von ihren Angstanfällen träumen, sie können sich gezwungen sehen, immer und immer wieder von ihren neurotischen Erfahrungen zu berichten, sie können bestimmte Bewegungen oder Affekte als Abwehr gegen den ursprünglichen Angstanfall entwickeln und schließlich jedes andere Interesse verlieren.

3. Die Abwehr von Symptomen

Wie schmerzhafte Affekte können auch die «subjektiven Affekte» neurotischer Symptome durch die verschiedenen Abwehrmechanismen abgewehrt werden. Da alle Symptome Abkömmlinge von abgewehrten Triebregungen sind, können sie unbewußt als solche erkannt und ihrerseits abgewehrt werden. So können Tagträume, die an die Stelle verdrängter Antriebe getreten sind, so lange Zugang zum Bewußtsein finden, wie sie eine bestimmte Intensität nicht überschreiten. Danach werden sie als Abkömmlinge des Unbewußten erkannt und verdrängt (vgl. Bd. II, S. 7 und 40). Dasselbe gilt für Symptome. Solange sie nicht allzu intensiv sind und solange ihre Abwehrfunktion vorherrscht, können sie hingenommen werden. Werden sie allzu intensiv oder drücken sie allzu deutlich abgewehrte Triebe aus, so werden sie bekämpft.

Alle Arten von Abwehrmechanismen können gegen Symptome eingesetzt werden. Es kann sogar eine einfache Verleugnung verwandt werden.

Nach der Mobilisierung ihrer Charakterneurose wies eine Patientin in ihrer Lehranalyse akute Symptome auf, die u. a. aus heftigen Brechanfällen bestanden. Als der Analytiker ihr gegenüber dieses Konversionssymptom als solches bezeichnete, antwortete sie: «Konversionssymptom? Ich habe kein Konversionssymptom.» Als er sie an ihr Erbrechen erinnerte, fragte sie: «Sie halten also einfaches Erbrechen schon für ein Symptom?»

Die häufigste Art der Verleugnung richtet sich gegen die psychogene Natur eines Symptoms. Sie betrifft jede Verbindung zwischen dem Symptom und seelischen Konflikten. Die Patienten behaupten, ihre Krankheit sei rein organisch verursacht.

Patienten, denen es gelingt, ihre Neurose auf diese Art abzuwehren, sind analytisch sehr schwer zu behandeln. Sie können unfähig werden, seelische Zusammenhänge zu verstehen. Sie klammern sich an ihre «Vernünftigkeit» und weigern sich, die «Logik der Gefühle» in Betracht zu ziehen (44).

Heutzutage tritt aber auch das Gegenteil sehr häufig auf. Da organische Krankheiten gefährlich und unbequem sind, ziehen es viele vor, sich als Neurotiker zu betrachten. Ihre Symptome halten sie für ausschließlich psychogen. Sie wehren das ihnen unangenehme Eingeständnis ab, daß sie physisch krank sind.

Ein Extrem dieser Verhaltensweise stellte ein Patient dar, der zugleich Arzt war. Als bei seinem alten Vater Sprachstörungen auftraten sowie leichte motorische Störungen und Störungen der Empfindungsfähigkeit, äußerte er, sein Vater sei hysterisch geworden. Aufgrund einer tief verdrängten Aggressivität konnte sich dieser Patient nur höchst ungern zum Handeln entschließen. Er zog es vor, zu reden. Aus diesem Grund gab er bei Diagnosen psychogenen Erkrankungen den Vorzug vor organischen; er schätzte die Bemühungen der Schulmedizin gering und interessierte sich für die Psychoanalyse, weil sie eine Heilung auf dem Weg über die Sprache bewirkt. Aber was er abwehrte, kehrte in anderer Form zurück: Er fürchtete sich vor Hitler ebenso wie vor dem Analytiker, weil die Worte beider größere Wirkungen zeitigten als das Handeln anderer Leute.

Auch eine andere Art von Verleugnung kann als Reaktionsbildung gegen Symptome bezeichnet werden. Sie wendet sich gegen den ich-dystonen Charakter eines Symptoms. Patienten dieses Typus meinen oft, über keinerlei Symptome zu verfügen und immer gerade das zu tun, wozu sie Lust haben. Sie verhalten sich, einem Gleichnis Freuds entsprechend, wie Reiter, die ihr Pferd unter Kontrolle zu haben glauben, während sie in Wirklichkeit reiten müssen, wohin das Pferd sie trägt (608). Eine solche Einstellung kann bis zum Stolz auf neurotisches Verhalten ausgeweitet werden und stellt einen der schwersten Widerstände in der Analyse dar. Zwangsneurotiker, die sich wegen ihrer Freundlichkeit oder Sauberkeit für besser als andere halten, sowie neurotische Charaktere, die wegen ihres neurotischen Verhaltens bestimmte Erfolge erzielen, verzichten nicht leicht auf ihre Neurose. Diese Art von «Reaktionsbildung» stellt jedoch einen Übergang zu den Formen dar, bei denen die Neurose nicht abgewehrt, sondern in den Dienst des Ich gestellt wird.
Viele Zwangssymptome sind genetisch sekundär und richten sich gegen ein ursprüngliches Zwangssymptom, das sie in Schach halten. Bei ihrer Analyse treten zahlreiche Beispiele von Isolierung und Ungeschehenmachen von Symptomen ebenso zutage wie von Reaktionsbildungen gegen sie.

Zu nennen sind hier vor allem die zweiphasigen Symptome, deren zweite Hälfte die erste ungeschehen macht, sowie die magischen Formeln, mit denen eine Besessenheit ausgetrieben werden soll (546, 560, 567).

Es gibt auch eine richtiggehende Verdrängung von Symptomen. Phobiker wissen oft nicht, wovor sie sich ängstigen, und Zwangsneurotiker kennen oft die Natur ihrer Zwänge nicht, sondern berichten so vage von ihnen wie von Träumen. Häufig wird der Wortlaut magischer Formeln sekundär verdrängt.

Eine Art der Isolierung von Symptomen verdient besondere Beachtung. Bei ihr sagen sich die Patienten, sie seien zwar in dieser oder jener Hinsicht etwas sonderbar, messen dem aber keinerlei Bedeutung zu, weil derlei Eigenarten in keinem Verhältnis mit ihrer wirklichen Persönlichkeit stünden. Eine solche Isolierung tritt auf, wenn eine Neurose an einem bestimmten Punkt ihrer Entwicklung stehengeblieben ist. Manche phobischen Patienten sind in der Tat überhaupt nicht beunruhigt, solange sie ihre phobischen Restriktionen befolgen. Ihre Symptome sind von jedem Realitätsbezug auf Dinge außerhalb der vermiedenen Situationen isoliert. Hysteriker können die berühmte *belle indifférence* entwickeln; sie haben Symptome ausgebildet, weigern sich aber, von ihnen in irgendeiner Weise berührt zu werden. Zwangsneurotiker können ein Zeremoniell oder Ritual von ihrem sonstigen Verhalten isolieren und im übrigen relativ ungestört bleiben. Das beste Beispiel der erfolgreichen Isolierung einer Neurose stellt wohl die Paranoia dar. Psychotherapeuten haben vielfältige Versuche unternommen, ähnliche Situationen künstlich herbeizuführen.

4. Orale Einstellungen zu Symptomen

Bei Patienten, die es nicht gelernt haben, neue Erfahrungen aktiv zu bewältigen, tritt als Antwort auf das Auftauchen von Symptomen häufig eine Zunahme ihrer oralen Abhängigkeit mit all ihren ambivalenten Zügen auf.

Bis zu einem gewissen Grad geschieht dies bei jeder Neurose. Alle Neurotiker neigen zu Regressionen, und jeder, der sich elend fühlt und seine Handlungsergebnisse für unzureichend hält, verfällt der alten Sehnsucht nach Hilfe von außen. Phobiker werden wieder zu hilflosen Kindern, und Masochisten stellen ihre Hilflosigkeit zur Schau. Sie alle wollen ihre Erlösung durch einen «magischen Helfer» herbeiführen (653). Analytikern ist diese Sehnsucht bekannt, weil sie sich regelmäßig in der Übertragung ausdrückt.

Personen mit oralen Fixierungen, die zu Depressionen, Süchten und Impulsneurosen neigen, unterliegen Erscheinungen wie dieser in viel höherem Maße. Tauchen bei ihnen Symptome auf, so reagieren sie mit einer Zunahme ihrer narzißtischen Bedürfnisse und mit verstärkten Konflikten aufgrund dieser Bedürfnisse. Bei Depressiven kommt auf diese Weise ein circulus vitiosus zustande, in dem Depressionen die narzißtischen Bedürfnisse und diese wiederum die Depressionen verstärken. Die archaische Vorstellung der Talion gibt manchen Menschen das Gefühl, daß jedes Leid und jede schmerzhafte Erfahrung ihre Schuld aufzuheben vermag und ihnen ein Recht auf Belohnung verleiht. Diese Vorstellung verleitet zu einer oralen Reaktion auf neurotische Leiden in Form von Wiedergutmachungsansprüchen an die Außenwelt (an die «allmächtigen» Eltern, ihre Nachfolger, an Gott, das Schicksal oder an die, die über eine Belohnung zu entscheiden haben). Eine Extremstellung nehmen in dieser Beziehung die moralischen Masochisten ein, die ihren Symptomen voll nachgeben und ihre Umgebung und Gott ihren Bedürfnissen entsprechend zu erpressen suchen (vgl. S. 75f.). Weniger häufig trifft man auf Personen, die meinen, einen Anspruch darauf zu haben, daß es ihnen gut gehen soll, gerade weil es ihnen schlecht geht. Sie verstehen es vortrefflich, sich allerlei Vergnügungen zu verschaffen (695). Andere wiederum meinen, jedes Leid stelle in sich selbst bereits ein Gut dar, wie es verschiedene religiöse Ideologien behaupten.

5. *Die Bewältigung von Symptomen*

Alle diese Einstellungen stehen im strikten Gegensatz zu Versuchen des Ich, seine Symptome auf normalem Weg zu bewältigen. Das Ich kann sich darum bemühen, sie näher kennenzulernen, sie in seine Organisation einzubeziehen und seinen eigenen Zwecken nutzbar zu machen. Dieser Widerspruch im Ich, daß es auf der einen Seite die Symptome auszuschließen, sie auf der anderen Seite aber in sich einzuschließen trachtet, ist, wie Freud nachgewiesen hat, nicht sein Fehler (618). Das Ich möchte die Symptome loswerden, aber die abgewehrten Triebregungen bleiben weiterhin wirksam. Es kann also nicht umhin, sie zu akzeptieren und das Beste aus ihnen zu machen.

Derselbe Widerspruch liegt auf einem völlig anderen Gebiet der Pathologie vor: bei der physischen Reaktion eines Organismus auf das Eindringen von Fremdkörpern. Fremdkörper werden entweder mit einem Schutzwall umgeben und damit vom Gewebe des Organismus isoliert, oder sie werden allmählich zu einem Teil des Organismus verwandelt. Ganz ebenso werden neurotische Symptome entweder vom Rest der Persönlichkeit isoliert oder ihr stufenweise anverwandelt.

Kontraphobische Einstellungen und die Reaktionsbildungen der typischen Zwangsneurotiker, die zu einem Teil des Charakters der Patienten werden, sind Beispiele für den Einschluß von Symptomen in die Organisation des Ich. Kompliziertere Beispiele eines solchen Einschlusses von Symptomen werden weiter unten erörtert (vgl. S. 33 ff.).

Die Bewältigung von Symptomen kann gewiß nie vollständig gelingen. Eine Bewältigung würde bedeuten, daß das Ich die eindringende Erregung abführen, binden oder ausarbeiten und dadurch mit ihr fertig werden kann. Solange die abgewehrten Triebe noch im Unbewußten wirksam bleiben, bleibt die Symptombewältigung unvollständig. Daß nun aber abgewehrte Triebe im Unbewußten wirksam bleiben, ist eine Definition der Neurose.

Gemäß dem «Prinzip der mehrfachen Funktion» (1551) kann das Ich mit seinen Symptomen versuchen, Ansprüchen des Es und des Über-Ich zugleich gerecht zu werden. Diese Bestrebungen manifestieren sich in sekundären Krankheitsgewinnen ebenso wie in komplizierteren neurotischen Charakterzügen.

6. Sekundärer Krankheitsgewinn

Eine Neurose ist zunächst überaus unbequem. Das Ich versucht jedoch, aus der Not eine Tugend zu machen und die Neurose für seine eigenen Zwecke nutzbar zu machen. Es kann den Versuch unternehmen, sich von seiten der Außenwelt Vorteile zu verschaffen, indem es sie dazu bringt, ihm Mitleid, Zuwendung, Liebe, narzißtische Zufuhr oder sogar finanzielle Belohnung zukommen zu lassen. Es kann den Druck des Über-Ich zu erleichtern suchen, indem es den Beweis antritt, daß das Symptom eine Strafe ist, indem es sich Lust aufgrund der Annahme

verschafft, daß jedes Leiden zu kompensatorischer Lust berechtigt, und indem es das Symptom hilfsweise als Abwehr gegen andere Triebregungen verwendet.
Sekundäre Krankheitsgewinne können auf vielfältige Weise erzielt werden. Obwohl es der Mühe wert wäre, sie in ihren mannigfaltigen Erscheinungsformen zusammenzustellen, sollen sie im folgenden nur mit einigen unsystematischen Bemerkungen kommentiert werden:
1. Sekundäre Krankheitsgewinne von seiten der Außenwelt: Der wichtigste sekundäre Krankheitsgewinn besteht darin, Zuwendung zu erhalten. Zuwendung wird entweder als sexuelle Befriedigung (Liebesersatz) oder häufiger als ein Sicherheit bietendes Versprechen von Schutz oder Hilfe benötigt. Eine Krankheit wird oft in einer Weise wahrgenommen, als sei mit ihr ein Anspruch auf Privilegien verbunden. Solche Privilegien können entweder aus materiellen oder, bei subtileren Formen, aus seelischen Vorteilen bestehen, wobei zwischen beiden nicht immer deutlich zu trennen ist. Die intensivsten Kämpfe um Anerkennung und Belohnung werden von Patienten ausgetragen, die nichts weniger als Geld brauchen, sondern viel eher ein Zeichen elterlicher Liebe sowie die Zusicherung, nicht verlassen zu werden.

Keine Anekdote sollte Patienten während der Analyse häufiger erzählt werden als die Geschichte vom Insassen einer Nervenheilanstalt, der, als ihm besondere Privilegien verweigert wurden, zur Antwort gab: «Wenn man mir nicht einmal das erlaubt, warum bin ich dann verrückt?»

Eine Krankheit verschafft alle Vorteile passiv-rezeptiven Verhaltens. Man steht unter keinem Handlungszwang, sondern hat das Gefühl, daß andere für einen handeln müssen. Die Sehnsucht nach der Zeit der Kindheit, in der man versorgt wurde, wird mit all ihren unerwarteten Nöten wiederbelebt (und dieser Umstand wird in allen autoritären Gesellschaften weidlich ausgenutzt). Eine ähnliche Sehnsucht tritt auch bei Neurosen auf. Sie kann ihrerseits Schuldgefühle erwecken, in einen circulus vitiosus oder zu sekundären Konflikten führen.
2. Sekundärer Krankheitsgewinn von seiten des Über-Ich: Hierher gehört der Stolz auf Askese und Reaktionsbildungen ganz ebenso wie die Besänftigung eines allzu strengen Über-Ich durch Leiden. Das Privileg, krank zu sein, kann den Verlust von Verantwortlichkeit zur Folge haben. Eine

Neurose kann ebenso dazu verwendet werden, Zuwendung von innen wie von außen zu erhalten.

Man hat auf die grundlegende Bedeutung des sekundären Krankheitsgewinns bei der Beurteilung von Symptomen als Bestrafungen hingewiesen (37). Niemand aber wird neurotisch, bloß um zu leiden.

Bei den verschiedenen Arten von Neurosen liegt ein jeweils anderer Krankheitsgewinn vor: bei der Angsthysterie eine Regression in die Zeit der Kindheit, in der man noch beschützt wurde; bei der Hysterie ein Gewinn an Aufmerksamkeit und Zuwendung durch «Agieren» und zuweilen der Gewinn materieller Vorteile; bei der Zwangsneurose ein narzißtischer Gewinn durch Stolz auf die Krankheit; bei der Organneurose eine Verleugnung psychischer Konflikte durch ihre Projektion ins Körperliche.

Sekundäre Krankheitsgewinne sind zuweilen allzu offensichtlich, manchmal aber auch kaum wahrnehmbar. Es mag sein, daß sie theoretisch weniger interessant sind als die ursprüngliche Entstehung einer Neurose, praktisch aber sind sie von allergrößter Wichtigkeit. Wer nämlich aus seiner Krankheit Vorteile zu ziehen versteht, wird sie nicht leicht aufgeben. Eine Analyse muß daher zunächst die sekundären Krankheitsgewinne aufklären und durcharbeiten. So kann es z. B. sein, daß ein sekundärer Krankheitsgewinn die einzige Lust darstellt, die ein Patient zu erfahren vermag. In einem solchen Fall kann die Analyse eines Neurotikers so schwierig werden wie die eines Perversen. Auch wo in anderen Fällen ein Widerstand dieser Art weniger substantiell ist, kann er von großer Wirksamkeit sein.

Die Abwehr von Symptomen ist weiter oben von ihrem Einschluß ins Ich unterschieden worden. Tatsächlich aber treten beide Arten der Reaktion bei jedem Neurotiker auf. Ihr Verhältnis zueinander ist für die weitere Entwicklung einer Neurose von entscheidender Bedeutung.

Bevor wir jedoch die Darstellung dieser Entwicklung fortsetzen, müssen kompliziertere Versuche erörtert werden, die darauf abzielen, neurotisches Verhalten ins Ich einzuschließen. Es handelt sich bei ihnen nicht nur um Reaktionen auf Symptome, sondern zugleich um (häufig fehlschlagende) Versuche, die Entwicklung weiterer Symptome durch prophylaktische Gegenbesetzungen zu verhindern. Eine Übersicht wird uns die ganze Vielfalt solcher Erscheinungen zeigen.

Kapitel XX: Charakterstörungen

1. Grundlagen der Entwicklung einer psychoanalytischen Charakterkunde

Die Frage, wie neurotische Symptome oder Einstellungen in die Persönlichkeit einbezogen werden, kann nicht erörtert werden, ohne einige Überlegungen zu dem, was als «Persönlichkeit» bezeichnet wird.

Es ist historisch zu begreifen, warum die Charakterkunde erst der jüngste Zweig der psychoanalytischen Wissenschaft ist. Die Psychoanalyse begann mit der Untersuchung neurotischer Symptome, d.h. mit Erscheinungen, die dem Ich fremd sind und nicht zu einem bestimmten «Charakter» als normalem Verhaltensmodell passen. Die Psychoanalyse untersuchte und lernte das Unbewußte früher kennen als das Bewußte. Sie erforschte die neu aufgedeckte Triebwelt und ihre irrationalen Erscheinungsformen, bevor sie sich der Betrachtung von Erfahrungen an der Oberfläche der Seele zuwandte. Der Nachweis, daß nicht nur was plötzlich herausbricht, sondern auch unsere gewohnte Art zu handeln, uns zu bewegen, zu lieben, zu hassen, uns in verschiedenen Situationen zu benehmen, von unbewußten Situationen abhängig ist, daß unser «Wille» ebenso determiniert ist wie seine Störungen, etwa die Fehlhandlungen, gelang erst später.

Es waren vor allem zwei Faktoren, die die Psychoanalyse zwangen, eine «Ich-Psychologie» auszubilden. Der erste ergab sich aus der Notwendigkeit einer Widerstandanalyse, d.h. aus der Untersuchung der Formen, in denen die Abwehrkräfte des Ich während der psychoanalytischen Kur auftraten. Folgte z.B. ein Patient nicht der Grundregel, so wurde es notwendig, dieses unvernünftige Verhalten nicht mehr nur suggestiv zu beeinflussen, sondern es wie ein Symptom zu analysieren. Man mußte anderes Material, Assoziationen, Erinnerungen, Verhalten oder Träume verwenden, um dem Patienten bewußt zu machen, daß er Widerstände hatte, warum er sie hatte und warum sie sich gerade in der Form äußerten, daß er sich nicht an die Grundregel hielt. Selbst wenn ein Patient keinerlei Angst verspürte, hatte er sich, wie man entdeckte, angesichts bestimmter Erfahrungen seines Trieblebens geängstigt (geschämt, entrüstet oder schuldig gefühlt). Eine solche Angst wirkte in seinem Unbewußten nach, und er entwickelte daher Widerstände gegen Äußerungen, die mit Erfahrungen in Verbindung zu bringen waren, vor denen er sich einmal geängstigt hatte. Man machte weiter die Entdeckung, daß Einstellungen dieser Art nicht nur in der psychoanalytischen Kur als Widerstand dienen, sondern daß dieselben Verhaltensmuster auch im Alltagsleben zu Abwehrzwecken verwendet werden. Auf diesem Weg wurde die erste «Charakteranalyse» entwickelt, die Analyse der historischen Genese und der Ziele bestimmter Einstellungen als Abwehrmaßnahmen (1269, 1271).

Der zweite Faktor, der zur Entwicklung einer Ich-Psychologie führte, war die interessante Erscheinung, daß sich eine fundamentale Veränderung im klinischen Bild der Neurosen während der letzten Jahrzehnte ergeben hatte. Bei den klassischen Neurosen wurde eine integrierte Persönlichkeit plötzlich durch unangemessene Handlungen oder Triebregungen gestört. Modernen Neurosen liegt jedoch nicht eine bisher gleichmäßige Persönlichkeit zugrunde, die nur durch irgendein Ereignis unmittelbar gestört ist, sondern eine, die augenscheinlich zerborsten oder mißgestaltet, in jedem Fall aber von einer Krankheit so durchformt ist, daß sich bei ihr keine Trennung von «Persönlichkeit» und «Symptom» vornehmen läßt. Statt deutlich umrissener neurotischer Krankheitsbilder treten immer häufiger Personen mit weniger klar definierbaren Störungen auf. Diese Störungen sind oft für die Patienten weniger beschwerlich als für ihre Umgebung. Die Formel, daß bei einer Neurose das Abgewehrte in einer dem Ich fremden Form erneut hervorbricht, gilt nicht länger; denn die Form ist oft dem Ich nicht fremd, und die Ausarbeitung einer Abwehr erscheint gelegentlich manifester als ihr Versagen.

Es wäre eine faszinierende Aufgabe, die Ursachen dieser Veränderung neurotischer Krankheitsbilder zu untersuchen. Das aber liegt außerhalb der Kompetenz eines Analytikers. Wir können hier nur andeuten, in welcher Richtung eine Antwort auf diese Frage gesucht werden müßte. Die Art und Weise, in der das Ich Triebansprüche zuläßt, zurückweist oder modifiziert, hängt davon ab, wie es sie unterm Einfluß seiner Umgebung zu betrachten gelernt hat. Während der letzten Jahrzehnte hat sich die allgemeine Moral ebenso stark verändert wie die pädagogische Einstellung zum Triebleben. Die klassische Hysterie arbeitete mit dem Abwehrmechanismus der Verdrängung, der ein einfaches Verbot jeder Erörterung der verpönten Triebe voraussetzt. Die Inkonsistenz der modernen neurotischen Persönlichkeit entspricht der Uneinheitlichkeit unserer heutigen Erziehung. Die Veränderungen im Erscheinungsbild der Neurosen spiegeln eine Veränderung der allgemeinen Moral wider. Um diese Veränderungen zu verstehen, müßte jedoch der soziale Wandel untersucht werden, der im Verlauf der letzten Jahrzehnte stattgefunden hat.

Der Charakter des Menschen ist sozial determiniert. Seine Umgebung erzwingt spezifische Frustrationen, blockiert bestimmte Reaktionsweisen auf diese Frustrationen und erleichtert andere. Sie legt bestimmte Arten der Konfliktbehandlung in den Auseinandersetzungen zwischen Triebansprüchen und Angst vor weiteren Frustrationen nahe. Sie ruft sogar Wünsche hervor, indem sie besondere Ideale errichtet und perfektioniert. Unterschiedliche Gesellschaften, die verschiedenartige Werte akzentuieren und voneinander abweichende Erziehungsmaßnahmen praktizieren, bilden unterschiedliche Formen abweichenden Verhaltens aus. Unsere gegenwärtige instabile Gesellschaft scheint durch Konflikte gekennzeichnet zu sein, die zwischen dem Ideal individueller Unabhängigkeit und einem regressiven Verlangen nach passiver Abhängigkeit ausgetragen werden. Wurde das Ideal individueller Unabhängigkeit mit dem Heraufkommen des Kapitalismus geschaffen, so entstand das regressive Verlangen nach passiver Abhängigkeit aufgrund der Hilflosigkeit des Einzelnen in bezug auf Sicherheit und Befriedigungserlebnisse ebenso wie aufgrund aktiver Erziehungsmaßnahmen, die als Ergebnis eines autoritären Klimas in der Gesellschaft unumgänglich sind (vgl. S. 195). Neurotiker verfügen heutzutage nur über ein durch Abwehrmaßnahmen eingeschränktes Ich. Die Psychoanalyse mußte sich diesem neuen Gegenstand angemessen nähern. Darin liegt der entscheidende Grund für ihr neu erwachtes Interesse an einer Charakterologie.

2. *Einleitende Bemerkungen über pathologische Charakterzüge*

Einige neurotische Charaktereigenschaften erweisen sich auf den ersten Blick als Versuche, aus bereits vorliegenden neurotischen Bedingungen das Beste zu machen. Zwischen derlei Eigenschaften und den ursprünglichen Symptomen besteht ein reziprokes Verhältnis. Denn jene Eigenschaften sind sekundäre Ausarbeitungen neurotischer Symptome. Sie entstammen zumeist einer infantilen Angsthysterie. Der neurotische Charakter, der auf diesem Wege entsteht, wirkt als Abwehr weiterer Symptome, kann aber auch zur Grundlage neuer Symptome werden.

In einer Neurose bricht zunächst das realitätsorientierte Verhalten zusammen. Sie ist etwas, das mit dem Ich passiv und gegen seinen Willen geschieht. Es handelt sich bei ihr nicht um eine geplante, aktive Anpassung an Konfliktbedingungen, wie manche Autoren glauben machen wollen, die über keinerlei Gespür für die Triebgrundlage neurotischer Erscheinungen verfügen (820, 821). Späterhin werden Versuche unternommen, ein realitätsgerechtes Verhalten wieder herzustellen, den ursprünglichen Zusammenbruch ungeschehen zu machen und weitere zu verhindern. Diese Versuche bringen eine Beeinträchtigung der Freiheit und Beweglichkeit des Ich mit sich. Bereits in früheren Kapiteln wurden Konstruktionen dieser Art beschrieben, so z.B. die Verankerung phobischer Abneigungen im Charakter, die Herstellung von Verhaltensmustern, durch die «gefährliche» Situationen vermieden und Sicherheit gewährende herbeigeführt werden können, sowie die Ausbildung kontraphobischer Einstellungen, die die Überwindung störender Ängste zum Ziel haben. Sie wurden zunächst in den Reaktionsbildungen von Zwangsneurotikern angetroffen, in denen der Versuch unternommen wird, die ursprünglichen Triebwünsche zu unterdrücken.

Verhaltensmuster dieser Art sind rigide, definitive Formationen, die ein für allemal ausgebildet werden. Akute Auseinandersetzungen mit den Triebansprüchen werden durch eine chronische Begrenzung der Flexibilität des Ich vermieden. Das Ich schützt sich gegen unerwünschte Reize von innen oder außen, indem es erstarrt. In extremen Fällen wird es vollständig rigide; in weniger extremen Fällen vermag es sich eine relative Elastizität zu erhalten. Es kann dann etwas entspannter reagieren, wenn es ihm die Erfahrung von Sicherheit oder Lust erlaubt, seine Barrieren herabzusetzen. Sobald es aber Angst empfindet, tritt sein rigides Handlungsmuster wieder deutlich hervor. Alle Patienten dieses Typus sind durch ihre Abwehrmaßnahmen mehr oder weniger beeinträchtigt. Durch ständige Gegenbesetzungen verschwenden sie Energie und verlieren durch ihren Verzicht bestimmte lebensgeschichtliche Differenzierungen. Sie antworten auf äußere Reize ausschließlich nach festgelegten Handlungsmustern und opfern diesen ihre Lebendigkeit und Elastizität. Statt eines lebendigen Konflikts zwischen einer Triebregung und ihrer Abwehr findet man bei ihnen nur eingefrorene Rückstände früherer Konflikte. Verhaltensweisen dieser Art, die das Ich einschränken, werden nicht notwendig als fremd erfahren. Die Patienten können bewußt mit ihnen übereinstimmen oder sich ihrer gar nicht bewußt werden.

Freud schrieb einmal, daß es dem Ich möglich sei, «den Bruch nach irgendeiner Seite dadurch zu vermeiden, daß es sich selbst deformiert, sich Einbußen an seiner Einheitlichkeit gefallen läßt, eventuell sich sogar zerklüftet oder zerteilt. Damit rückten die Inkonsequenzen, Verschrobenheiten und Narrheiten der Menschen in ein ähnliches Licht wie ihre sexuellen Perversionen, durch deren Annahme sie sich ja Verdrängungen ersparen» (611). Da die Aufrechterhaltung solcher Verschrobenheiten, die dem Typus der Reaktionsbildung entsprechen, eine Verausgabung von Energie verlangt, wäre es richtiger zu sagen, daß ihre Bildung einem einzigen definitiven Verdrängungsakt gleichkommt, durch den spätere Angst und eine längere Folge einzelner Verdrängungen unnötig werden, die mehr Energie verzehrt hätten (433). Während bei pathologischen Charakteren solche Verschrobenheiten vorherrschen, ist in geringerem Umfang in dieser Hinsicht jeder Mensch ein wenig verschroben.

Fromm bemerkte einmal, Freud habe gezeigt, wie die «bösen» sexuellen und aggressiven Triebregungen des Menschen verdrängt würden. Er habe jedoch, sagt Fromm, nicht dem Umstand Rechnung getragen, daß soziale Kräfte, die auch in der modernen Erziehung die Angst vor dem Vater perpetuieren, Kinder dazu veranlassen, auch das «Gute» in sich zu verdrängen (653). Als Einwand gegen Freud ist diese Bemerkung unangebracht. Denn Freud setzt der Analyse ausdrücklich das Ziel, den guten Charaktereigenschaften und Handlungsmöglichkeiten einer Person wieder zum Durchbruch zu verhelfen, die durch Verdrängungen blockiert waren (596). Dennoch aber trifft, woran Fromm dachte, zweifellos zu. Denn Verdrängungen, die ein für allemal vorgenommen werden und chronische Veränderungen sowie Erstarrungen der Persönlichkeit hervorrufen, hemmen die weiteren Entfaltungsmöglichkeiten des Ich. Jeder pathologische Charakterzug schränkt mit Notwendigkeit das aktuelle Entwicklungspotential eines Individuums ein.

3. Was ist «Charakter»?

Als Ich-Psychologie hat die Psychoanalyse denselben Gegenstand wie andere Psychologien. Aufgrund ihres Verständnisses unbewußter Antriebe ist sie aber in der Lage, ihn anders darzustellen. Offensichtlich kann ein Apparat, dessen Funktionen darin bestehen, etwas zu organisieren, zu dirigieren und, wenn notwendig, zu unterdrücken, nicht ohne Kenntnis dessen verstanden werden, was da jeweils organisiert, dirigiert oder unterdrückt wird. Die Triebe, denen sich die Psychoanalyse zunächst zuwendet, sind bei jedermann weithin die gleichen. Indem sie nun aber die Unterschiede in der jeweiligen Struktur des Ich als Ergebnis des Kräftespiels von unbewußten Triebansprüchen und Umwelteinflüssen auffaßt, kann die Psychoanalyse die Unterschiede zwischen den Menschen sowohl kausal wie genetisch erklären. Nicht nur die unbewußten Wünsche, sondern auch das Ich selbst und seine Verhaltensmuster stellen ein Ergebnis dieses Kräftespiels von Antrieben und Hemmungen dar.

Der Begriff des Charakters umfaßt offensichtlich mehr als nur die Arten der Abwehr, die in einem bestimmten Charakter jeweils verankert sind. Das Ich schützt einen Organismus nicht nur vor äußeren und inneren Reizen, indem es seine Reaktionen blockiert, sondern es vermag auch seinerseits zu reagieren. Es siebt und organisiert Reize und Impulse, wobei es einigen von ihnen unmittelbaren Ausdruck gestattet, während es andere nur in veränderter Form hervortreten läßt. Die dynamische und ökonomische Organisation seiner Handlungen und die Art, in der das Ich seine verschiedenen Aufgaben miteinander verbindet, um eine befriedigende Lösung zu finden – dies alles zusammen macht einen «Charakter» aus.

Es gibt also viele Charaktereinstellungen, die nicht als Abwehr bezeichnet werden können. Keine von ihnen ist jedoch von Triebkonflikten unabhängig. Jede Rücksichtnahme auf die Ansprüche der Außenwelt wird von den Ansprüchen des Individuums in bezug auf diese Außenwelt beeinflußt. «Einstellungen des Ich» und «Triebansprüche» sind nicht nur nicht inkommensurabel, sondern eine psychoanalytische Charakterologie vermag zu zeigen, wie Umwelteinflüsse Triebansprüche zu bestimmten Einstellungen eines Ich verwandeln. Von der Errichtung des Ich an werden dessen Einstellungen dadurch konstituiert, daß bestimmte Triebregungen organisiert, dirigiert und gesiebt werden, die mit Erfahrungen in Einklang gebracht werden müssen und daher durch Gratifikationen und Frustrationen modelliert und überformt werden.

Diese Darstellung des *Charakter*begriffs ist nahezu identisch mit der, die weiter oben für den Begriff des *Ich* gegeben worden ist (vgl. Bd. I, S. 30f.). Definieren wir Charakter als die habituelle Art, sich mit Außen- und Innenwelt auseinanderzusetzen, so ist es klar, daß der Begriff zusammenfällt mit der Funktion des konstanten, organisierten und vereinheitlichenden Teils der Persönlichkeit, der durch das Ich gebildet wird. Denn als Ich bezeichnen wir den Teil des Organismus, dem die Vermittlung zwischen Triebwelt und Außenwelt zukommt. Die Frage nach dem Charakter ließe sich also als die Frage danach formulieren, wann und wie das Ich jene Qualitäten gewinnt, vermittels deren es die Ansprüche seiner Triebsphäre und der Außenwelt sowie späterhin des Über-Ich gewohnheitsmäßig zu berücksichtigen lernt.

Waelder hat als ein Phänomen von zentraler Bedeutung für die Ich-Psychologie das «Prinzip der mehrfachen Funktion» beschrieben (1551). Dieses Prinzip drückt ein Trägheitsmoment des Organismus aus, d.h. seine Tendenz, mit einem Minimum an Anstrengung ein Maximum an Wirkung zu erzielen. Unter mehreren möglichen Handlungen wird diesem Prinzip zufolge diejenige gewählt, die am besten dazu geeignet ist, gleichzeitig von verschiedenen Seiten gestellte Ansprüche zu befriedigen. So kann etwa eine Handlung, die einer Anforderung der Realität nachkommt, zugleich auch einer Triebbefriedigung und einer Über-Ich-Beschwichtigung entsprechen. Die Art, in der verschiedene Aufgaben miteinander abgestimmt werden, ist für eine gegebene Persönlichkeit charakteristisch. Ein Charakter wird also ebenso durch die gewohnte Art des Ich, mit Ansprüchen der Außenwelt, des Es und des Über-Ich fertigzuwerden, konstituiert wie durch die besondere Art und Weise, in der diese verschiedenen Ansprüche miteinander verbunden werden. Entsprechend sind Charakterstörungen ebenso Einschränkungen oder pathologische Formen der Auseinandersetzung mit der Außenwelt, den Triebregungen und Ansprüchen des Über-Ich wie Störungen in der Möglichkeit, diesen drei Realitätsbereichen zugleich gerecht zu werden.

Das mag durch ein einschlägiges Zitat von Rado belegt werden: «Vielleicht werden sich die individuellen Züge in der noch zu erforschenden Arbeitsweise der ‹synthetischen Funktion› einmal noch als Kern dessen herausstellen, was man psychoanalytisch als den ‹Charakter› des Ich bezeichnen kann» (1237).

Der Begriff des Charakters betont die habituelle Form einer bestimmten Reaktion, ihre relative Konstanz. So können überaus unterschiedliche Reize ähnliche Reaktionen hervorrufen. Umgekehrt kann aber auch eine aggressive Triebregung, die einer Realisierung nahekommt, bei manchen Personen zu einer bösartigen Reaktion führen, bei anderen zu passiver Nachgiebigkeit und bei wieder anderen zur Grobheit.
Wir können vorausgreifend feststellen, daß diese relative Konstanz von einer Reihe von Faktoren abhängt. Teils wird die erbliche Konstitution des Ich für sie verantwortlich sein, teils aber auch die Natur der Triebe, gegen die sich die Abwehr richtet. In den allermeisten Fällen jedoch wird eine besondere Einstellung einem Individuum von der Außenwelt aufgezwungen worden sein (vgl. S. 105 ff.).
Wie auch auf anderen Gebieten psychoanalytischer Forschung wurde am Charakter das Pathologische früher untersucht als das Normale. «Fixierung» und «Regression» sind auch hier wieder die Grundbegriffe der Pathologie. Hat sich ein Ich nicht voll entwickelt oder ist es auf frühere Entwicklungsstufen zurückgefallen, so werden auch seine unterm Begriff des Charakters zusammengefaßten gewohnten Reaktionsweisen archaisch sein. Viele der pathologischen Einstellungen des Ich lassen sich durch das Verständnis seiner frühen Entwicklungsphasen aufklären. Die Entwicklung des Ich ist durch die folgenden Begriffe charakterisiert: Oralität, Analität, Genitalität; Objektmangel, Einverleibung (Identifizierung), passive Vorläufer der Liebe (ambivalente Objektbeziehungen), Liebe; Lustprinzip, Realitätsprinzip; erste Bewußtseinsspuren in Gefühlen von Spannung und Entspannung, Einverleibung als primitivste Form der Wahrnehmung, Wahrnehmung unter

der Herrschaft von Triebbedürfnissen, objektive Wahrnehmung; Beurteilung unterm Gesichtspunkt von Spannung und Entspannung, Beurteilung unterm Druck von Wünschen und Ängsten, objektive Beurteilung; unkoordinierte Abfuhrbewegungen, «Allmacht» der Bewegungen, zweckgerichtete Handlungen; Wunscherfüllungshalluzinationen, magisches Wunscherfüllungsdenken, objektives Denken; Allmacht, Projektion der Allmacht, Neigung zu erneuter Teilhabe an der verlorenen Allmacht, Kontrolle des Selbstgefühls durch narzißtische Zufuhr, unabhängige Regulierung des Selbstgefühls mit Hilfe des Über-Ich. Die primitive Regulierung von Reizen durch ein passiv-rezeptives Verhalten, das seinen Grund in der langen Abhängigkeit des menschlichen Säuglings hat, wird allmählich durch ein aktiveres Verhalten ersetzt. Die Erinnerung an jene ältere Verhaltensform jedoch erlaubt eine regressive Sehnsucht nach ihrer Wiederkehr. Jedes Versagen, jede hoffnungslose Situation und jede Abnahme des Selbstgefühls können diese Sehnsucht mobilisieren.

In vielen sozialen Situationen sieht sich das Individuum vor die Alternative gestellt, sich entweder aktiv und unabhängig zu verhalten und dafür mit Alleinsein und Schutzlosigkeit zu bezahlen, oder aber «dazuzugehören» und beschützt zu werden und dafür mit einem Verlust seiner Unabhängigkeit zu bezahlen (653). Unsere heutige Erziehung vergrößert aus gesellschaftlichen Gründen diesen Konflikt. Er bildet die psychische Grundlage vieler sozialer und kultureller Probleme.

Die entwicklungsgeschichtlich späteste Komplikation in der Struktur des Ich, die Errichtung des Über-Ich, ist entscheidend für die Herausbildung der gewohnheitsmäßigen Verhaltensmuster des Charakters. Was jemand für gut oder böse hält, ob er die Befehle seines Gewissens ernst nimmt oder nicht und ob er seinem Gewissen gehorcht oder gegen es zu rebellieren versucht – all das charakterisiert ihn. Die Struktur des Über-Ich, seine Stärke und die Art, in der das Ich auf sie reagiert, hängen zunächst vom Verhalten der Eltern ab. Sie sind aber auch von den triebhaften Reaktionen eines Kindes auf die Eltern abhängig, die ihrerseits konstitutionell bedingt sind und die Summe früherer Erfahrungen darstellen. Es kommt also nicht nur darauf an, wie die Eltern beschaffen sind. Denn die Über-Ich-Bildung ist darüber hinaus von verschiedenen anderen Faktoren abhängig: Es spielt eine Rolle, welche Haltungen der

Eltern – und zwar sowohl als Vorbilder als auch als Verbote – ein Kind übernimmt, in welchem Entwicklungsstadium das erfolgt, wie das alte Ich sich zu dem durch die Identifizierung veränderten Stück der Persönlichkeit einstellt, ob es mit ihm verschmilzt oder zu ihm in Gegensatz gerät.
Das Über-Ich gibt also nicht nur den Inhalt von Gut und Böse von einer Generation an die nächste weiter; es übermittelt darüber hinaus eine Vorstellung davon, was das Gute und Böse ist, wie man sich zu dieser Vorstellung verhalten soll und wie man eine Autorität akzeptiert oder zurückweist, die Gehorsam verlangt und als Gegenleistung Schutz verspricht. Im Über-Ich werden nicht nur die Eltern widergespiegelt, sondern die Gesellschaft und ihre Anforderungen.

Kulturelle und gesellschaftliche Einflüsse auf die Charakterstruktur sind im Jugendalter keineswegs auf das Über-Ich beschränkt. Die Konstruktion des Über-Ich ist in gewissem Umfang eine Wiederholung der Konstruktion des Ich. Das Ich vermittelt zwischen dem Organismus und seiner Umgebung. Daher stellt es sich in unterschiedlicher Umgebung jeweils verschieden dar. Es ist bis zu einem gewissen Ausmaß eine Zusammensetzung aus früheren Identifizierungen. Seine Natur variiert daher mit der Qualität der Vorbilder solcher Identifizierungen.

An der Erkenntnis der Bedeutung von Form und Inhalt des Über-Ich für den Charakter setzen auch Versuche an, die empirischen Differenzen im männlichen und weiblichen Charakter auf Differenzen der männlichen und weiblichen Über-Ich-Bildung zu reduzieren. Freud sprach die Vermutung aus, daß «Charakterzüge, die die Kritik seit jeher dem Weibe vorgehalten hat, daß es weniger Rechtsgefühl zeigt als der Mann, weniger Neigung zur Unterwerfung unter die großen Notwendigkeiten des Lebens, sich öfter in seinen Entscheidungen von zärtlichen und feindseligen Gefühlen leiten läßt», in einer «Modifikation der Über-Ich-Bildung eine ausreichende Begründung» fänden (617). Nach Sachs hat die Ödipusenttäuschung für das Mädchen die Folge einer partiellen Regression zum Oralen, zu einer Neigung, den Vater durch Einverleibung festzuhalten. Nur wenn diese Einverleibung ihren geheimen libidinösen Sinn verliere und desexualisiert werde, komme es beim Mädchen zu einer wirklichen Über-Ich-Bildung (1333). Die Geschlechtsunterschiede bei der Über-Ich-Bildung sind aber gewiß nicht dieselben bei unterschiedlichen kulturellen Gegebenheiten. Ihre Widerspiegelung im Charakter von Jungen und Mädchen variiert jeweils mit den Mitteln und Inhalten der Kindererziehung entsprechend den je verschiedenen gesellschaftlichen Verhältnissen (655). Außer der Bildung des Über-Ich sind natürlich die Mechanismen der Idealbildungen des späteren Lebens für die Charakterbildung von Bedeutung. Gelegentlich werden Personen, die als Vorbilder dienen, oder bestimmte Ideen ebenso «ins Über-Ich introjiziert» wie in der Kindheit die Objekte des Ödipuskomplexes. Zu anderen Zeiten scheinen die späteren Ich-Ideale eine nebensächlichere Rolle in der Persönlichkeit zu spielen. Die Auseinandersetzung des eigentlichen Über-Ich mit den neu introjizierten Objekten kann zu allerlei Komplikationen Anlaß bieten (603).

4. *Die Klassifizierung von Charakterzügen*

Im Ganzen des Charakters spiegelt sich die individuelle Lebensgeschichte. In der Regel stellen die an der Oberfläche liegenden Schichten die jüngsten Erfahrungen dar. Das ist jedoch nicht immer der Fall, denn Regressionen und Brüche komplizieren das Bild. Die Reihenfolge, in der die Schichten der Seele während der Analyse zutage treten, kann sich von ihrer historischen Ordnung ebenso weit entfernen wie eine geologische Schichtung von der Ordnung der Erdzeitalter.

Charaktereinstellungen sind Kompromisse zwischen Triebregungen und den Kräften des Ich, die diese Regungen zu dirigieren, zu organisieren, zurückzustellen oder zu blockieren suchen. Manche dieser Einstellungen bieten so offensichtlich Gelegenheit zu einer Triebbefriedigung, daß man nicht die Psychoanalyse bemühen muß, um darauf hinzuweisen. Bei einer Reihe weiterer Einstellungen ist der Zweck offenkundig, eine Triebregung zu beherrschen, zu verleugnen und zu unterdrücken oder eine Triebgefahr abzuwehren.

Diese Unterscheidung kann zur Klassifizierung von Charakterzügen dienen. Ein dynamisches Unterscheidungsmerkmal muß dem Gesichtspunkt Rechnung tragen, ob ein Charakterzug eher dazu angetan ist, einer ursprünglichen Triebregung zur Abfuhr zu verhelfen oder sie zu unterdrücken. Freud schrieb: «Die bleibenden Charakterzüge sind entweder unveränderte Fortsetzungen der ursprünglichen Triebe, Sublimierungen derselben oder Reaktionsbildungen gegen dieselben» (563). Die psychologische Charakterologie wird daher zwischen zwei Arten von Charakterzügen zu unterscheiden haben. Es handelt sich einmal um solche, bei denen die ursprüngliche Triebenergie frei abgeführt wird, nachdem sich möglicherweise ihr Ziel und ihr Objekt geändert haben. Und es handelt sich zum anderen um solche, bei der die ursprüngliche Triebregung, die sich im Gegensatz zur manifesten Einstellung befindet, durch irgendeine Gegenbesetzung in Schach gehalten wird. Die ersteren sollten als Sublimierungstypus, die zweiten als reaktiver Typus bezeichnet werden (vgl. das Diagramm zu «Sublimierung» und «Reaktionsbildung», Bd. I, S. 218). Das Vorherrschen der einen oder anderen Art von Charakterzügen ist in jedem Fall für die Persönlichkeit von entscheidender Bedeutung.

5. Der Sublimierungstypus

Dem Ich kann es in der Tat gelingen, die ursprüngliche Triebregung nicht nur durch eine zu ersetzen, die etwas weniger verpönt ist, sondern es kann eine Triebregung an ihre Stelle treten lassen, die aufgrund ihrer Organisation und Zielgehemmtheit mit dem Ich selbst vereinbar ist. Der Triebabfluß wird also nicht durch eine entgegenwirkende Kraft gestaut, sondern sozusagen in ein künstliches Bett kanalisiert. Freud wird an diese Art der Abwehr gedacht haben, wenn er in seinen frühen Aufsätzen häufig von einer erfolgreichen Verdrängung im Gegensatz zu der erfolglosen Verdrängung spricht, die in der Pathogenese von Neurosen vorliegt (589). Bei der Untersuchung von Neurosen sind die erfolgreichen Abwehrmechanismen von wenig Interesse. Beim Studium des Charakters sind sie jedoch von größter Bedeutung. Die Umformung reaktiver Charakterzüge in solche des Sublimierungstypus ist die Hauptaufgabe bei der Charakteranalyse.
Die psychoanalytische Erforschung erfolgreicher Verdrängungen befindet sich noch in ihrem Anfangsstadium. Weiter oben ist das Verhältnis von Sublimierung und Verdrängung ebenso erörtert worden wie die Bedingungen, die das glückliche Ergebnis einer Sublimierung begün-

stigen (vgl. Bd. I, S. 202 ff.). Das am genauesten untersuchte Beispiel dieser Art ist die Errichtung des Über-Ich durch eine Identifizierung mit den Objekten des Ödipuskomplexes (608). Sehr wahrscheinlich geschieht jede Sublimierung aufgrund eines Mechanismus, der dem der Identifizierung gleicht oder zumindest ähnlich ist.

Die Bedingungen, unter denen reaktive Charakterzüge zutage treten, sind viel besser bekannt als die, die für den Sublimierungstypus verantwortlich sind. Wir können hier nur festhalten, daß das Fehlen von Entwicklungsbedingungen für reaktive Charakterzüge die hauptsächliche Voraussetzung für die Ausbildung von Sublimierungen ist. Erlebnisse, die primitive prägenitale Wünsche beeinträchtigen, dürfen weder zu intensiv noch zu plötzlich oder gewaltsam auftreten. Sie müssen stark genug sein, um eine Veränderung der Triebrichtung ohne eine allzu starke Reaktion hervorzurufen. Darüber hinaus müssen Umweltbedingungen gegeben sein, die Vorbilder und Konfliktlösungsmöglichkeiten bereitstellen, welche bei der Sublimierung als «Ersatz» fungieren können. Wahrscheinlich haben viele Züge der Sublimierung ihre Wurzeln in früheren Entwicklungsstadien, als dies bei reaktiven Charakterzügen der Fall ist.

6. Der reaktive Typus

Reaktive Charakterzüge lassen sich einteilen in das Vermeidungshandeln phobischer Einstellungen und in die eigentlichen Reaktionsbildungen. Sie verraten sich durch bloße Erschöpfung, durch eine allgemeine Hemmung aufgrund ökonomischer Verarmung, durch Verkrampfung und Rigidität sowie durch gelegentliche Triebdurchbrüche. Alle diese Erscheinungen treten in Handlungen oder Träumen entweder direkt oder in verzerrter Form zutage. Reaktive Charakterzüge beschränken daher die Flexibilität eines Menschen, denn er ist weder zu voller Befriedigung noch zur Sublimierung fähig.
Auch die normalen Abwehrhaltungen sind keineswegs überall dieselben. Manche Menschen entwickeln eine Abwehr nur in bestimmten Situationen, während andere ihre Abwehr so konstant halten, als sei die abgewehrte Triebversuchung kontinuierlich vorhanden. Solche Menschen sind aufgrund ihrer Abwehr entweder frech oder höflich, affektkalt oder ständig bereit, andere zu tadeln. Sie richten das Ergebnis ihrer Abwehr ohne Unterschied gegen jeden, der ihnen begegnet. Ihre Haltung kann als «Charakterabwehr» im engeren Sinne bezeichnet wer-

den. In der Analyse muß die Persönlichkeit unbedingt zunächst von der Rigidität dieser Haltung befreit werden, da in ihr die pathogenen Energien stecken. Selbst in Fällen, bei denen einiges darauf hinweist, daß eine aktive Auseinandersetzung von Trieb und Abwehr in anderen Teilen der Persönlichkeit stattfindet, ist es von entscheidender Bedeutung, daß der Analytiker seine Aufmerksamkeit der rigiden Charakterabwehr zuwendet (433, 438).

Gelingt es der Analyse, ältere Konflikte zu remobilisieren, so treten infantile Triebregungen nicht unmittelbar zutage. Die Patienten entwickeln statt dessen mehr oder weniger starke Angstgefühle, und erst deren Analyse läßt die Triebregungen an die Oberfläche treten. Eine Schicht Angst war zwischen die ursprüngliche Triebregung und ihre schließliche Erscheinungsform getreten. Viele pathologische Verhaltensmuster werden durch Angstabwehr geformt, und in zahlreichen Fällen wurde eine infantile Angsthysterie durch reaktives Verhalten überwunden.

Wie bei der Analyse von Zwangssymptomen treten auch bei der Analyse von reaktiven Charakterzügen verschiedene vegetative und hormonale Störungen auf. Bei näherer Untersuchung ergibt sich, daß diese Symptome Angstäquivalente sind, die zwischen die ursprüngliche Triebregung und ihre schließliche Verhaltensäußerung getreten sind.

Ein Charakter, der vorzugsweise einer reaktiven Abwehr dient, vermag diese notwendig nur unzureichend zu erfüllen. Die Verhaltensmuster eines solchen Charakters sind Ausdruck der abwehrenden Gegenbesetzung, die jedoch häufig mit Zügen der abgewehrten und nun wieder hervorgebrochenen Triebregungen durchsetzt ist (1073). Gewöhnlich enthüllt die Analyse eine komplexe Struktur mit zahlreichen verschiedenen Schichten. Denn ein Charakter wird nicht nur aus Reaktionsbildungen gegen ursprüngliche Triebansprüche gebildet, sondern auch aus Reaktionsbildungen gegen solche Reaktionsbildungen.

Das extremste Beispiel reaktiven Charakters stellen jene Asketen dar, denen der Kampf gegen jeden Trieb überhaupt zum Inhalt ihres Lebens geworden ist. Es sind im allgemeinen Menschen, die sich fast gar keine Handlungen erlauben dürfen, weil alle den Sinn einer verbotenen Triebbefriedigung haben. Zu ihnen gehören die Sonderlinge, die ihr

Leben der Bekämpfung irgendeines einzelnen Übelstandes gewidmet haben, der ihnen unbewußt ihr eigenes Triebleben vertritt. Andere Typen innerhalb dieser Kategorie sind im Kapitel über die Hemmungen vorgestellt worden (vgl. Bd. I, S. 260).
Beispiele für die Rigidität reaktiver Charakterzüge bieten die «Arbeitsmenschen», die immer arbeiten müssen, um sich von einer unerträglichen inneren Spannung fernzuhalten. «Roboter» nannte sich mit Recht ein solcher Patient Reichs (1272). Es braucht nicht näher ausgeführt zu werden, warum eine solche Arbeit auch in bezug auf die objektive Leistung weniger effektiv sein muß. Wir erinnern uns in diesem Zusammenhang an die von Ferenczy beschriebenen Sonntagsneurosen (484), die darauf zurückgehen, daß die neurotische, d.h. reaktive Arbeitsleistung am Sonntag wegfällt. Es handelt sich hier um Menschen, die nicht aus einer sexualäquivalenten Realität fliehen, um der Versuchung bzw. Bestrafung zu entgehen, sondern die vor der sexualäquivalenten und daher angstbesetzten Phantasie in eine reaktive äußere Realität fliehen müssen, um bestehen zu können. Trotz der Rigidität ihrer reaktiven Charakterzüge bleibt für all diese Menschen ein Durchbruch der ursprünglichen Triebregungen eine ständige Gefahr.

Wenn ein Feuerwehrmann Feuer legt, um sich die Gelegenheit zu verschaffen, es zu löschen, so verrät er damit, daß sein Interesse an der Feuerbekämpfung keiner wirklichen Sublimierung entspringt.
Als weiteres Beispiel sei ein überzeugter Vegetarier erwähnt, der nach jahrzehntelangem Kampf in der vegetarischen Bewegung sich entschloß – Metzger zu werden, als sich seine äußeren Lebensumstände verändert hatten.

Reaktives Verhalten ist nicht notwendig gegen Triebregungen gerichtet, sondern verweist ebenso auf Konflikte um das Selbstgefühl. Viele Menschen, die ein mehr oder weniger arrogantes Verhalten an den Tag legen, versuchen auf diesem Wege, sich nicht ihrer tiefen Minderwertigkeitsgefühle bewußt werden zu müssen. Andere, die sich wegen ihrer Unbedeutendheit verachten, verdecken durch diese Verachtung eine tiefsitzende Arroganz (1263). Oft gründet Ehrgeiz in einem Bedürfnis, Minderwertigkeitsgefühle zu bekämpfen. Ebensooft dient Handeln dem Zweck, eine Sehnsucht nach Passivität zu verbergen. Häufig genug jedoch scheitern solche Versuche, und die tieferen seelischen Schichten treten an die Oberfläche.

Ein überaus geläufiger Kompromiß zwischen einer oberflächlichen Sehnsucht nach aktiver Unabhängigkeit und einer tieferen nach passiver Rezeptivität besteht in der Vorstellung, eine vorübergehende Rezeptivität sei unumgänglich, um in Zukunft unabhängig zu werden. Es kann also in einer vorwegnehmenden Phantasie Unabhängigkeit genossen werden, während zur gleichen Zeit tatsächlich Abhängigkeit genossen wird. Solche Gleichzeitigkeit ist einer der emotionalen Vorzüge der Kindheit. Ein Junge kann sich z.B. der Männlichkeit seines Vaters unterordnen, um selbst männlich zu werden. Die Neigung, diesen vorteilhaften Kompromiß auf Dauer zu erhalten, stellt einen der Gründe dar, warum so viele Neurotiker bewußt ein Interesse daran haben, auf dem Entwicklungsniveau von Kindern oder Jugendlichen zu verharren.

Unter den reaktiven Charakteren können zweierlei Typen unterschieden werden. Der eine ist vollständig «frigide» und hat eine «Gefühlsphobie». Er vermeidet jede Emotion und hat statt dessen einen scharfen Intellekt ausgebildet. Der andere ist hyperemotional. Als Reaktionsbildung gegen gefürchtete Gefühle hat er Gegengefühle entwickelt, die den Eindruck machen, theatralisch und falsch zu sein. In der Regel enthalten diese Gegengefühle aber mehr von den ursprünglichen Gefühlen, als er selbst weiß. Die Intensität seiner Gefühlsunterdrückung ist so groß, daß die aufgestaute Energie seine Persönlichkeit überflutet und jedes intellektuelle und rationale Handeln emotional getönt wird. Während der erste der beiden Typen im Verlauf der Analyse einen Widerstand durch Intellektualisierungen erkennen läßt, vermag der zweite reiches emotionales Material zutage zu fördern, verfügt aber nicht über die notwendige Distanz und Entspannung, um es objektiv zu beurteilen.
Reich hat die reaktiven Charakterzüge einem Panzer verglichen, den das Ich zum Schutz gegen die Triebe und gegen die Außenwelt anlegt (1271, 1274, 1279). Der charakterliche Panzer ist entstanden als Ergebnis des chronischen Aufeinanderprallens von Triebansprüchen und versagender Außenwelt und «bezieht aus den aktuellen Konflikten zwischen Trieb und Außenwelt seine Kraft und seine fortdauernde Daseinsberechtigung» (1275). Dieser Panzer, so meint Reich, habe Löcher, durch die die Kommunikation erfolge. Beim reaktiven Charakter, so wäre das Gleichnis fortzuführen, müßten solche Löcher eng und das Material um sie herum unelastisch sein.
Da Reaktionsbildungen durch Ambivalenz vorgeformt sind, spielen sie eine immer geringere Rolle, je größer die genitale Zentrierung der

Sexualität eines Menschen ist. Reaktive Charaktere stimmen daher zumeist mit den später zu erörternden prägenitalen Charakteren überein.

Außer der Überwindung der Ambivalenz bringt der Genitalprimat einen weiteren Vorteil für die Charakterbildung. Orgasmusfähigkeit ist eine Voraussetzung, um Stauungszustände zu beenden. Sie ermöglicht eine ökonomische Regulierung von Triebenergien (1270, 1272).

Die Klassifizierung einander entgegengesetzter Charaktertypen bleibt notwendig abstrakt. Tatsächlich verfügt jeder Mensch über beide Arten von Charakterzügen. Der ideale, «postambivalente» Charakter ohne Reaktionsbildungen (25) ist ein reines Konstrukt.

In dem Kapitel über Homosexualität wurde die Überwindung einer aggressiven Triebregung gegen eine andere Person durch Identifzierung und spätere Liebe erörtert (vgl. Bd. II, S. 203f.). Diese Veränderung kann zum Sublimierungstypus gehören. Häufiger jedoch weisen Spuren der ursprünglich feindseligen Einstellung daraufhin, daß die abgewehrten Neigungen im Unbewußten weiter existieren, d. h. daß die Veränderung dem reaktiven Typus zugerechnet werden muß. Ein Teil der ursprünglichen Feindseligkeit kann in einer Identifizierung kanalisiert, ein anderer Teil gleichzeitig durch Gegenbesetzung erhalten und unterdrückt worden sein.

Nach Freud identifizieren sich die Mitglieder einer Masse miteinander und hören auf, sich gegenseitig zu bekämpfen, weil ihre ursprünglich feindseligen Regungen durch diese Identifizierung neutralisiert worden sind. (606). Oft ist diese Neutralisierung an Bedingungen gebunden, die bei ihrem Wegfall die aggressiven Neigungen nur allzuleicht wieder hervortreten lassen. Die relative Stärke des Sublimierungstypus und des reaktiven Typus bei der Abwehr aggressiver Triebregungen ist für die psychologische Struktur einer sozialen Einheit von großer Bedeutung. Das Verhältnis beider läßt darauf schließen, in welchem Ausmaß Aggressionen verläßlich stabilisiert und begrenzt wurden und wie weit solche Stabilisierung und Begrenzung mit großem Aufwand nur zum Schein aufrechterhalten werden konnte.

Gelegentlich wird die Meinung vertreten, die Analytiker machten sich ihre Sache leicht, indem sie einfach unterstellten, ein Patient meine immer das Gegenteil dessen, was er sagt oder tut. So einfach aber liegen die Dinge nicht. Reaktive Einstellungen verbergen tatsächlich ihr Gegenteil, andere Einstellungen tun das nicht. Genau umrissene klinische Kriterien legen fest, ob im Einzelfall wirklich das Gegenteil gemeint ist. Sie gleichen darin den Kriterien einer Deutung, die ebensowenig durch Zustimmung oder Ablehnung seitens des Patienten sich als richtig erweist (vgl. Bd. I, S. 51 f.). Entscheidend sind klinische Erscheinungsbilder (allgemeine Verarmung, Rigidität, Abwehrdurchbrüche) und die dynamischen Reaktionen eines Patienten auf eine Deutung.

7. *Triebregung und Abwehr bei pathologischen Charakterzügen*

Es wäre ungerechtfertigt, anzunehmen, daß alle pathologischen Charakterzüge nach dem Modell von Reaktionsbildungen geformt sind. Einige pathologische Verhaltensweisen vermitteln den Eindruck, daß es sich bei ihnen eher um Versuche handelt, Triebe zu befriedigen, als sie zu unterdrücken. So kann jemand, der es liebt zu widersprechen, nicht nur in projektiver Form gegen seine eigenen Triebregungen Widerspruch einlegen, sondern auch seine Streitsucht befriedigen. Sadistische Triebregungen können nicht nur der Freundlichkeit und dem Gerechtigkeitssinn, sondern auch der Grausamkeit und der Ungerechtigkeit zugrundeliegen. Triebregungen können in die Organisation des Ich aufgenommen sowie durch sie beeinflußt werden und nichtsdestoweniger pathologisch sein. Durch Rationalisierung und Idealisierung (vgl. S. 53 f.) kann das Ich sich über die wahre Natur seines Handelns hinwegtäuschen. Entstellte Befriedigungen, die auf diesem Weg in Charakterzüge eingebettet sind, sind oft von vitaler Bedeutung für die gesamte Libidoökonomie. Die Patienten sind nicht Willens, ohne weiteres auf sie zu verzichten. Aus diesem Grund stellen auch sie während der Analyse einen Charakterwiderstand dar. Es ist sogar möglich, daß von allen Verhaltensweisen, die ein Individuum entwickelt, diejenigen chronisch werden und seinen Charakter ausmachen, die ihm zumeist Befriedigung verschafft haben. Es sollte dabei klar sein, daß es sich hier nicht nur um eine Befriedigung von Triebregungen handelt, sondern auch um eine Befriedigung der Sehnsucht nach Sicherheit.

Manche Einstellungen des Ich, die triebhafter Natur zu sein scheinen, dienen nichtsdestoweniger in erster Linie der Abwehr. Die Bezeichnungen «Trieb» und «Abwehr» sind relativ. Es sind Neurosen bekannt geworden, bei denen der grundlegende Konflikt zwischen zwei Trieben mit einander entgegengesetzten Zielen stattgefunden zu haben scheint (42). Dabei ließ sich zeigen, daß der Triebkonflikt als Grundlage dieser Neurosen stets zugleich ein struktureller Konflikt war; denn keiner der einander entgegengesetzten Triebe wurde durch eine Abwehr des Ich aufrechterhalten oder zum Zweck einer solchen Abwehr verstärkt (vgl. Bd. I, S. 186 f.). Es gibt also nicht nur den einen Abwehrkampf gegen eine bestimmte Triebregung, sondern es gibt in diesem Kampf stets vielfältige Variationen und eine wechselseitige Durchdringung. Zusätzlich zu dem dreischichtigen Aufbau von Trieb, Abwehr und Triebdurchbruch gibt es einen anderen von Trieb, Abwehr und Abwehr der Abwehr.

So kann etwa ein Mann, der aus Kastrationsangst passiv und feminin geworden ist, eine solche Abwehr durch besonders hervorgehobenes männliches Verhalten überwinden.

Obwohl die Identifizierung einen Mechanismus der Sublimierung darstellen kann, können bei einer Depression die Triebregungen, die aufgrund einer Identifizierung abgewehrt worden sind, gegen das introjizierte Objekt wirksam bleiben. Der Umstand, daß eine Identifizierung vorliegt, läßt also keinen Rückschluß darauf zu, ob sich eine Einstellung auf eine Sublimierung oder Reaktionsbildung gründet.
Als ein Beispiel von besonderer Bedeutung für allgemeine Sozialbeziehungen sei auf die Psychologie des Mitleids verwiesen. Mitleid ist zweifellos ein Charakterzug, der mit einem ursprünglichen Sadismus in Verbindung steht. Man kann es für eine Reaktionsbildung halten. Oft bewahrheitet sich diese Ansicht, indem durch Triebdurchbruch oder durch Analyse hinter der Mitleidsfassade der ursprüngliche Trieb noch als wirksam nachgewiesen werden kann. Andere Male scheint es sich um eine Art Sublimierung durch Reaktionsbildung zu handeln, bei der der Sadismus wirklich durch Mitleid ersetzt worden ist. In beiden Fällen scheint der Mechanismus der Triebabwehr eine Identifizierung mit dem Objekt des ursprünglichen Sadismus zu sein.

Jekels hat den Sublimierungstypus des Mitleids näher untersucht (848). Nach seiner Erkenntnis kann z. B. jemand, der ursprünglich gewünscht hatte, sein Bruder möge vom Vater geschlagen werden, diesen Wunsch mit dem Gedanken bekämpfen, nicht der Bruder, sondern er selbst, der diesen bösen Gedanken gehabt habe, müsse geschlagen werden. Der von Jekels beschriebene Personentyp würde weiter dazu neigen, diese Vorstellung durch den Gedanken zurückzuweisen, daß er nicht geschlagen, sondern geliebt zu werden verlange. Er würde Objekte in einer Weise behandeln, in der er selbst gern von seinem Vater und späterhin von seinem Über-Ich behandelt worden wäre. Das Mitleid, das er Objekten gegenüber entwickle, sei eine Art magischer Geste, die um Liebe für ihn selbst bitte und die Vorstellung verleugne, daß er geschlagen zu werden verdient. Damit zeichnet sich die folgende Entwicklung ab: Feindseligkeit, Schuldgefühle, Angst vor Vergeltung und Versuche, durch eine magische Geste Vergebung zu erzwingen. Diese Art von Mitleid versucht auf einem keineswegs ungewöhnlichen Wege, narzißtische Konflikte mit dem Über-Ich durch eine Einflußnahme der Umgebung zu schlichten. Ihre Psychogenese ist durch eine komplizierte Identifizierung charakterisiert. Auch die Erkenntnis, eine charakterliche Triebabwehr erfolge durch Identifizierung, sagt also noch nichts darüber aus, ob es sich um eine «geglückte» Abwehr handelt, bei der die ursprüngliche Triebtendenz völlig aufgezehrt worden ist (848; vgl. auch 365, 851).

Während Menschen dieses Typus durch eine magische Geste des Mitleids unter Beweis stellen, wie gern sie von ihrem Über-Ich freundlich behandelt werden möchten, zeigen Personen, die aus einem Schuldgefühl heraus aggressiv sind, wie sie von ihrem Über-Ich bestraft werden möchten.

Zusammenfassend läßt sich also sagen, daß Charakterzüge ein Niederschlag von Triebkonflikten sind und daß sie der Analyse daher prinzipiell zugänglich sind. Charakterstörungen sind eine besondere Form von Neurosen, die schwer zu definieren ist und in einer speziellen Neurosenlehre eine besondere Behandlung verdient. Alle Neurosen außer den frühkindlichen haben ihre Wurzeln im Charakter, d. h. in der besonderen Art der Anpassung, mit der das Ich seine Triebe ebenso wie die Außenwelt zu berücksichtigen gelernt hat. Diese Form der Rücksichtnahme entsteht lebensgeschichtlich in frühkindlichen Triebkonflik-

ten, zumeist in der besonderen Entwicklung einer frühkindlichen Angsthysterie.
Es ist selbstverständlich unmöglich, die vier Aufgaben des Ich voneinander zu isolieren. Das Ich muß sich mit den Triebansprüchen, mit dem Über-Ich und mit den Ansprüchen der Außenwelt auseinandersetzen sowie diese drei voneinander unabhängigen Bereiche nach dem Prinzip der mehrfachen Funktion miteinander in Einklang bringen. So legt etwa die Behandlung von Triebansprüchen die Behandlung von Objekten fest, während umgekehrt objektbezogenes Handeln Triebansprüche reguliert. Die unterschiedlichen Arten neurotischer Charakterstörungen können jedoch nicht anders dargestellt werden als durch eine getrennte Untersuchung der Anomalien, die in den vier Aufgabenbereichen des Ich vorkommen können. Eine solche Klassifizierung ist indes überaus unsystematisch und kann nur für eine erste grobe Orientierung von Nutzen sein.

8. Pathologisches Verhalten gegenüber dem Es

a) Allgemein frigide und pseudoemotionale Typen

Neurotiker sind Menschen, die ihren Triebregungen fremd gegenüberstehen. Sie kennen sie weder, noch wollen sie sie kennenlernen. Sie sind sich ihrer überhaupt nicht bewußt, empfinden nur einen kleinen Teil von ihnen oder erfahren sie in verzerrter Form.
Zwei Arten von pathologischem Verhalten gegenüber dem Es sind weiter oben als Beispiele des reaktiven Charakters erwähnt worden. Es handelt sich bei ihnen zum einen um Menschen von allgemeiner Frigidität, die Gefühle mehr oder weniger vollständig vermeiden.

Ein Patient, der seinen Beruf, seine Freunde und das Leben haßte, liebte nichts außer seinem Hobby, der Mathematik. Sie war für ihn ein Gebiet, in dem es keinerlei Emotionen gab.

Solche Menschen haben keinerlei Verständnis für den Primärprozeß, die Psychologie der Emotionen und Wünsche (44). Während der Analyse hindert sie ein Widerstand daran, Deutungen ihrer emotionalen

Bindungen zu verstehen, weil sie nur logische Verknüpfungen zu akzeptieren bereit sind. Gelingt es der Analyse, diese Haltung zu ändern, so werden die Patienten, die an Affekte nicht gewöhnt sind, leicht durch die Angst vor neuen Erlebnissen und Erfahrungen überwältigt. Häufig erkennen sie ihre Affekte nicht und unterliegen statt dessen somatischen Affektäquivalenten.

Manche Menschen dieses Typus vermeiden es, sich ihrer Unzulänglichkeiten bewußt zu werden, indem sie sich selbst beweisen, wie überaus tüchtig sie sind. Es handelt sich bei ihnen um kalte Naturen, die zu jeder Sympathie für andere unfähig sind. Sie fliehen vor den Phantasien, die sie ängstigen, in eine tote und leblose Wirklichkeit. Während ein Analytiker gewöhnlich früher oder später die Menschen in der Umgebung eines Patienten relativ genau kennenlernt, erfährt er fast nie etwas über die Persönlichkeit der «Freunde» solcher Patienten, da sie selbst sie eigentlich nicht kennen. Aus diesem Grund sind sie nicht in der Lage, in ihren Assoziationen ein Bild dieser Freunde zu entwerfen. In extremen Fällen wird das Leben solcher Patienten inhaltsleer. Sie können sich und andere über diese Unzulänglichkeiten hinwegtäuschen und sich benehmen, «als ob» sie über wirkliche Gefühle und Kontakte zu anderen verfügten (331).

Bei dem zweiten Typus handelt es sich um Menschen mit intensiven, aber unkontrollierten Emotionen, die, da sie keinen natürlichen Abfluß finden können, die gesamte Persönlichkeit überflutet und «sexualisiert» haben. Menschen dieses Typus sind übererregt und können sich nicht von ihren eigenen Gefühlen distanzieren. Sie leben zu sehr im Primärprozeß, um fähig zu sein, ihn zu reflektieren.

Ein normaler Erwachsener ist dazu in der Lage, sich an seine Empfindungen als Kind zu erinnern. Ein «allgemein frigider» Mensch hat Emotionen aus seiner Kindheit vergessen. Ein Hyperemotionaler ist ein Kind geblieben.

In allen Künsten wird gewöhnlich zwischen Klassikern und Romantikern unterschieden, d.h. zwischen Persönlichkeiten, die traditionalen Formen und Systemen verhaftet bleiben, und Persönlichkeiten, die aus sich heraus neue Formen schaffen. Man spricht von Menschen, die dem Intellekt bzw. ihren Gefühlen gehorchen. Eine ähnliche Unterscheidung meint die von Extravertierten und Introvertierten. Die beiden dargestellten Typen sind die pathologischen Extreme eines solchen Gegensatzes. Die Entwicklung vom rein emotional orientierten Lustprinzip zum kontrollierenden Sekundärprozeß ist in jedem Einzelfall gemäß der individuellen Lebensgeschichte verschieden weit durchlaufen worden. Zuweilen wurde, wie dies für «frigide» Typen charakteristisch ist, die gesamte frühkindliche Welt des Lustprinzips verdrängt. In anderen Fällen wurde die Entwicklung durch Triebkonflikte so sehr gestört, daß die Kontrolle der über das Ich vermittelten Sekundärprozesse unzureichend ist. Während der erste Typus vor angstauslösenden Triebversuchungen in eine nüchterne Realität flieht, findet der zweite Typus die Wirklichkeit von Repräsentanten der gefürchteten Triebe durchsetzt und flieht vor ihr in die Ersatzwelt seiner Phantasie.

Sowohl der allgemein frigide wie auch der pseudoemotionale Typus können ihre Erscheinungsform vielfältig variieren. So kann z.B. jemand, der «frigide» ist, seine Frigidität durch die Bereitschaft verdecken, jede Erfahrung mit Gleichmut hinzunehmen und dadurch jederzeit scheinbar so angemessen zu reagieren, daß seine Gefühlsarmut nicht auffällt. Ein hyperemotionaler Mensch kann einen sekundären Gewinn aus der Intensität seiner (Pseudo-)Emphatie ziehen.

b) Bedingt frigide Typen

Andere Menschen sind nicht vollständig, sondern nur gelegentlich frigide. Sie können Emotionen so lange ertragen, wie bestimmte Sicherheit bietende Bedingungen vorliegen. Solche Bedingungen beziehen sich gewöhnlich auf ein bestimmtes Erregungsniveau. Wird es überschritten, so reagieren sie mit Angst. Gefühle dürfen bei ihnen weder allzu intensiv noch allzu ernsthaft werden. Neurotiker sind introvertiert. Sie haben sich von den Objekten der Realität abgewendet zugunsten der Ersatzwelt ihrer Phantasie. Sie äußern ihre Gefühle in Tagträumen und vermeiden «wirkliche» Gefühle.

Eine günstige Möglichkeit, von der Introversion wieder zur Objektbeziehung zu finden, bietet denen, die über genügend Talent verfügen, die Kunst (564).
Viele Kinder fühlen sich veranlaßt, andere zum Lachen zu bringen, indem sie ständig Witze reißen. Sie können keine Ernsthaftigkeit ertragen. Eine ähnliche Störung tritt auch bei Erwachsenen auf. Sie verweist darauf, daß jemand für seine Triebregungen bestraft zu werden fürchtet. Indem er vorgibt, daß er nur einen Witz über sie macht, hofft er, eine Bestrafung zu vermeiden. Zumeist dient das Witzeln nicht

nur der Strafvermeidung, sondern hat darüber hinaus etwas Exhibitionistisches. Es ist der Versuch, die Zuschauer zu einer Bestätigung zu veranlassen und sie dazu zu verführen, an scherzhaft hervorgehobenen sexuellen oder aggressiven Handlungen teilzunehmen (556, 1294). Die Vorstellung, andere zum Lachen zu bringen, ist ein Ersatz für die Vorstellung, sie zu erregen. Ohne den Witz wäre eine solche Erregung beängstigend.

Wut ist häufig die Emotion, die Menschen, welche nicht ernst sein können, zu vermeiden trachten. Bei manchen Menschen ist Wut zu einer notwendigen Komponente sexueller Erregung geworden. Indem sie ihre Wut bekämpfen, bekämpfen sie zugleich diese Erregung.

c) Die Charakterabwehr von Angstgefühlen

Bei vielen reaktiven Charaktertypen richtet sich die Abwehr nicht (oder nicht nur) gegen bestimmte Triebregungen, sondern eher gegen die Erfahrung der mit ihnen verbundenen Emotionen. Alle Mechanismen, die weiter oben als Affektabwehr erörtert worden sind (vgl. Bd. I, S. 230 ff.), können sich in Charaktereinstellungen widerspiegeln.
Große Beträge von Gegenbesetzung werden häufig in die Angstabwehr investiert. Viele Abwehrhaltungen richten sich nicht gegen die *Situation*, in der die Angst entstehen kann, sondern nur gegen das Auftauchen der *Angst* selbst (1629).
Ein verängstigtes Kind braucht zunächst vor allem äußere Zuwendung oder vielmehr narzißtische Zufuhr, um weniger hilflos und der Allmacht näher zu sein. Es braucht den Kontakt mit der Mutter, d. h. die Berührung von etwas «Gutem», um die «böse» Angst in ihm durch Introjektion zu bekämpfen.

Ebenso häufig tritt die Projektion als die umgekehrt verlaufende Art von Schutz gegen Angst hervor. Sie suggeriert, daß nicht man selbst, sondern der Andere sich ängstigt. Zuweilen hilft ein gewisses Maß an Angst bei anderen gegen die eigene Angst, während ein größeres Maß an Angst zu einer Panik führen kann (vgl. Bd. II, S. 31 f.).

Alles, was das Selbstgefühl erhöht, wird, weil es Mut macht, von Menschen erstrebt, die ihre Angst bekämpfen wollen. Manche scheinen absolut von dem Bedürfnis beherrscht, vor vermeintlichen Gefahren Sicherheit zu suchen. Primitivere Charaktere tun das, indem sie narzißtische Zufuhr, Zuwendung, Bestätigung, Macht und Prestige sammeln. Weniger Primitive versichern sich der Zustimmung ihres Über-Ich. Weil aber der Ursprung einer neurotischen Angst im Unbewußten liegt und mit Triebansprüchen verbunden ist, die aus somatischen Quellen entspringen, bleiben in der Regel alle Zusicherungen unzureichend.

Im allgemeinen läßt sich feststellen, daß diejenigen, die leidenschaftlich nach Macht oder Prestige streben, eine unbewußte Angst zu verleugnen und zu überwinden suchen. Narzißtische Charaktere (vgl. Bd. II, S. 255ff. sowie Bd. III, S. 79f. und 117f.) werden nicht als solche geboren; sie entwickeln sich in der Auseinandersetzung mit Ängsten, die gewöhnlich überaus archaischer (oraler) Natur sind. Es ist von Interesse, zu bemerken, daß im Gegensatz zu Typen mit genuinen objektlibidinösen Konflikten die Zahl der Menschen zunimmt, deren Konflikte um ein Bedürfnis nach narzißtischer Bestätigung zentriert sind. Was jeweils Macht und Prestige verschafft, hängt natürlich von kulturellen Bedingungen ab. Sogar innerhalb einer gegebenen Kultur variieren Prestigevorstellungen gemäß den unterschiedlichen Kindheitserfahrungen einzelner Gesellschaftsmitglieder.

Eine *Verleugnung* der Angst kann auf zweierlei Wegen versucht werden. Es kann eine gefährliche Situation verleugnet werden oder aber der Umstand, daß man sich ängstigt. «Reaktiver Mut» ist eine häufig anzutreffende einfache Reaktionsbildung gegen eine noch wirksame Angst.

Zuweilen wird die ursprünglich angstauslösende Situation nicht vermieden, sondern, zumindest unter bestimmten Bedingungen, aufgesucht. Es tritt eine Vorliebe für eben die Situationen zutage, die offenbar gefürchtet werden. Häufiger noch ist eine Vorliebe für Situationen, vor denen man sich einmal gefürchtet hat (435).

Sucht man eine Erklärung für dies offenkundig paradoxe Verhalten, so muß man zunächst die Natur phobischer Ängste in Betracht ziehen. Die phobische Situation ist eine Versuchung für bestimmte Triebregungen. Aus ihr entwickelt sich erst aufgrund eines Verbots seitens der Außenwelt oder des Über-Ich die Angst. Die ursprüngliche Bestrebung kann dabei wieder hervortreten.

Die durch kontraphobisches Verhalten erreichte Lust ist mit der ursprünglichen Trieblust nicht identisch. Der Zwang einer Suche nach

den einmal gefürchteten Situationen beweist, daß die Angst nicht vollständig überwunden worden ist. Die Patienten versuchen immer wieder, sie in der gleichen Art zu bewältigen, mit der sie in der Kindheit allmählich andere Ängste durch aktive Wiederholung von erregenden Situationen zu bewältigen gelernt haben. Die kontraphobische Lust ist eine Wiederholung der Funktionslust des Kindes, mit der es sich beweist, daß es keine Angst mehr zu empfinden braucht (984) (vgl. Bd. I, S. 70 f.). Die erreichte Lust beweist beim Kind ebenso wie beim Erwachsenen, daß beide nicht wirklich davon überzeugt sind, ihre Angst gemeistert zu haben. Denn bevor sie sich der kontraphobischen Lust überantworten, durchleben sie einen Moment ängstlicher und gespannter Erwartung, dessen Überwindung ihnen Freude bereitet. Die Funktionslust verdankt sich nicht der Befriedigung eines spezifischen Herrschaftstriebs (766, 767, 768), sondern kann im Bereich eines jeden Triebs erfahren werden, sobald ursprüngliche Hindernisse und Ängste überwunden worden sind. Nach Roheim ist sie ein Hauptmotiv einer jeden Sublimierung (1323). Die Funktionslust kann mit einer erogenen Lust verdichtet werden, die durch eben die Sicherheit, die die Funktionslust geschaffen hat, zugänglich geworden ist. Unter diesem Aspekt gleichen ein Hobby und ein kontraphobischer Stolz strukturell einer Perversion. Da die Abwehrvorgänge den ursprünglichen Triebinhalt der Ängste vom Bewußtsein ferngehalten haben, kann es einer kontraphobischen Einstellung unter besonders günstigen Bedingungen möglich sein, zu einer schließlichen Auflösung der ursprünglichen Angst zu führen. Unzweifelhaft strebt, wer sich kontraphobisch verhält, nach einer solchen Auflösung. Er sucht, wovor er sich ängstigte, in eben der Weise, in der ein Kind im Spiel lustvoll erfährt, wovor ihm in Wirklichkeit angst und bange ist.
Die aktive Wiederholung dessen, was einmal passiv erfahren worden ist, oder, späterhin, die aktive Antizipierung dessen, was in der Zukunft passiv erfahren werden kann (1552), bleiben die hauptsächlichen Mechanismen der Angstbekämpfung. Häufig wird die Suche nach zuvor angstauslösenden Situationen gerade darum lustvoll, weil diese aktiv herbeigeführt werden. Entsteht dieselbe Situation unerwartet und ohne Zutun des Subjekts, so taucht die alte Angst wieder auf.
Es gibt verschiedene Möglichkeiten dieser Verwandlung von Passivität in Aktivität bei der Angstbekämpfung. Eine von ihnen ist die Einschüch-

terung anderer. Kann man andere aktiv bedrohen, so braucht man sich nicht der Angst auszusetzen, selbst bedroht zu werden (541, 784, 971, 1298).

Ältere Geschwister sind gewöhnlich in der Lage, den jüngeren Angst einzujagen. Ein masochistischer Patient mit einer Bereitschaft, sich selbst zum Vorteil anderer Schaden zuzufügen, erinnerte sich daran, in seiner Kindheit seine kleine Schwester durch die Behauptung gequält zu haben, die Nudeln in der Suppe seien ekelhafte Würmer. Es schien sich hierbei um eine Deckerinnerung einer sadistischen Entwicklungsphase zu handeln, die später in Masochismus verwandelt wurde. Eine genauere Analyse bestätigte diese Annahme, aber sie förderte auch eine unerwartete Ursache der sadistischen Fixierung zutage. Denn der Patient hatte zu einer noch früheren Zeit seinerseits vor dem Suppeninhalt Angst. Indem er nun seiner jüngeren Schwester Angst einjagte, konnte er die Überzeugung gewinnen, keine Angst haben zu müssen. Sein Sadismus, der ihm gegen die Angst Sicherheit bot, ließ seine phallische Aggressivität wieder hervortreten. Dadurch kam es zu einer sadistischen Fixierung, die er späterhin zu beherrschen versuchte, indem er sie gegen sein eigenes Ich wandte.
Ähnlich gelagert ist die Psychologie vieler Menschen, die «bossige» Autoritäten so lange ertragen können, wie sie selbst einem Untergebenen gegenüber den Boß spielen dürfen. In der klassischen patriarchalischen Familie zitterten die Kinder häufig vor dem Vater ganz ebenso, wie dieser vor gesellschaftlichen Autoritäten zitterte.

Auch anderen Mut zu machen, kann Sicherheit bieten. Als eine Art magische Geste zeigt es an, wie jemand selbst behandelt werden möchte.
Die Einschüchterung sowohl wie die Ermutigung anderer sind Beispiele für den Abwehrmechanismus einer Identifizierung mit dem Aggressor (541). Identifizierung ist die allererste Objektbeziehung. Eine Regression auf sie kann daher verwendet werden, um Objektbeziehungen aller Art, sogar Angst, zu bekämpfen. Anna Freud bezeichnet die Tierliebe von Kindern als ein besonders illustratives Beispiel für diesen Mechanismus (541; vgl. auch 459). Diese Liebe stellt das Ergebnis einer älteren Tierphobie dar. Indem es sich mit dem «aggressiven» Tier identifiziert, gewinnt das Kind das Gefühl, an der Stärke des Tieres teilzuhaben. Schließlich steht das Tier, das es einmal als bedrohlich empfand, ihm selbst zur Verfügung, um andere zu bedrohen.

Eine Mutter schärfte ihrem Kind ein, während ihrer Abwesenheit die Tür nicht zu öffnen. Nachdem sie das Haus verlassen hatte, bemerkte die Mutter, daß sie den Schlüssel vergessen hatte. Sie ging zurück und klingelte. Das Kind öffnete die Tür nicht und machte sich auch lange Zeit nicht bemerkbar. Schließlich rief es: «Verschwinde, du schmutziger Dieb, hier steht ein großer Löwe hinter der Tür!»

Bei einer anderen Variante dieses Mechanismus wird das aktive Verhalten eines Patienten, das an die Stelle seiner Passivität tritt, nicht wirklich, sondern nur zum Schein ausgeführt. Sein Ziel ist es, den Eindruck zu erwecken, daß alles, was ihm passiert, von ihm intendiert war. Ein solches Verhalten läßt sich häufig an Kindern beobachten. Es ist zugleich ein zentraler Handlungsmechanismus bei bestimmten neurotischen Charakteren, die man als «Schauspieler der Wirklichkeit» bezeichnen kann (702). Sie machen andere glauben oder glauben sogar selbst, daß sie, was mit ihnen geschieht, aktiv herbeiführen.

Sie verhalten sich, um Freuds Gleichnis erneut zu verwenden (608), wie ein Reiter, der meint, sein Pferd zu lenken, während er in Wirklichkeit reitet, wohin das Pferd ihn trägt.
Andrejew hat in einem Schauspiel und einem Roman «The Thought» beschrieben, wie eine Verleugnung durch Inszenierung der Realität scheitert. Ein Exzentriker hat plötzlich die Idee, sich verrückt zu stellen und seinen Freund umzubringen. Nach dem Mord beginnt er in der Irrenanstalt daran zu zweifeln, ob nicht alles bloß ein Spiel war.

Menschen dieses Typus legen ein eigenartig künstliches Verhalten an den Tag. Bald nach der ersten analytischen Deutung, daß sie nur schauspielern, wird die zweite Deutung notwendig, daß sie zwar wirklich empfinden, was sie schauspielern, sich aber vor dieser Empfindung ängstigen.

Erregung kann im Zustand der Angst als Versuch aufgefaßt werden, die Angst unter Kontrolle zu bringen. Dasselbe gilt für eine übergroße Schwatzhaftigkeit (117, 473). Dramatisierung ist dagegen nicht stets und ausschließlich ein Mittel, Angst durch Aktivität statt durch Passivität zu bewältigen. Sie kann auch die Absicht verfolgen, die Zuschauer zu Gratifikationen oder Sanktionen zu provozieren.

Kinder überwinden ihre Ängste nicht nur dadurch, daß sie im Spiel wiederholen, was sie in Wirklichkeit bedroht; sie lassen sich darüber hinaus von einem Erwachsenen, den sie lieben und dem sie vertrauen, gerade das zufügen, was sie selbst aus Angst nicht tun wollen. Sie reden sich ferner die Überzeugung ein, daß die Allmacht eines solchen Erwachsenen sie in ihrem Handeln beschützt. Auch dieser Mechanismus kann bei Erwachsenen erhalten bleiben. Es gibt bei der Angstbewältigung nicht nur eine Flucht von der Passivität in die Aktivität, sondern auch eine Flucht in die Passivität. Eine überaus verbreitete kontraphobische Einstellung macht vielen Menschen die Erfahrung von Lust nur so lange zugänglich, wie sie sich von außen beschützt glauben. Sie verschaffen sich eine reale oder magische Erlaubnis oder ein Schutzversprechen, bevor sie etwas Gefährliches unternehmen.

Ein passiv-rezeptiver Zustand dieser Art kann sich sogar mit der Umwandlung von Passivität in Aktivität verbinden. So kann sich jemand mit einer kontraphobischen Einstellung auf ein ursprünglich gefürchtetes Handeln lustvoll einlassen, wenn er während des Vorgangs einem Objekt, mit dem er sich unbewußt identifiziert, beweisen kann, daß er ihm vergibt oder es beschützt.

Es gibt vielfältige Mittel, sich spezifische oder unspezifische Sicherheit zu verschaffen oder Zuneigung, Bewunderung, Prestige und Macht zu erlangen. An ihnen zeigt sich erneut, daß die Einstellungen gegenüber dem eigenen Es nicht von den Einstellungen gegenüber den Objekten isoliert werden können. So kann sich jemand z.B. äußere Macht verschaffen, um eine innere Abhängigkeit zu bekämpfen. Ein solcher Versuch ist bei Personen zum Scheitern verurteilt, die zwar bewußt nach Macht streben, sich aber unbewußt nach passiv-rezeptiver Abhängigkeit sehnen. Ein gutes Gewissen und das Gefühl der Rechtschaffenheit angesichts der eigenen Ideale können denselben Zweck erfüllen wie die Zustimmung von seiten anderer. Bei manchen Verhaltensmustern, die unbewußte Voraussetzungen für die Überwindung von Angst darstellen, kann die Analyse nachweisen, daß sie die Bedeutung von Bestrafungs- oder Sühneritualen haben.

Wurde eine frühkindliche sexuelle Erregung wegen ihrer sadistischen Momente gefürchtet, so kann die Suche nach Zustimmung und Sicherheit von seiten anderer auch auf andere Weise vor sich gehen. Das Schutzversprechen, das sich ein Patient zu verschaffen sucht oder das er im Fall einer Identifizierung zu geben bereit ist, wird so formuliert, daß es dem unbewußten Glauben an die Gewaltsamkeit des angestrebten Handelns widerspricht. Der Erlaubnis, sich auf ein solches Handeln einzulassen, wird die Bedeutung unterstellt, daß es niemandem Schaden zufügt. In anderen Fällen können andere Begleitumstände an die Stelle dieser Erlaubnis treten. Derlei notwendige Begleitumstände sind den Bedingungen vergleichbar, unter denen manche Menschen erst potent werden und unter denen andere ihre Perversionen oder Zwangssysteme entfalten. Solche Bedingungen dienen dem Zweck, bestimmte Gefahren auszuschalten. Die Gleichzeitigkeit von sexueller Lust und Funktionslust bei der Überwindung von Angst verleiht vielen Hobbies zwanghaften Charakter (1159, 1304).

Die Analyse eines intensiven literarischen Interesses führte bei einem Patienten auf eine frühere Phobie in bezug auf Bilderbücher. Die Schaulust hatte sich bei ihm mit der Funktionslust verbunden, vor Büchern keine Angst mehr haben zu müssen, und hatte ein überkompensierendes Verlangen zur Folge, alle Bücher kennenlernen zu wollen. Dadurch meinte der Patient vor Überraschungen sicher zu sein (430).
In einem anderen Fall lag ein ähnlicher Mechanismus bei einem überaus starken Interesse an Eisenbahnen vor, das auf eine vergessene frühkindliche Angst vor Eisenbahnen zurückging. Eine Beobachtung der Urszene, die auf die Erregung einer Eisenbahnfahrt verschoben worden war, spielte die Rolle von etwas Überwältigendem und Unbekanntem. Dadurch, daß der Patient sich aufgrund der Verschiebung für das Eisenbahnwesen interessierte, konnte er seine ursprüngliche Angst überwinden. Die zuvor angstauslösende sexuelle Lust am Rhythmus der Eisenbahn wurde ihm wieder zugänglich.
Im Kapitel über die Zwangsneurosen wurde die Systematisierung als Angstabwehr erörtert (vgl. Bd. II, S. 132 ff.). Solange ein Zwangssystem funktioniert, verleiht es dem, der sich seiner bedient, das Gefühl, die Dinge unter Kontrolle zu haben.

Gelegentlich tritt eine Sexualisierung der Angst bei Personen auf, deren Sexualleben masochistisch entstellt ist. Wie jede andere Erregung kann auch die Angst zu einer Quelle sexueller Erregung werden. Das aber gilt, wie im Fall des Schmerzes, nur so lange, wie die erregende Unlust sich innerhalb bestimmter Grenzen hält und eine gewisse Ernsthaftigkeitsschwelle nicht überschreitet (602, 1001). Eine Identifizierung mit dem Aggressor kann sich mit einer Libidinisierung der Angst verbinden und zu zärtlicher Liebe führen. So gibt es reaktive Formen von Homosexualität, die sich aus einer verleugneten Angst vor dem anderen Geschlecht mit ihm identifizieren.

Ein Patient, der eine Art von Identifizierungsliebe für Frauen empfand, stellte diese Empfindung in einer Weise exhibitionistisch zur Schau, als wollte er damit zu verstehen geben, daß er aufgrund seines Einfühlungsvermögens den emotionalen Geschlechtsunterschied zu nivellieren vermochte. Die Entwicklung dieses Patienten war durch eine verhältnismäßig späte traumatische Beobachtung der weiblichen Genitalien gestört worden. Alle früheren Kastrationsängste hatten sich für ihn in der einen Angst verdichtet, die dieser Anblick auslöste. Sein gesamtes Verhalten war ein Versuch, seine Angst durch eine Leugnung des Geschlechtsunterschiedes zu bewältigen. Er bestand daher darauf, daß es zwischen den Geschlechtern keinerlei erschreckende Entdeckungen zu machen gebe (428).

Alle diese Mechanismen können zugleich mit einer «Flucht in die Realität» auftreten. Bei ihr sucht das Subjekt eine konkrete Situation auf, um sich davon zu überzeugen, daß die Schrecken, die es mit ihr in seiner Vorstellung verbunden hat, nur imaginär sind. Wieder und immer wieder muß es eine solche Situation aufsuchen, weil es die erste Erfahrung, daß sich seine Schreckvorstellungen nicht materialisieren, keineswegs als endgültigen Beweis ansieht (1416).

Manche Entfremdungsgefühle angesichts der Wahrnehmung, daß etwas wirklich geschehen ist, werden als lustvoll empfunden. Die Entfremdung hat hier die Bedeutung, daß das tatsächliche Geschehen zwar wahr ist, aber die mit ihm assoziierte gefürchtete Bestrafung *nicht* (631).
Da die Angst vor einer Bestrafung weiterbesteht, versuchen viele, die Erinnerung daran lebendig zu erhalten, daß bei dieser einen Gelegenheit nichts passiert ist. In dem Beweis, ein Risiko eingegangen und glücklich davongekommen zu sein, liegt eines der Motive für das Sammeln von Trophäen.

Wie bei den Reaktionsbildungen treten auch bei kontraphobischen Einstellungen Triebdurchbrüche auf. Hinter der Anstrengung, Ängste zu verleugnen oder zu verdrängen, scheinen Träume, Symptomhandlungen, eine übergroße Anspannung oder eine allgemeine Erschöpfung anzuzeigen, daß die Angst noch wirksam ist. Zuweilen gelingt es, einen Triebdurchbruch dieser Art im letzten Moment durch eine erneute Abwehr zu vermeiden. Es treten Verbindungen von kontraphobischen mit phobischen Einstellungen auf. Dabei wirkt die kontraphobische Einstellung unter günstigen Umständen bis zu einer gewissen Belastungsgrenze, während darüber hinaus die ursprüngliche Phobie wieder zutage tritt. Kris hat diese Erscheinung an bestimmten Formen von erfolglosem Humor beschrieben. Er verweist auf den zwieschlächtigen Charakter des Komischen, auf die Leichtigkeit, mit der es vom Lustigen ins Peinliche übergeht (983, 984). Dasselbe gilt für kontraphobische

Einstellungen. Mitten im Triumph über die Ersparnis eines emotionalen Aufwands kann bei ihnen Unlust ausbrechen, wenn durch irgendeinen Vorfall die alte Angst bestätigt zu werden scheint.

Ein solches Versagen läßt sich gelegentlich in Fällen beobachten, bei denen die Angst vor Auseinandersetzungen durch eine kämpferische Haltung und durch die Neigung überkompensiert worden ist, bei jeder Gelegenheit einen Streit vom Zaun zu brechen. Die Vorstellung, keine Angst haben zu müssen, weil man fast alles besser kann als andere, hat sich bei solchen Menschen unbewußt in den Wunsch verwandelt, jedermann zu kastrieren. Unter bestimmten qualitativen oder quantitativen Umständen versagt die Lust daran, und an die Stelle der intendierten Kastration tritt eine schreckliche Angst davor, kastriert zu werden.

Die Mechanismen der Angstabwehr, die bisher als charakteristisch für Neurotiker beschrieben worden sind, finden sich in geringerem Ausmaß auch im Alltagsleben der Normalen. Das beste Beispiel bietet wahrscheinlich der Sport (323). Ein anderer Bereich kontraphobischer Erscheinungen stellt sich in bestimmten Kunstwerken dar, in denen ein Künstler mit größter Anstrengung seine Angst abzuschütteln versucht, indem er sie beschreibt und dadurch nachträglich zu beherrschen hofft. Ähnliche Phänomene gibt es natürlich in der Wissenschaft. Auch hier widmen sich manche Forscher einem Gebiet, das für sie den Ersatz eines Objekts darstellt, auf das sie ihre Angst projiziert haben. Indem sie es unter Kontrolle bringen, brauchen sie sich vor ihm nicht mehr zu ängstigen. Schließlich erscheint generell die These gerechtfertigt, daß alle Fähigkeiten, auf die jemand exzessiv stolz ist, unter diese Kategorie gehören (435).

Eine Angstabwehr, die sich in den Charakter eingräbt, wird häufig einer sekundären Systematisierung unterworfen. Die Aufdeckung von Systemen charakterlicher Angstabwehr ist daher der erste Schritt im Verlauf einer Analyse. Dabei handelt es sich jedoch keineswegs schon, wie manche Autoren zu glauben scheinen, um die Analyse selbst (820, 821). Wird dieser Schritt korrekt vollzogen, so führt er bei den Patienten zu Ängsten oder zu verschiedenen somatischen Angstäquivalenten. Ihnen hat die Analyse nachzugehen, um die Angst selbst sowie ihre Geschichte durchzuarbeiten und die Dynamik aufzulösen, aus der heraus sie entstanden ist und abgewehrt werden mußte.

Jones bezeichnete Menschen, deren Persönlichkeit beherrscht ist durch die Neigung, auf alle Reize mit Angst zu reagieren, und die daher in jeder Beziehung zu anderen ihre Angst abwehren müssen, als «Angstcharaktere» (896).

d) Rationalisierung und Idealisierung von Triebregungen

Es gibt verschiedene Bedingungen, unter denen sexuelle Erlebnisse ertragen werden können, die ansonsten Angst auslösen. Der Mechanismus der «Rationalisierung» wurde bereits erwähnt, aber noch nicht im Detail erörtert. Er läßt emotionale Einstellungen unter der Bedingung als zulässig erscheinen, daß sie als «vernünftig» gerechtfertigt werden. Wer rationalisiert, findet eine Begründung nach der anderen für sein Verhalten, ohne sich der Tatsache bewußt zu werden, daß es unter der Herrschaft einer Triebregung steht. Aggressives Verhalten wird häufig unter der Bedingung sanktioniert, daß es angeblich einem «guten» Zweck dient. Ähnliches gilt für bestimmte sexuelle Verhaltensweisen. Das Ich, das sich vor seinen Triebregungen ängstigt, versucht, sie zu legitimieren. Es vermag ihnen so lange nachzugeben, wie es den Glauben aufrechterhält, daß sie zu rechtfertigen sind (805, 868, 1084).
Es gibt gewiß mehrere Arten von Rationalisierung. Eine von ihnen wäre als Idealisierung zu bezeichnen (696). Erfüllt sich eines seiner Ideale, so verschafft das dem Ich eine Zunahme seines Selbstgefühls. Das kann es darüber hinwegtäuschen, daß sich in seinen idealisierten Handlungen Triebregungen ausdrücken, die normalerweise verdrängt geblieben wären. Jedesmal, wenn sich ein Ideal erfüllt, gewinnt das Ich etwas von seinem früheren Allmachtsgefühl zurück. In seiner gehobenen Gemütslage vernachlässigt es die normale Realitätsprüfung. Dabei wird zugleich die Kontrolle von Triebregungen herabgesetzt, so daß diese relativ ungehindert an die Oberfläche treten können (1237). Fehlinterpretationen der Realität treten daher sehr viel leichter in einer gehobenen Gemütsverfassung, in Rauschzuständen oder bei großer Selbstzufriedenheit auf. Viele scheinbar unverständliche Triebdurchbrüche geschehen bei exzessiv erhöhtem Selbstgefühl. Besonders deutlich ist das bei manischen Zuständen. Gelegentlich geht die Verherrlichung des Triebhandelns so weit, daß man den Eindruck gewinnt, als wären die

Funktionen des Über-Ich bei erhöhter Gemütsverfassung von einer Art zweitem Ich-Ideal usurpiert worden, das den Ausdruck von Triebregungen begrüßt (840). Ein solcher Zwiespalt der Idealbildungen kann seine Wurzeln in einer ursprünglichen Teilung der Elternfiguren in «gute» und «böse» haben (1238). Primitive betrachten ganz ähnlich das Totemfest keineswegs als Rebellion gegen die Gottheit, sondern als einen religiösen Ritus, der ein göttliches Gebot erfüllt.
Die Pervertierung eines Ideals, die die zuvor unterdrückten Triebregungen ausdrücklich zuläßt, findet sich in den unterschiedlichsten Formen.

Der «New Yorker» veröffentlichte eine Karikatur, auf der Freud mit erhobenem Zeigefinger einer Patientin sagte: «Reichlich ungezogen von Ihnen, daß Sie schon wieder einen harmlosen Traum hatten.»

Eine verwandte Erscheinung ist die Bestechlichkeit des Über-Ich (37), bei der jede «gute» Handlung das Recht verleiht, im Anschluß an sie eine «böse» auszuführen. Auch hier liegt sehr wahrscheinlich eine Idealisierung vor. Das Hochgefühl über die «gute» Tat behindert das Urteil über die darauffolgende «böse».

Die Rationalisierung richtet sich nicht nur auf Triebregungen, denen sie Gelegenheit zu einer im übrigen verbotenen Befriedigung bietet, sondern sie richtet sich auch auf andere dem Ich fremde Regungen. Abwehrhaltungen und Widerstände, die aufgrund ihrer unbewußten Zwecke als irrational erscheinen, werden häufig in der Weise rationalisiert, daß das Ich ihnen einen anderen Zweck unterschiebt. Sogar verschiedene neurotische Symptome werden auf diese Weise rationalisiert.

Neben der Rationalisierung gibt es einen Mechanismus, der als «Moralisierung» zu bezeichnen wäre. Es handelt sich dabei um die Neigung, Sachverhalte auch dann nach ethischen Standards zu interpretieren, wenn sie objektiv in genauem Gegensatz zu ihnen stehen.

e) Weitere Bedingungen, unter denen Triebregungen toleriert oder abgewehrt werden

In anderen Fällen wird ein Triebhandeln einfach *isoliert*. Es bleibt erlaubt, solange bestimmte Garantien erfüllt sind, die sicherstellen, daß es nicht auf den Rest der Persönlichkeit einwirkt.

Beispiele hierfür sind bei der Erörterung der Isolierung genannt worden (vgl. Bd. I, S. 222ff.). Sehr oft werden Liebe und Haß, die sich ursprünglich auf ein und dieselbe Person richten, auf verschiedene Objekte verteilt. Personen, die diesen Mechanismus zu einem vorherrschenden Charakterzug ausgebildet haben, zerteilen schließlich alle Menschen und Dinge in antithetische Kategorien (710). Ein weiteres Beispiel bietet die Isolierung von Zärtlichkeit und Sinnlichkeit, bei der Sinnlichkeit nur Objekten gegenüber erfahren wird, zu denen keine emotionale Beziehung besteht (572). Unter den gegenwärtigen kulturellen Bedingungen bietet die Prostitution Männern eine günstige Gelegenheit zu solcher Isolierung.

Es gibt sogar Menschen, deren Angst vor ihrem unkontrollierten Es so groß ist oder sich so früh entwickelt hat, daß sie zu keinem Zeitpunkt genügend distanziert und detachiert waren, um in ihrem Ich die Fähigkeit auszubilden, mit ihrem Es fertig zu werden. Sie können keinerlei Spannung ertragen und sind unfähig zu warten. Jedesmal wenn sie warten müssen, empfinden sie das Warten selbst als ein traumatisches Ereignis. Sie versuchen sich dagegen mit allen Mitteln zu schützen. In Situationen, die sie erregen, suchen sie weniger nach Befriedigung als vielmehr nach einem Ende der unerträglichen Erregung. Sie enthüllen damit, daß die Begriffe von Triebbefriedigung und Triebabwehr nur bedingt im Gegensatz zueinander stehen.

Menschen dieses Typus sind auch dann stets in Eile, wenn sie genügend Zeit haben. Es handelt sich bei ihnen um «traumatophile» Persönlichkeiten (vgl. S. 133ff.).

Häufig ist die Schwierigkeit, mit Triebregungen fertig zu werden, auf besondere Gefühle, besondere Partialtriebe oder besondere erogene Zonen begrenzt. So können reaktiv freundliche Menschen zwar keinen Sadismus vertragen, verhalten sich aber unter bestimmten Bedingungen selbst sadistisch; reaktiv mutige Menschen verhalten sich in bezug auf ihre Angst irrational; ähnlich verhalten sich schamlose oder schamhafte Menschen in bezug auf Prüderie bzw. Exhibitionismus.

f) Anale Charakterzüge

Daß bestimmte Charakterzüge mit einzelnen Formen von Erotik eng zusammenhängen, war die erste Entdeckung der psychoanalytischen

Charakterologie (563). Es ist bis heute ihr am besten untersuchtes Forschungsgebiet. Entdeckt wurden die Verschiebungsprozesse von einem ursprünglichen Triebziel auf ein Verhaltensmuster des Ich, das durch Sublimierung oder Reaktionsbildung von jenem Ziel unabhängig geworden zu sein scheint.

Der typische Analcharakter ist weiter oben im Kapitel über die Zwangsneurose beschrieben worden (vgl. Bd. II, S. 123 ff.). Die Analtriebe haben unter dem Einfluß gesellschaftlicher Konflikte um die Reinlichkeitserziehung ihr Ziel oder Objekt gewechselt und sind dem Ich einverleibt worden. Es haben sich anale Charakterzüge anstelle von analerotischen Trieben entwickelt. Bewiesen wird das durch den Umstand, daß sie durch die Analyse von Konflikten, die zur Entwicklung von Abwehrhaltungen des Ich geführt haben, nach Überwindung einer dazwischengetretenen Angst in die ursprünglichen Triebregungen zurückverwandelt werden können (21, 194, 593, 832, 883, 1022, 1143, 1634).

Das Vorherrschen des Analcharakters in der Moderne und der Drang zum Reichtum bieten ein besonders gutes Untersuchungsfeld für die Beziehung von Triebstruktur und Gesellschaft (434). Diese Beziehung reicht bis in die feinsten Verästelungen beider. Die Erkenntnis, daß das Geld unbewußt den Faeces gleichgesetzt wird, hat gelegentlich zu dem Mißverständnis geführt, daß der Ursprung des Geldes in der Befriedigung analerotischer Triebregungen zu suchen sei (1321). Geld erfüllt jedoch einen überaus rationalen Zweck. Seine Funktion aus seinem analerotischen Mißbrauch abzuleiten, wäre ein Fehlschluß. Ähnlich könnte man aus der verborgenen sexuellen Bedeutung des Gehens für den Hysteriker den Schluß ziehen, daß das Gehen generell sexuelle Lust verschaffe und nicht einfach ein Mittel sei, um von einem Ort zum andern zu gelangen (1197). Es ist vollkommen falsch, zu behaupten, daß die Funktionen des Geldes in der Realität durch eine Betonung analerotischer Triebqualitäten hervorgerufen worden seien. Eher beeinflußt umgekehrt die aktuelle Funktion des Geldes die Entwicklung der Analerotik. Nur unter bestimmten gesellschaftlichen Verhältnissen verbindet sich die sexuelle Vorstellung einer «Verhaltung» der Faeces mit Gelddingen. Und es sind wiederum diese Verhältnisse, die dafür verantwortlich gemacht werden müssen, daß sich eine Verhaltung zu dem Verlangen entwickeln kann, Reichtum zu erwerben (434). Soziale Bedingungen legen darüber hinaus die Bedeutung und relative Intensität analer Vorstellungen fest. Gesellschaftliche Institutionen beeinflussen die Triebstruktur der Menschen, die in ihnen leben, durch Versuchungen und Frustrationen sowie durch eine Überformung ihrer Wünsche und Abneigungen. Keineswegs sind die Triebe rein biologisch festgelegt, und ebensowenig sind die Triebobjekte ausschließlich an soziale Bedingungen gebun-

den. Eher hängt die Triebstruktur selbst, insbesondere die relative Verteilung der Libido zwischen Genitalität und Prägenitalität, von sozialen Faktoren ab. Ohne Zweifel dienen die individuellen Strukturen, die durch die Institutionen geschaffen worden sind, der Erhaltung eben dieser Institutionen.
Jede seelische Erscheinung ist als Ergebnis einer Interaktion von biologischen Strukturen und Umwelteinflüssen zu erklären. In jeder Generation wirken soziale Institutionen als bestimmende Umwelteinflüsse. Die biologische Struktur ist ihrerseits aus dem Zusammenspiel früherer Strukturen und früherer Erfahrungen evolutionär entstanden. Wie aber sind gesellschaftliche Institutionen entstanden? Sind sie nicht in letzter Instanz auf das Verlangen der Menschen nach Bedürfnisbefriedigung zurückzuführen? Das ist unleugbar richtig. Die Verhältnisse zwischen den Menschen sind jedoch zu einer äußeren Realität geworden, die von eben diesen Menschen vergleichsweise unabhängig geworden ist. Sie haben die Individuen strukturell geformt, die dann ihrerseits durch ihr Verhalten die Institutionen verändert haben. Dieser Prozeß wechselseitiger Veränderung und Anpassung durchzieht die Geschichte.

g) Orale Charakterzüge

Der Einfluß der Oralerotik auf die normale und pathologische Charakterbildung ist von Abraham (24) und Glover (680, 681) im Detail untersucht worden. Er bietet kein so geschlossenes Bild wie beim Analcharakter, wofür dreierlei Umstände verantwortlich sind: Erstens verbleiben viel mehr Bestandteile der Oralerotik als der Analerotik auch unter dem Genitalprimat in der erotischen Sphäre. Zweitens gelingt es der Analyse nur schwer, rein orale Charakterbildungen losgetrennt von den späteren analen Beimischungen zu erfassen. Drittens umfaßt die Oralerotik noch ungetrennt verschiedenartige Neigungen und Einstellungen, die sich erst später ausdifferenzieren.
Wenn wir anführten, wie bedeutungsvoll die Analerotik sei, weil die Kinder bei der Reinlichkeitserziehung zum erstenmal lernen, dem Objekt zuliebe auf unmittelbare Triebbefriedigung zu verzichten, so ist die Oralerotik das Gebiet, auf dem das Kind überhaupt die Objektwelt kennen und Beziehungen zu ihr aufnehmen lernt. Wie das geschieht, bleibt deshalb grundlegend für die gesamte spätere Einstellung der Wirklichkeit gegenüber. Besondere orale Befriedigung hat deshalb einen merkwürdig sicheren Optimismus für das ganze spätere Leben zur Folge, wenn nicht aufgrund von Frustrationen im Anschluß an diese

Befriedigung eine Rachsucht und eine kontinuierliche Forderungshaltung entstanden sind (24, 681, 933). Ebenso haben besondere orale Versagungen eine pessimistische (depressive) oder sadistische (Entschädigung fordernde) Einstellung zur Folge (104, 106). Ist ein Mensch an die orale Wunschwelt fixiert, so wird er in seinem Gesamtverhalten eine Erwerbsscheu zeigen, ein Verlangen danach, von anderen versorgt zu werden. Dies kann sich, und das entspricht wohl dem Gegensatz der beiden oralen Unterstufen, sowohl durch extreme Passivität als auch höchst aktiv, oral-sadistisch äußern.

Ein Fall dieser Art hatte besondere oralfixierende Schicksale erlebt: Brustnahrung durch anderthalb Jahre während eines Aufenthaltes bei der Großmutter, die das Kind auch sonst oral verwöhnte, und plötzlicher Abbruch dieser Paradieseszeit durch die Übersiedlung zum überstrengen Vater. Der Patient hatte einen Charakter entwickelt, der einzig von dem Leitgedanken beherrscht schien: Der Vater muß mir die orale Befriedigung, die er mir geraubt hat, wiedergeben; andernfalls hole ich sie mir mit Gewalt. Der Patient hatte keinen Beruf, lebte vom Geld des Vaters und glaubte sich immer von ihm benachteiligt. Die Neigung, auf Enttäuschungen mit Gewalt zu reagieren (sich durch Zwang zu verschaffen, was man nicht automatisch erhält) und die gleichzeitige Neigung zu liebedienerischer Unterwerfung ist charakteristisch für orale Fixierungen.

Oft haben diese oral-sadistischen Forderungen einen mehr «vampirhaften» Charakter. Sie treten bei Menschen auf, die viel bitten und fordern, die ihr Objekt nicht loslassen und sich gleichsam an ihm festsaugen.

Das «Anklammern» vieler Schizophrener an ihr Objekt legt die Idee nahe, daß in der oralen Zeit die Angst, das Objekt zu verlieren, besonders groß ist und dieses «Ansaugen» verursacht.

Das Verhalten oraler Charaktere weist häufig Zeichen einer Identifizierung mit dem Objekt auf, von dem sie ernährt werden wollen. Manche Menschen spielen in all ihren Objektbeziehungen die Rolle einer nährenden Mutter. Sie sind stets großzügig, bedenken jeden mit Geschenken und bieten allen ihre Hilfe an. Sie tun das unter günstigen libidoökonomischen Verhältnissen in einer herzlichen und altruistischen, unter weniger günstigen Verhältnissen in einer überaus ärgerlichen Art und Weise. Ihre Einstellung hat die Bedeutung, durch eine magische Geste so viel Liebe auszuteilen, wie sie selbst zu empfangen wünschen.

Gelegentlich ist das Bedürfnis, andere glücklich zu machen, für die Umgebung so maßlos qualvoll, daß an diesem Bedürfnis seine ursprüngliche Ambivalenz hervortritt. Deutlich wird das auch an jenen Psychotherapeuten, die ihre Patienten zu heilen wünschen, indem sie ihnen «Liebe» geben.

Andere Menschen sind überhaupt nicht großzügig und geben nie irgend etwas. Es ist dies eine Einstellung, die auf eine Identifizierung mit einer frustrierenden Mutter zurückgeführt werden kann. Sie rächen sich dafür, in ihrer Kindheit nicht empfangen zu haben, wonach sie verlangten, indem sie anderen nichts zu geben bereit sind.

Bergler konnte zeigen, daß einige Fälle von Ejaculatio retardata nach diesem Muster gebildet sind. Die Patienten nahmen unbewußt ihren Penis als eine Brust wahr und weigerten sich, ihre Sexualpartner zu nähren (108, 110). Die Ejaculatio retardata kann jedoch auch Ausdruck einer analen Verhaltungstendenz sein.

Es ist bereits mehrfach erwähnt worden, daß orale Charaktere zur Aufrechterhaltung ihres Selbstgefühls von Objekten abhängig sind. Sie brauchen eine Zufuhr von außen nicht nur zur Befriedigung ihrer oralerotischen Bedürfnisse, sondern auch zur narzißtischen Befriedigung ihres Selbstgefühls.
Daher lassen sowohl ausgesprochene Großzügigkeit wie betonte Kleinlichkeit auf oralerotische Konflikte schließen. Manche Menschen stellen ihre rezeptiven Bedürfnisse offen zur Schau. Sie sind unfähig, für sich selbst zu sorgen, und verlangen manchmal fordernd, manchmal bittend, daß andere es für sie tun.

Ein fordernder Ton herrscht bei Personen vor, die unfähig sind, sich die Sicherheit einer oralen Befriedigung zu verschaffen, von der sie abhängig sind. Jedes Geschenk veranlaßt sie, mehr zu verlangen oder zu fordern. Sie sind so unbescheiden wie die Frau des Fischers im Märchen. Ein bittender Ton herrscht bei Personen vor, die zufrieden sind, wenn sie von ihrer Verantwortlichkeit befreit sind und versorgt werden. Sie sind bescheiden, sehr einfach zufriedenzustellen und bereit, auf Ehrgeiz und Bequemlichkeit zu verzichten, wenn sie sich durch ein solches Opfer Fürsorge und Zuneigung verschaffen können.

Andere verdrängen ihr orales Verlangen und weigern sich in übertriebenem Maße, ihren Mitmenschen «zur Last» zu fallen. Sie lehnen alle

Geschenke ab und sind unfähig, um etwas zu bitten. Sehr oft trifft man auf Menschen, die Abhängigkeit brauchen und dennoch so tun, als seien sie vollständig unabhängig. Ein unbewußtes Verlangen nach Passivität kann durch ein scheinbar extrem aktives und männliches Verhalten überkompensiert werden. Die verbreitete Hochschätzung der Männlichkeit führt dazu, daß Männlichkeit oft nur vorgespiegelt wird, während eine tiefersitzende orale Passivität hinter ihr zum Vorschein kommen kann.

Nach Alexander ist eine der Arten, in denen das geschieht (43), die Ausbildung eines Ulcus (vgl. Bd. II, S. 78).

Wer großzügig ist, kann gelegentlich seinen ursprünglichen Geiz verraten, und wer sich im allgemeinen weigert, etwas herzugeben, kann unter bestimmten Umständen überaus großzügig sein. Derlei Veränderungen hängen ab vom Verhältnis zwischen Sublimierung und Reaktionsbildung im Aufbau oraler Charakterzüge (706).
Der Anblick jüngerer Geschwister, die die Brust erhalten, läßt sich oft als Ursache des Zusammenhangs von Neid und Eifersucht mit der Oralerotik nachweisen (358, 1492).

Eine Patientin mit einem betont oralen Charakter hatte eine recht undeutliche Deckerinnerung, derzufolge ein Mann sie in ihrer frühen Kindheit gedemütigt haben sollte, indem er ihre Brüste ergriff. Sie sah ein, daß das nicht wirklich geschehen sein konnte, konnte sich aber an nichts weiter erinnern. Da sie zum Rachetypus des weiblichen Kastrationskomplexes gehörte und immer wieder sadistische Bestrebungen empfand, als müsse sie eine Vergewaltigung ungeschehen machen, nahmen wir an, die Deckerinnerung habe nur die erogenen Zonen durcheinandergebracht. Die Lösung des Rätsels tauchte völlig unerwartet auf. Es stellte sich heraus, daß sie selbst, als ihr jüngerer Bruder gesäugt wurde, nach der Brust der Mutter gegriffen hatte. In ihrem späteren Leben empfand sie sexuelle Annäherungen von Männern als eine Erniedrigung, weil sie sie unbewußt als eine Wiederholung der Erniedrigung empfand, die ihr ihre Mutter zugefügt hatte, als sie sie zurückwies und sich über sie lustig machte.

Manche direkt erotische Betätigungen der oralen Lust können sich unmittelbar im Charakter widerspiegeln (Verhalten zum Essen, Trinken, Rauchen, Küssen). Auch diese erotischen Genüsse können durch

Sublimierungen oder Reaktionsbildungen ersetzt werden (1468). Symptome wie z.B. Sprachstörungen, die um die Oralerotik zentrierte Konflikte ausdrücken, werden gelegentlich durch Reaktionsbildungen in der Charakterstruktur bekämpft, die auch dann noch fortbestehen können, wenn die Sprachstörungen bereits überwunden sind. Unter den oralen Charakterzügen finden sich sowohl Beweglichkeit, Ruhelosigkeit und Haß wie auch die Neigung zu trotzigem Schweigen.

Durch eine Verschiebung des Komplexes «Hunger» auf das Geistige kann die Wißbegierde zu einer oralen Charaktereigenschaft werden und unter Umständen mit der ganzen Gier einer ursprünglichen oralen Leidenschaft ausgestattet sein (249, 461, 1059, 1405). Entsprechend erscheinen dann die Mittel, die Wißbegierde zu stillen, insbesondere das Lesen als Ersatz des Essens, speziell des leidenschaftlichen oral-sadistischen Einverleibens fremder Objekte, oft des Kotes. Die Analyse von Lesestörungen führt immer zu derartigen prägenitalen Triebkonflikten (124, 1512). Oft ist die Verkopplung der Gedankenwelt von «Sehen» und «Essen» historisch auf bedeutsame Szenen zurückzuführen, in denen ein Kind essen sah (z.B. ein Geschwisterchen, das gestillt wurde). Mit dem Lesen verbindet sich oft eine intensive Neugier, ein krampfhaftes, gieriges Schauen, das als Ersatz von Gefräßigkeit gelten kann.

Solch eine orale Verwendung der Augen stellt eine Regression visueller Wahrnehmungen auf die Einverleibungsziele dar, die zunächst mit den allerfrühesten Wahrnehmungen verbunden waren (430) (vgl. Bd. I., S. 60f.). Eine ausgezeichnete Darstellung, wie letzten Endes der orale Bemächtigungsdrang über viele direkt triebhafte und schon sublimierte Zwischenglieder schließlich zum Wissensdrang wird, hat Wera Schmidt gegeben (1404, 1405).

Wie die Beziehung sozialer Konflikte auf analerotische Triebregungen bezweifelt wurde, so hat man auch das Verhältnis von Abhängigkeit und Oralerotik in Zweifel gezogen (921). Dieses Verhältnis aber ist eine wesentliche entwicklungsgeschichtliche Tatsache. Die biologische Grundlage jeder Abhängigkeit ist darin zu suchen, daß der Mensch als Säugetier hilfloser geboren wird als andere Säugetiere und von Erwachsenen ernährt und umsorgt werden muß. Jeder Mensch verfügt über eine Erinnerungsspur daran, daß es in seinem Leben einmal mächtige und (wie ihm scheinen mußte) sogar allmächtige Wesen gegeben hat, auf deren Hilfe, Trost und Schutz er sich verlassen konnte. Späterhin erlernt das Ich Techniken einer aktiven Realitätsbewältigung. Eine passiv-orale Einstellung aber bleibt als Kindheitsrest potentiell erhalten. Häufig genug geraten Erwachsene in Situationen, denen sie so hilflos ausgesetzt sind, wie sie sich als Kinder fühlten. Zuweilen sind Naturgewalten für solche Situationen verantwortlich, häufiger aber werden sie durch gesellschaftliche Kräfte geschaffen. In diesen Situationen sehnen sich die Menschen nach einem allmächtigen Schutz und nach dem Trost, der ihnen in ihrer Kindheit zur Verfügung stand. Sie regredieren dann auf die Stufe der Oralität. Viele gesellschaftliche Einrichtungen machen sich diese biologisch bestimmte Sehnsucht zunutze. Sie versprechen die erwähnte Hilfe, wenn bestimmte Bedingungen erfüllt werden. Solche Bedingungen variieren zwischen den einzelnen Kulturen. Eines aber haben alle Götter mit jeder irdischen Autorität gemein: Sie binden ihr Schutzversprechen an die Forderung nach Gehorsam. Zweifellos besteht ein großer Unterschied zwischen einem allmächtigen Gott, einem modernen Arbeitgeber und einer Mutter, die ihr Kind säugt. Doch nur die Ähnlichkeit zwischen ihnen vermag zu erklären, warum Autoritäten so wirkungsmächtig sind (436, 651).

h) Urethrale Charakterzüge

Auf einen Zusammenhang der Urethralerotik mit der Charaktereigenschaft des Ehrgeizes haben Jones (881) und später Coriat (290) sowie Hitschmann (794) aufmerksam gemacht. Die Analyse zeigt, daß der Wettbewerb in Urinierfertigkeit ein führender Gedanke der kindlichen Urethralerotik ist. Die Beziehung der Urethralerotik zu Wettbewerb und Ehrgeiz hängt mit der Nähe beider zur Scham zusammen (vgl. Bd. I, S. 104 und 200). Ehrgeiz kann allerdings auf ältere orale Quellen zurückgehen und besonders bei Mädchen wegen der Aussichtslosigkeit des urethralen Wettbewerbs sekundär auf das Anale verschoben werden.

Ein Patient besaß einen extrem entwickelten Urethralcharakter und litt zudem als moralischer Masochist unter seiner unglücklichen Ehe. Er war unfähig, viele seiner

Talente und Möglichkeiten zu entwickeln. Es wurde rasch offenkundig, daß er sein ganzes Leben für eine ihm unbekannte Schuld gebüßt hatte. Sie bestand in seiner infantilen Sexualität. Ihr Zentrum bildete eine Scham über eine Enuresis, die bis über sein zehntes Lebensjahr hinaus angedauert hatte. Sein gehemmter Ehrgeiz verwies auf die Intensität seiner Urethralerotik. Seine exhibitionistische Freude über kleine Erfolge (große versagte er sich) hatte unbewußt die Bedeutung eines Stolzes darüber, das Wasser halten zu können. In dem Maße, wie ihm sein Schuldgefühl bewußt wurde, erlitt er eine Depression, in deren Verlauf er sehr viel weinte. Vor Beginn der Analyse hatte er sich das jahrzehntelang nicht gestattet und seine Augen vor seinem Schicksal verschlossen. Das Weinen schien einen Fortschritt der Therapie anzudeuten, und er wurde daher ermutigt, dem Drang zu weinen nachzugeben, ohne sich zu schämen. Schließlich stellte es sich heraus, daß der Patient diese Ermutigung mißbrauchte. Das Weinen in Gegenwart des Analytikers bereitete ihm offenbar narzißtische Lust. Schließlich rührte ihn nicht nur seine eigene Situation zu Tränen, sondern er wurde generell sentimental und weinte sogar bei dem Gedanken an eine gute Tat. Es muß hinzugefügt werden, daß sein moralischer Masochismus von einer Erlösungsphantasie durchdrungen war: Wegen seiner Frau setzte er seine miserable Ehe fort; er hatte einen Beruf gewählt, in dem er den Armen helfen konnte. Er war mit anderen Worten ein «guter» Mensch, ja er war so gut, daß ihm selbst darüber die Tränen kamen. Das zwang ihn, andere zu behandeln, wie er selbst gern behandelt worden wäre. In seiner Phantasie versetzte er sich in die Rolle des Aschenbrödels, das viel leiden muß, weil es mißverstanden wird, das aber eines Tages verstanden und aus seinem Leiden von einem Prinzen erlöst wird. Träume und Phantasien enthüllten, daß das Aschenbrödel sich das erhoffte Verständnis wie ein Streicheln vorstellte. Als Kind hatte der Patient an Rachitis gelitten. Daß er das Bett hüten mußte, verschaffte ihm das Gefühl, seiner Familie zur Last zu fallen. Seine Neurose war ein Versuch, die entstandene unbewußte Aggression dadurch zu bewältigen, daß er das verhinderte Aschenbrödel in die Erlöserfigur Christi verwandelte. Er versuchte seine passive Sehnsucht zum Ausdruck zu bringen, indem er sich sagte: «Wenn mein Leiden genügend groß ist, wird der Erlöser kommen und mich streicheln. Dann werde ich ohne Unterlaß weinen und weinen dürfen.» An diesem Punkt seiner Analyse begann der Patient eine Affäre mit einem Mädchen, für das er Mitleid empfand. Er reagierte mit einer Ejaculatio praecox. Die Analyse dieses neuen Symptoms bestätigte die frühere Deutung, daß sein Weinen den Sinn des Urinierens habe und daß er als armes kleines Kind so lange gestreichelt werden wollte, bis er ins Bett machte. Dies sei dann eine erlaubte und wohltuende Erleichterung, kein Mißgeschick und auch kein Vergehen. Nun gab es keinen Zweifel mehr, was das «arme kleine Kind» unbewußt bedeutete. Schließlich wurde auch durch einen Traum bestätigt, daß es seinen eigenen Penis darstellte. Die urethrale Fixierung des Patienten war passiv-phallisch und drückte das Verlangen aus, an den Genitalien berührt zu werden. Der Patient wollte an seinem armen kleinen Aschenbrödel-Penis gestreichelt werden, bis er ins Bett machen durfte (428).

Urethraler Ehrgeiz kann zu verschiedenen sekundären Konflikten führen. In Verbindung mit dem Ödipuskomplex kann der Erfolg als das Ziel des Ehrgeizes die unbewußte Bedeutung einer Vatertötung annehmen und daher verboten werden. In Verbindung mit dem Kastrationskomplex kann Ehrgeiz die Bedeutung einer Zurückweisung der Vorstellung gewinnen, kastriert zu sein. Zugleich kann Kastrationsangst jedes Handeln blockieren; denn gerade das, was angeblich gegen die Möglichkeit der Kastration Schutz und Sicherheit bieten sollte, kann sie herbeiführen. Man kann dann zu passiv-rezeptiven Einstellungen seine Zuflucht nehmen und in dieselben Abhängigkeitskonflikte geraten wie orale Charaktere.

Nicht jeder Ehrgeiz beruht auf Urethralerotik. Manchmal spiegeln sich in ihm andere Kindheitskonflikte wie im folgenden Fall zweier Patienten. Sie hatten maßlos ehrgeizige Mütter, welche mit dem in ihren Söhnen verkörperten Ehrgeiz ihre Unzufriedenheit mit ihren Ehemännern zum Ausdruck brachten. Der Ehrgeiz der beiden Patienten bedeutete zunächst, daß sie die hochfliegenden Pläne ihrer Mütter akzeptierten und sich mit ihnen identifizierten. Daher zeigte ihr Ehrgeiz die Ambivalenz und die Konflikte ihrer Mutterfixierung. In einer tieferen Schicht hatten sie den Ehrgeiz ihrer Mütter als Aufforderung empfunden, ihre Väter zu töten und ihre Mütter zu heiraten. In ihrem gehemmten Ehrgeiz stellte sich also ihr Ödipuskomplex dar.

i) Charakter und Kastrationskomplex

Die enge Beziehung von Urethralerotik und Kastrationskomplex macht deutlich, daß die Rolle der Urethralerotik bei der Charakterbildung nicht von den charakterbildenden Einflüssen des Kastrationskomplexes getrennt werden kann (36). Alles, was über die Charakterzüge bei der Angstabwehr im allgemeinen gesagt wurde, gilt auch in bezug auf die Kastrationsangst. Häufig kommen hier kontraphobische Einstellungen vor. Kinder machen oft Spiele, in denen sie den Eindruck erwecken, kastriert zu sein. Sie stellen dann Blinde oder Krüppel dar. Manch eine «Bescheidenheit» bei Erwachsenen verdankt sich dem gleichen Ursprung. Sie versuchen auf diesem Wege, die Vorstellung der Kastration zu bewältigen. Es bereitet ihnen eine lustvolle Befriedigung, daß sie die Kastration nur vorspiegeln und daß sie sie unter Kontrolle haben.

Daneben kann sich mit einer solchen Vorstellung eine weibliche Lustempfindung verbinden, denn kastriert zu sein, bedeutet für sie, weiblich sein.

Ein Patient, der sich bei dem Gedanken ängstigte, noch immer in höchst weiblicher Form seinen überaus tyrannischen Vater zu bewundern, spielte auf U-Bahn-Stationen gern das folgende Spiel. Er streckte seine Arme über die Schienen und stellte sich dabei vor, daß der Zug sie ihm wegreißen würde. Tatsächlich zog er seine Arme, kurz bevor der Zug kam, zurück, phantasierte aber, daß er es im allerletzten Moment getan habe. In seiner Vorstellung waren ihm beinahe die Hände abgerissen worden, aber er hatte «die Dinge unter Kontrolle». Daneben hatte er verschiedene Tagträume von Riesen oder gigantischen Maschinen, die die Menschen zu überwältigen drohen, aber im letzten Augenblick noch unter Kontrolle gebracht werden können. Auch in seinen Tagträumen verdichteten sich passiv-homosexuelle Phantasien mit der Absicherung gegen die Kastrationsangst, die mit ihnen verbunden war.
Es war interessant zu sehen, wie die gesamten Objektbeziehungen dieses Patienten im späteren Leben von demselben Spiel beherrscht wurden: Er pflegte «spielerisch» Gefahren heraufzubeschwören, ging aber nie wirklich ein Risiko ein.

Der Zusammenhang der Scham mit der Vorstellung, kastriert zu sein, verdient bei der Untersuchung der Charakterbildung besondere Beachtung.
Jedes kleine Mädchen entwickelt einen Penisneid. Aber das spätere Schicksal dieses Penisneids ist ein recht verschiedenes. Ist er nicht sehr intensiv, so kann er mit der Übernahme der weiblichen Sexualrolle praktisch überwunden sein. Gewisse Anteile werden in verschiedener Weise sublimiert oder gehen in bestimmte individuelle Züge des Sexualverhaltens über. Ist er sehr intensiv oder wurde er frühzeitig verdrängt, so kann er eine Schlüsselrolle bei der Genese pathologischer Charakterzüge oder Neurosen bilden. Abraham unterschied einen «Wunscherfüllungs»- und einen «Rachetypus» des weiblichen Kastrationskomplexes, je nachdem ob die betreffende Frau in ihrem charakterlichen Verhalten mehr bestimmt ist vom Begehren nach einer Übernahme der männlichen Rolle, Phantasien vom gegenwärtigen oder zukünftigen Penisbesitz («Geschenk») – oder von Impulsen der Rache gegen die bevorzugten Männer vermittels einer Kastration (20, 887, 1618). Häufig haben solche Frauen die Vorstellung, der Geschlechtsverkehr sei für

einen der Partner eine Erniedrigung. Ihr Ziel ist es, den Mann zu erniedrigen, bevor sie selbst erniedrigt werden. Die Rache kann sich ihnen in männlicher oder weiblicher Form darstellen. Sie versuchen, entweder dem Mann zu beweisen, daß sie selbst männlich sind, oder sie versuchen, ihn zu zwingen, in ihnen das zu bewundern, was er zuvor verachtet hat. Da die Racheimpulse eher gegen Männer im allgemeinen als gegen einen besonderen Mann gerichtet sind und nie wirklich befriedigt werden können, gehören aggressive Komponenten dieser Art zu den Bestimmungen der weiblichen Hypersexualität (1204). Die Phantasie, eine Hure sein zu wollen, drückt sowohl die Erniedrigung aus wie auch die mit ihr verbundene Rache (617).

Hayward verglich die Analysen von Frauen beider Typen, um ihre besonderen Entwicklungsbedingungen zu untersuchen (755). Es scheint offenbar so zu sein, daß Frauen des Rachetypus während der anal-sadistischen Entwicklungsphase einen Schock beim Anblick des Penis ihres Bruders oder eines anderen Jungen erleben. Frauen des Wunscherfüllungstypus dagegen entwickeln ihren Penisneid auf der Höhe ihrer phallischen Phase beim Anblick des Penis ihres Vaters oder eines anderen Erwachsenen. Man sollte jedoch zwischen beiden Typen nicht allzu streng unterscheiden; denn viele Frauen weisen ein Rache- und Wunscherfüllungsverhalten neben- oder nacheinander auf.

Eine Wunscherfüllungshaltung beim weiblichen Kastrationskomplex kann durch Reaktionsbildungen überkompensiert werden. Übertrieben «weibliche» Frauen können sich durch ihr Verhalten gegen tiefere männliche Tendenzen wenden (1313). Karen Horney dagegen beschrieb die äußerlich maskuline Frau, die feminine Haltungen abwehrt (812). In solchen Fällen haben Enttäuschungen mit Männern, insbesondere die Angst in bezug auf ein inzestuöses Verlangen nach dem Vater, zu einer Regression auf den alten präödipalen Penisneid geführt (421, 626).

Auch bei Jungen kann der Kastrationskomplex die Form eines Penisneids annehmen. Das geschieht, wenn sie den Vater um seinen größeren Penis beneiden oder die Idee entwickeln, bereits (ganz oder teilweise) kastriert zu sein und das verbergen zu müssen. Auch bei ihnen ist es möglich, von einem Wunscherfüllungs- und Rachetypus des Kastrationskomplexes zu sprechen. Der erstere verdeckt tiefe, unbewußte Minderwertigkeitsgefühle durch ein nach außen hin narzißtisches Verhalten und verschiedene Formen der Ablehnung von Lebewesen ohne Penis (1080). Der letztere entwickelt eine bewußte oder unbewußte Feindschaft Objekten gegenüber, welche ihm die Eltern vertreten, die für das angenommene Unrecht verantwortlich gemacht werden.

j) Phallische Charakterzüge

Reich hat einen phallischen Charakter beschrieben, den er auch als phallisch-narzißtischen Charakter bezeichnet (1274, 1279). Es scheint, als handle es sich dabei um einen Wunscherfüllungstypus des männlichen Kastrationskomplexes (1080). Phallische Charaktere sind Menschen, deren Verhalten selbstsicher, resolut und rücksichtslos ist. Sie weisen also reaktive Charakterzüge auf, die an die phallische Entwicklungsstufe fixiert sind und die eine Überbetonung des Penis bis hin zu seiner Verwechslung mit dem gesamten Körper zur Folge haben (508, 1055). Diese Fixierung beruht entweder auf einer Kastrationsangst, die eine volle Wendung zu den Objekten verhindert, oder auf einer Abwehr von Versuchungen zu anal-rezeptiver Regression. Übertriebene Eitelkeit und Empfindlichkeit lassen deutlich werden, daß diese Patienten sowohl durch eine Kastrationsangst wie durch narzißtische Bedürfnisse bestimmt sind und daß sie im Grunde eine orale Abhängigkeit überkompensieren. Obwohl es sich bei ihnen um reaktive Charaktere handelt, unterscheiden sie sich von den typisch zwanghaften durch das Fehlen von Reaktionsbildungen gegen ein offen aggressives Verhalten. Sie verwenden im Gegenteil offene Aggression als eine Reaktionsbildung. Reich formuliert: «Der Penis steht unbewußt bei Männern dieses Typus weniger im Dienste der Liebe als in dem der Rache an der Frau» (1279). Zur Rache fühlen sie sich getrieben, weil sie vor der Liebe Angst haben. Aus den Konflikten des Kastrationskomplexes entwickeln sich Stolz und Mut, Furchtsamkeit und Schüchternheit. Sehr viel von dem, was wir Mut nennen, ist sekundäre Überkompensierung einer Angst. Die «Entmutigung», die in der Theorie der Individualpsychologie Adlers eine so führende Rolle spielt, läßt sich in der Regel auf den Kastrationskomplex zurückführen.

k) Der genitale Charakter

Der normale «genitale» Charakter ist eine Idealvorstellung (25, 1272). Es steht jedoch fest, daß die Ausbildung des Genitalprimats einen entscheidenden Fortschritt bei der Charakterbildung ausmacht. Die Fähigkeit zu einer vollen Befriedigung durch genitalen Orgasmus ermöglicht die physiologische Regulierung der Sexualität und beendet die unglückliche Stauung von Triebenergie. Sie bringt nicht nur eine Überwindung der Ambivalenz und damit erst die volle Entwicklung von Liebe (und Haß) mit sich (26), sondern darüber hinaus ein Ende der Reaktionsbildungen mit ihren aufzehrenden Gegenbesetzungen und eine Zunahme der Sublimierungsfähigkeit. Erst mit ihr können der Ödipuskomplex und die unbewußten Schuldgefühle aus frühkindlichen Quellen wirklich überwunden werden. Gefühle müssen nun nicht mehr abgewehrt werden, sondern können in den Dienst des Ich treten. Sie bilden einen harmonischen Teil der Gesamtpersönlichkeit. Wenn es nicht mehr nötig ist, prägenitale Triebregungen, die noch im Unbewußten wirksam bleiben, abzuwehren, wird ihre Aufnahme in die Gesamtpersönlichkeit durch Sublimierung möglich. Während bei neurotischen Charakteren prägenitale Triebregungen ihren sexuellen Charakter beibehalten und rationale Objektbeziehungen stören, dienen diese Triebregungen bei Normalen zu einem Teil den Zielen der Vorlust unter dem Primat der Genitalität. Zu einem größeren Teil aber werden sie sublimiert und einem vernünftigen Ich untergeordnet (1270).

9. Pathologisches Verhalten gegenüber dem Über-Ich

a) Die Charakterabwehr von Schuldgefühlen

Die Bewältigung von Schuldgefühlen, die Abkömmlinge einer Angst sind, kann wie die Bewältigung von Angst zur alles beherrschenden Aufgabe im Leben eines Patienten werden. Was über kontraphobische Charaktere gesagt worden ist, gilt auch für Menschen, die eine Schuld abwehren. Bei den Schuldgefühlen muß jedoch eine Komplikation berücksichtigt werden. Das Über-Ich wurde geschaffen durch eine Einver-

leibung der Eltern. Das Verhalten des Ich gegenüber dem Über-Ich setzt das frühere Verhalten des Kindes gegenüber seinen Eltern fort, und zwar nicht nur das reale, sondern auch das unbewußt erwünschte Verhalten. Auflehnung und Liebedienerei leben auf diese Weise intrapsychisch fort. Äußere Objekte können in den Auseinandersetzungen von Ich und Über-Ich sekundär als Zeugen angerufen werden.
Wer sich schuldig fühlt, versucht sich durch Reue, Buße und Bestrafung von seinen Schuldgefühlen zu befreien. Er kann sich zu beweisen versuchen, daß sie ungerechtfertigt sind, oder verschiedene andere Abwehrmechanismen gegen sie einsetzen (vgl. Bd. I, S. 235 ff.). Charakterzüge, die solche Einstellungen widerspiegeln, können einzeln oder in Verbindung mit anderen auftreten. Die verschiedenen Versuche, Schuldgefühle zu leugnen, können einander sogar widersprechen. Das bezeugt eine Anekdote von Scholem Alejchem: Eine Frau, die versäumt hatte, einen geliehenen Krug zurückzugeben, entschuldigte sich mit den Worten: «Ich habe überhaupt nie einen Krug geliehen, außerdem war er schon vorher zerbrochen, und schließlich habe ich ihn schon lange zurückgegeben.»
Viele Charaktere fühlen sich ständig genötigt, unter Beweis zu stellen, daß andere schuld sind. Das kann sich auf verschiedene Art äußern. Es gibt Leute, deren ganzes Leben darin besteht, sich über Ungerechtigkeiten aufzuregen und zu beklagen, was sich andere ungestraft leisten können. Sie sammeln unbewußt Material gegen andere, um sich selbst zu rechtfertigen. Masochistische Selbstvorwürfe werden gelegentlich in Gegenwart von Zeugen vorgetragen, von denen dann erwartet wird, daß sie sie widerlegen. Sehr oft dient ein eigensinniges Verhalten dazu, den Beweis anzutreten, daß die Schuld anderer größer ist als die eigene.

Die Psychologie des Eigensinns ist weiter oben erörtert worden (vgl. Bd. II, S. 124). Eigensinnig zu sein bedeutet, den eigenen Standpunkt gegen den anderer durchzusetzen. Ursprünglich handelt es sich dabei um den Versuch, zu beweisen, daß auch jemand, der schwach ist, Mächtigeren gegenüber eine gewisse Macht besitzt. Ein solcher Beweis kann für das Selbstgefühl von Kindern außerordentlich bedeutsam sein und spielt gewöhnlich in der Reinlichkeitserziehung eine besondere Rolle. Späterhin verlegen die Machtlosen ihre Machtbeweise aufs Gebiet der Moral. Ein eigensinniges Kind möchte beweisen, daß es fairer ist als die Erwachsenen, und

provoziert sie zu diesem Zweck. In seinem späteren Leben kann es dieselbe Methode gegen das eigene Über-Ich anwenden. Eigensinniges Verhalten wird desto trotziger beibehalten, je deutlicher man spürt, daß das, was bewiesen werden soll, unmöglich bewiesen werden kann und daß man tatsächlich im Unrecht ist.
Das Verlangen, andere dazu zu provozieren, daß sie einen schlecht behandeln, kann in einem Strafbedürfnis seinen Ursprung haben. Es kann aber auch einfach darauf zielen, ein Gefühl moralischer Überlegenheit zu entwickeln. Das Gefühl, daß alles, was man tut, weniger bösartig ist als das, was einem angetan wird, wird als Waffe gegen das Über-Ich eingesetzt. Kann sich dieses Gefühl durchsetzen, so kann es Schuldgefühle beseitigen (1202).

Eigensinnig können auch Versuche sein, von anderen durch die Darstellung des eigenen Elends Zuneigung zu erpressen. Ein solches Verhalten soll als Beweis dafür dienen, daß man unfair behandelt worden ist, und es soll zugleich dem Gefühl widersprechen, daß man nichts Besseres verdient (1277).

Ein Patient widmete sein ganzes Leben dem Nachweis, daß sein eigenes Versagen die Schuld anderer sei. Es war grotesk zu sehen, wie er die geringfügigsten «Fehler» anderer für sein eigenes Scheitern verantwortlich machte. Die Analyse zeigte, daß sein Eigensinn sich gegen das eigene Über-Ich wandte. Er versuchte immer wieder nachzuweisen, daß er allzu schwer und ungerecht bestraft worden sei. Er bekämpfte ein tiefsitzendes Schuldgefühl und versuchte es durch sein Festhalten an einer unglücklichen Ehe zu kompensieren. Die mächtigen Widerstände, die er während der Analyse an den Tag legte, hatten den Sinn: «Sie sehen, daß ich mich nicht ändern kann, solange ich mit einer Frau zusammenlebe, die so viele Fehler hat. Sie wissen ebensogut, daß ich nicht einfach fortgehen kann. Also müssen Sie einen Weg finden, daß ich sie verlassen kann, ohne sie wirklich zu verlassen. Gelingt Ihnen das nicht, so liegt es an Ihnen, daß ich nicht analysiert werden kann.»

Schizoide Charaktere verfügen über eine bemerkenswerte Fähigkeit zur Bildung von Projektionen. Sie neigen dazu, andere für schlechter zu halten als sich selbst, ohne den Balken im eigenen Auge zu sehen. Gelingt eine solche Projektion, so verwandelt sich das Schuldgefühl in eine moralische Drohung gegenüber einem Sündenbock. Manche Menschen bekämpfen die Homosexualität in der Gesellschaft, statt wegen ihrer eigenen unbewußten Homosexualität Schuldgefühle zu entwickeln. Andere verurteilen ein bestimmtes Verhalten an Menschen ihrer Umgebung, ohne zu bemerken, daß sie selbst sich ebenso verhalten.

Das Verlangen nach einem Sündenbock, der von Schuldgefühlen entlastet, ist sozial weit verbreitet (439). In der Analyse schreiben Patienten oft eine Handlung oder ein Gefühl anderen zu, das sie aus Scham oder Schuldgefühl nicht als eigenes anerkennen wollen. Zuweilen werden bestimmte Ereignisse in Kindheitserinnerungen einem Bruder oder einer Schwester angedichtet, und es stellt sich erst später heraus, daß sie den Patienten selbst betreffen.

Nicht immer aber ist man durch das Handeln anderer indigniert. Tut jemand etwas (oder glaubt man, daß er es getan hat), was man selbst aus einem unbewußten Schuldgefühl heraus nicht tut, aber tun möchte, so löst das Bewunderung aus und kann sogar Erleichterung verschaffen. Man meint dann, eine solche Handlung sei doch nicht so schlimm. Für schuldbeladene Charaktere können andere Menschen schließlich als Personifizierungen ihres Es oder Über-Ich nur noch in versuchender oder bestrafender Funktion auftreten.

Dieser Mechanismus spielt eine entscheidende Rolle in der Psychologie der Kunst ebenso wie in der Psychologie der Massenbildung. Der Künstler, der sich von der Realität in seine Phantasien zurückgezogen hat, die ihm schuldauslösende ödipale Wünsche vorstellen, findet zur Objektwelt zurück, indem er ihr sein Werk präsentiert. Daß die Öffentlichkeit dieses Werk akzeptiert, hat für ihn die Bedeutung, daß sie seine Schuldgefühle teilt und daß er sich auf diesem Weg von ihnen befreien kann. Die Öffentlichkeit wiederum, die ihrerseits über ödipale Wünsche verfügt, bewundert den Künstler, weil er auszudrücken wagt, was in ihr verdrängt bleibt. Auch sie fühlt sich durch sein Werk von ihren Schuldgefühlen befreit (1246, 1332). Es gibt einen entscheidenden Unterschied zwischen Dilettanten und Künstlern im Hinblick auf ihr jeweiliges Erfolgsbedürfnis. Dilettanten wollen als Person akzeptiert werden und um jeden Preis Beifall erhalten. Weil sie Applaus wollen, passen sie sich ihrem Publikum an. Der Künstler verlangt, daß man das Produkt seiner Einbildungskraft akzeptiert. Er möchte, daß man seinem Werk, nicht ihm selbst, applaudiert. Er schielt nicht nach der Gunst des Publikums, sondern verlangt, daß es sich ihm anpaßt. Die Teilhabe an Schuldgefühlen durch die Kunst wird in den gemeinsamen Tagträumen von Kindern antizipiert, die sich eine Erleichterung ihrer Schuldgefühle verschaffen, indem sie ihre Kameraden an ihren Phantasien teilnehmen lassen (1332).
Von großer Bedeutung ist dieser Mechanismus der Linderung von Schuldgefühlen auch bei der Massenbildung (1258). Die Bewunderer eines Künstlers bilden eine Gemeinschaft (606). Durch einen «Versucher» oder «Erlöser» miteinander verbunden zu sein, ist ein Sonderfall von Freuds allgemeiner Formel, nach der eine Masse aus Individuen besteht, die eine Person an die Stelle ihres Über-Ich gesetzt und sich dadurch miteinander identifiziert haben (606). Die Herabsetzung von Schuld-

gefühlen durch das Bewußtsein, daß andere zu tun wagen, wofür man sich schuldig gefühlt hat, ist von zentraler Bedeutung für die Massenpsychologie. Es ist bekannt, daß Individuen, die in einer größeren Gruppe handeln, zu Triebdurchbrüchen fähig sind, die ihnen als Einzelnen völlig unmöglich wären (606). In einer Masse, so weiß man inzwischen, werden seelische Differenzierungen und Sublimierungen wieder ungeschehen gemacht. Es können in ihr aber auch neurotische Blockierungen und Verzerrungen adäquater (z.B. auch aggressiver) Reaktionsweisen ungeschehen gemacht werden. Durch die Massenbildung eröffnen sich also neue Handlungsmöglichkeiten.

Das Eingeständnis von Tatsachen bei gleichzeitiger Verleugnung des Umstands, daß sie Schuldgefühle erwecken, nimmt häufig die Form eines frischen und provokativen Verhaltens an. Es kann sich sogar mit einer Provokation von Bestrafung verbinden, um eine notwendige Verzeihung zu erlangen. Freud beschrieb die «Verbrecher aus Schuldgefühl», die durch ein unbewußtes Schuldgefühl so sehr beunruhigt werden, daß sie zu hoffen beginnen, eine Bestrafung könne ihnen Erleichterung verschaffen (592). Ein Verbrechen aus Schuldgefühl kann aber nicht nur begangen werden, um eine Bestrafung zu provozieren, sondern auch um zu zeigen, daß man sich eine Menge herausnehmen kann, ohne bestraft zu werden. Man kann sich selbst damit beweisen, daß man keine Angst vor einer Strafe zu haben braucht und daß die eigenen Schuldgefühle ungerechtfertigt sind.
Manche Menschen verhalten sich provokativ, weil sie das Gefühl haben, kompensatorische Belohnungen herausfordern zu müssen, die ihnen zustehen. Ein solches Verhalten kann seiner Natur nach reaktiv sein. Ein Mensch, der fürchtet, keinerlei Privilegien verdient zu haben, kann sich benehmen, als sei es für ihn selbstverständlich, Privilegien jeder Art zu fordern. Freud bezeichnete manche Personen als «Ausnahmen». Von ihnen sagte er, daß sie aufgrund früher Frustrationen ihr ganzes späteres Leben hindurch von Entschädigungsansprüchen an das Schicksal zehren (592). Verstärkt wird ein solches Verhalten, wenn diese Menschen tief in ihrem Inneren an der Berechtigung eines solchen Schadenersatzes zweifeln. Aktivität anstelle von Passivität tritt in der häufig zu beobachtenden Vorwegnahme von Kritik zutage, die in der Hoffnung geschieht, einen Widerspruch zu provozieren, der als Argument gegen das eigene Über-Ich verwendet werden kann.

Manche Patienten können die tolerante und moralisch neutrale Einstellung des Analytikers nicht akzeptieren. Sie erwarten ständig dessen Kritik und können verschiedene sekundäre Mechanismen entwickeln, um die erwartete Kritik zu bekämfen.

Zuweilen projiziert einer sein Über-Ich nach außen, erwartet Kritik oder Bestrafung von jedermann, aber reintrojiziert es dann wieder. Das kann dem Zweck dienen, eine erwartete Kritik vorwegzunehmen, und es kann bei masochistischen Charakteren dazu führen, daß sie durch antizipatorische, verkrampfte Selbstvorwürfe die benötigte narzißtische Zufuhr erzwingen (1277). Es kann aber auch dem Zweck dienen, andere ebenso zu kritisieren, wie man unbewußt kritisiert zu werden befürchtet.

Wie ältere Geschwister jüngere erschrecken, um zu vermeiden, selbst erschreckt zu werden, kritisieren sie andere, um selbst nicht kritisiert zu werden.
Eine Abwandlung dieses Mechanismus wird durch eine Teilung des Ich geschaffen, die besonders häufig bei Kindern auftritt. Sie geben dann vor, daß nicht sie selbst etwas verschuldet haben, sondern daß das andere Kinder waren. Bestimmte Aspekte einer solchen Dämonologie bleiben auch bei Erwachsenen erhalten.

Manche haben die Einstellung, daß sie an der Güte anderer partizipieren könnten, wenn sie schon nicht selbst gut sind. Diese Einstellung wiederholt die kindliche Phantasie, wenigstens an der Allmacht der Erwachsenen teilhaben zu wollen, wenn man schon nicht selbst allmächtig sein kann. Dieser Mechanismus ist wirksam bei der Formung von Ichidealen. Man ist anderen nicht nur dankbar für handlungsauslösende «böse» Handlungen, die die eigenen Schuldgefühle erleichtern, sondern auch für ihre «Güte», bei der einem keine bösen Gedanken kommen können und an der man teilhaben kann. Hier liegt ein Grund dafür, warum in vielen Staaten das Bild einer Person aufgehängt wird, die das Über-Ich repräsentieren soll. Der Betrachter eines solchen Bildes identifiziert sich mit seinem Ideal, indem er es sich mit den Augen einverleibt und dadurch meint, unfähig zu werden, etwas Böses zu tun. Auch hier ist die Gemeinsamkeit eines Ideals, dem die Einzelnen gleichzuwerden wünschen, ein mächtiger Faktor bei der Gruppenbildung (1258).

Man kann sich auf vielfältige Weise gegen Schuldgefühle absichern. Manche Charaktere verwenden andere Menschen ausschließlich zu diesem Zweck. Sie können freundlich sein, um Vergebung, Zuneigung oder Liebe zu erlangen, sie können unfreundlich sein, um alles schnell mit einer Bestrafung hinter sich zu bringen, oder sie können schließlich, wenn ihnen nicht vergeben wird, das Gefühl gewinnen, ihnen sei ein furchtbares Unrecht geschehen.
Daß Macht als Mittel eingesetzt wird, um Schuldgefühle zu bekämpfen, ist nicht schwer zu verstehen. Je mehr Macht einer hat, desto weniger muß er sein Handeln rechtfertigen.
Eine Zunahme an Selbstgefühl bedeutet eine Abnahme von Schuldgefühl. Nützt eine Identifizierung mit dem Aggressor bei der Bekämpfung von Angst, so kann eine Identifizierung mit dem Verfolger Schuldgefühle zurückweisen. Denn wer sich mit dem Verfolger identifiziert, meint selbst festlegen zu können, was gut und was böse ist. Eine solche Identifizierung kann aber auch scheitern, weil das Über-Ich Teil der eigenen Persönlichkeit ist. Mit der Bekämpfung von Schuldgefühlen durch Macht kann ein Circulus vitiosus beginnen, der mehr und immer mehr Macht notwendig werden läßt und sogar immer mehr Verbrechen aus Schuldgefühl zu begehen zwingt, um die Machtansprüche zu behaupten (167). Derlei Verbrechen können in einem Versuch begangen werden, sich selbst zu beweisen, daß man sie begehen kann, ohne bestraft zu werden. Mit ihnen sollen dann Schuldgefühle bekämpft werden (442, 852).
Statt zu rebellieren, kann man das Über-Ich durch Opfer oder Leiden zu besänftigen suchen. Man kann auch in unbewußt arrangierten Unfällen verunglücken (412). Das geschieht zumeist in der Hoffnung, das «geringere Übel» zu wählen und einen Teil der Schuld abzutragen, ohne ganz für sie behaftbar zu sein (1240).

Es gibt Menschen, denen sich solche Hoffnungen stets in Enttäuschungen verkehren. Sie versuchen, sich bei einem Über-Ich Zuneigung zu holen, das zur Vergebung unfähig geworden ist. Dies geschieht typischerweise im Verlauf von Depressionen (vgl. Bd. II, S. 288). Daneben gibt es Menschen, die einen Unfall nach dem anderen verursachen, ohne je ihr strenges Über-Ich befriedigen zu können (1126, 1127, 1253). Andere richten ihr Leben so ein, daß sie aufgrund einer furchtbaren Schicksalsneurose einen Rückschlag nach dem anderen erleiden (327, 592, 608).

b) Moralischer Masochismus

Beim moralischen Masochismus können die Methoden, gegen das Über-Ich zu rebellieren oder sich ihm liebedienerisch anzubiedern, sexualisiert werden. Ein leidendes und unterwürfiges Verhalten, das Vergebung erpressen oder erzwingen will, kann in verzerrter Form passive sexuelle Lust bereiten (613). Hat sich einmal der Wunsch entwickelt, vom Vater geschlagen zu werden, so kann er vom Vater auf das Schicksal verschoben werden. Die Kindheitsgeschichte von Fällen dieser Art zeigt gewöhnlich, daß die Eltern die Patienten gezwungen haben, die Idee der Bestrafung zu sexualisieren, indem sie jede andere Ausdrucksform sexueller Triebregungen blockiert haben. Gewöhnlich haben sie die Kinder zugleich verwöhnt und mit Verboten umstellt. Die Patienten zeigen dabei dieselbe Unfähigkeit zu warten wie Impulsneurotiker (vgl. Bd. II, S. 246 ff.).

Ein Patient Alexanders sexualisierte die Bestrafung und wurde zum Masochisten, nachdem man ihn in einen Kamin gesperrt hatte. Diese Strafe bereitete ihm eine intensive analerotische Befriedigung (37).
Die Kindheitsgeschichte eines anderen moralischen Masochisten zeigte, daß er einen sehr schwachen Vater und eine sehr strenge, religiöse, etwas grillenhaft und ungereimt handelnde Mutter hatte, die ihn immer wieder verhätschelte und dadurch sexuelle Gefühle in ihm wachrief, ihn dann aber zu schlagen pflegte, wenn er diese Gefühle zu zeigen suchte. Geschlagen zu werden, wurde für ihn zum Ausdruck seiner sexuellen Beziehung zur Mutter. Diese Beziehung fixierte sein Verhalten nicht nur äußeren Objekten gegenüber, sondern auch gegenüber seinem eigenen Über-Ich, das er sich nach dem Bild der Mutter geschaffen hatte. Die einzige intensive Beziehung, zu der er fähig war, bestand darin, von seinen Liebesobjekten verurteilt zu werden. Eine oberflächliche Unterwürfigkeit in seinem Charakter verbarg eine tiefsitzende Rebellion gegen die Standards seines Über-Ich. Das unbewußte passive Verlangen, geschlagen zu werden, war in das Verlangen, verurteilt zu werden, umgeformt worden. Die Angst, geschlagen zu werden, war in eine Sozialangst übergegangen. Sein wichtigstes Symptom war eine schwere Examensangst (412).

Auch ohne daß sie sexualisiert wird, stellt die erfolglose Neigung, sich einem strengen Über-Ich liebedienerisch anzubiedern («unbewußtes Schuldgefühl») (608) einen der schwersten Widerstände dar (121, 713, 1288, 1289, 1599). Freud beschrieb den Charakter derer, «die am Erfolge scheitern» (592). Es handelt sich dabei um Personen, die ein so starkes Schuldgefühl wegen ihrer infantilen Sexualität beibehalten, daß ihnen ihr strenges Über-Ich nicht gestattet, sich über einen Erfolg zu freuen.

In der Analyse kann sich ein unbewußtes Schuldgefühl durch eine negative therapeutische Reaktion verraten (608). Während eine korrekte Deutung gewöhnlich die Verbindungen im Unbewußten zunehmend stärker ins Bewußtsein hebt, Heilerfolge mit sich bringt, Widerstände herabsetzt und neues, weniger entstelltes Material an den Tag fördert, reagieren Patienten dieses Typus paradox, indem ihre Widerstände wachsen und ihr Zustand sich verschlechtert.

Nicht jede negative therapeutische Reaktion rechtfertigt die Diagnose «moralischer Masochismus». Sie kann auch andere Ursachen haben. So kann sie z.B. durch eine falsche Wahl des Zeitpunkts der Deutung hervorgerufen werden. Eine viel zu früh gegebene Deutung nimmt ein Patient überhaupt nicht an. Daneben gibt es einen Zeitpunkt, an dem das Ich, das noch unfähig ist, eine Deutung zu akzeptieren, nichtsdestoweniger genug von ihr auffaßt, um sie als ein Gefahrensignal wahrzunehmen und seine Widerstände zu erhöhen. Eine negative therapeutische Reaktion, die aus einer zum falschen Zeitpunkt gegebenen Deutung resultiert, bleibt jedoch auf diese eine Gelegenheit beschränkt und ist daher leicht von jener negativen therapeutischen Reaktion zu unterscheiden, die aus dem Charakter eines Patienten herrührt. Auch die letztere aber ist nicht notwendig masochistisch. Für viele Patienten sind bestimmte neurotische Einstellungen oder Arrangements die Garantie eines relativen seelischen Gleichgewichts. Sie fürchten jede Veränderung und betrachten ihren gegenwärtigen neurotischen Zustand als das geringere Übel. Sie reagieren aus diesem Grund negativ auf jede Veränderung ihres Zustands, solange nicht die Angst vor einer solchen Veränderung analysiert worden ist (818, 1315).

Ein Patient mit einer Höhenangst, die in der Analyse erfolgreich angegangen worden war, bemerkte, wenn er sich einem höher gelegenen Ort näherte, daß die gewohnte Angst nicht eintrat. Das aber jagte ihm einen Schrecken ein, und er bekam einen Angstanfall, weil der gewohnte Angstanfall ausblieb.

Manche Menschen bekämpfen ihre Schuldgefühle, indem sie ihr Über-Ich in solchem Ausmaß projizieren, daß sie keinerlei Schuldgefühle mehr empfinden, sondern nur noch Ängste darüber, was andere denken könnten (vgl. Bd. II, S. 144f.).

Alle hier beschriebenen Arten der Behandlung von Schuldgefühlen lassen sich an bestimmten religiösen Sitten und Bräuchen beobachten.

c) Der Don Juan des Erfolgs

Einige Personen zollen ihrem Über-Ich nicht durch Leiden, sondern durch Erfolg Tribut. Er erscheint ihnen als etwas, das vorheriges Versagen ebenso ungeschehen machen kann wie Schuldgefühle. Da nun aber kein Erfolg eine unbewußte Schuld wirklich ungesehehen machen kann, sind diese Personen gezwungen, von einem Erfolg zum nächsten zu hetzen, ohne je mit sich zufrieden zu sein. Jeder von ihnen ist ein Don Juan des Erfolgs.

Ein erfolgreicher und ziemlich prominenter Mann war stets mit sich unzufrieden. Trotz seiner Erfolge blieb er innerlich unbefriedigt. Immer wieder versuchte er, sein ansehnliches Einkommen zu vergrößern. Es war ihm nicht möglich, die Angst loszuwerden, es könnte nicht ausreichen. Ähnlich verhielt er sich in seinem Liebesleben: Obwohl die Frauen ihm nachliefen, blieb er innerlich unbefriedigt. Das war nur allzu verständlich, weil allen seinen Beziehungen die Zärtlichkeit fehlte. Er wurde von einem überwältigenden Narzißmus beherrscht, der seine libidinösen Ziele überschattete. Er war mit einer sehr viel älteren Frau verheiratet, die ihn in mancher Hinsicht so mütterlich behandelte und umsorgte, als wäre er ein Kind. Der große, erfolgreiche Mann benahm sich tatsächlich zu Hause eher wie ein kleines Kind. Er fand diese Abhängigkeit zweifellos sehr bedrückend und pflegte sich an seiner Frau durch Wutausbrüche, fortgesetzte Untreue und eine vollständige Rücksichtslosigkeit zu rächen. Jeder der beiden Ehepartner machte dem anderen das Leben zur Qual. Die wichtigste Abwehrfunktion seines permanent unbefriedigten Wunsches, ein großer Mann zu sein, bestand darin, sich über den Umstand hinwegzutäuschen, daß er in vieler Hinsicht ein Kind war. Diese Deutung wurde durch die Tatsache unterstützt, daß seine Frau (wie zuvor schon seine Mutter) seinen Ehrgeiz ständig anstachelte.
Bei der Analyse der Übertragung gab der Patient zu, daß er hinter allen seinen äußeren Erfolgen permanent unzufrieden sei. Wie in jeder anderen Beziehung, so war er auch in der Analyse von großem Ehrgeiz getrieben und wollte sowohl den Analytiker wie sich selbst mit einem raschen Erfolg beeindrucken. Da er Freud gelesen hatte, brachte er schon zu Beginn seiner Analyse Theorien über seine Kindheit vor. Er begriff jedoch vergleichsweise schnell, daß es darauf allein nicht ankam. Danach begann er sich selbst und sein Verhalten zu beobachten und benahm sich wie ein Musterschüler. Immer wieder betonte er jedoch, daß die Analyse zu geringe Fortschritte mache und daß er nicht mit sich zufrieden sei. Zur letzten Therapiestunde vor den Ferien kam er einmal zu spät, weil er, gerade als er aufbrechen wollte, Durchfall bekommen hatte. Er war davon sehr beeindruckt. Daß sich seine Verdauungsorgane unzweideutig ausdrücken konnten, erweiterte sein Verständnis der Ana-

lyse. Er begann sich darüber klarzuwerden, daß seine andauernde Hetze nur dem Zweck diente, etwas zu verbergen. Die Analyse enthüllte, daß sein Durchfall zunächst als Angstäquivalent aufzufassen war. Weiterhin stellte sie eine Verbindung dieser auf den ersten Blick unverständlichen Angst zu jener anderen Angst her, die er in bezug auf seinen Erfolg, seine Liebesaffären und sein Einkommen hatte. Schließlich konnte sie aufdecken, daß die Charakterbildung des Patienten bereits in seiner Kindheit abgeschlossen war. Schon damals war er ein kecker, nach außen hin erfolgreicher Streber gewesen. Er war überall der erste, auch dann, wenn es darum ging, ungezogen zu sein. Auch damals schon war er mit sich unzufrieden. Er wurde von seiner ehrgeizigen Mutter angestachelt, die ihn immer auf Trab hielt. Die Analyse deckte auf, daß die Mutter den Vater, der ein kleiner Einzelhändler war, von Grund auf verachtete. Sie hatte dem Jungen eingeschärft, daß er tüchtiger werden müsse als sein Vater. Damit war klar, daß sein Verhalten eine Sonderform der Wiederkehr des Ödipuskomplexes aus der Verdrängung darstellte. Nicht einsehbar war, warum es gerade diese besondere Form angenommen hatte. Bald tauchten bestimmte Stücke seiner Kindheitsgeschichte auf. Sein Vater hatte einige Waren illegal verkauft, ohne über die dazu notwendige Erlaubnis zu verfügen. In dieser Situation wurden Polizisten zu besonders gefürchteten Figuren für den kleinen Jungen. Auch dies trug dazu bei, daß die Macht des Vaters in den Augen des Jungen abnahm. Er entschloß sich, keine Angst vor Polizisten zu haben, wenn er einmal groß sein würde. Die Polizisten sollten vielmehr vor ihm Angst haben. (Dieser Absicht blieb er später treu. Im Straßenverkehr liebte er es, Polizisten zu ungerechtfertigten Anschuldigungen zu provozieren und ihnen dann nachzuweisen, daß sie unrecht hatten.) Aufgrund der finanziellen Lage seiner Eltern hatte er schon im Alter von 6 Jahren gelegentlich im Geschäft seines Vaters hinter der Theke gestanden. Die Kunden liebten den kleinen Junge und kauften gern bei ihm. Er betrachtete das als einen Triumph über seinen Vater, den er schon damals für schwach hielt. Zwei spätere Ereignisse zeigten, daß er sowohl das Bedürfnis hatte, seine Überlegenheit unter Beweis zu stellen, als auch eine Möglichkeit suchte, seine passiven Bedürfnisse zu befriedigen. Im Alter von 14 Jahren war er von einem Dienstmädchen verführt worden, mit dem er späterhin regelmäßig sexuelle Beziehungen unterhielt. In seiner Erinnerung hatte diese Episode sich in der Weise verkehrt, daß er es war, der bereits in diesem knabenhaften Alter das ausgewachsene Mädchen verführt hatte. Erst die Analyse vermochte ihn davon zu überzeugen, daß es sich in Wirklichkeit umgekehrt verhielt und daß seine spätere Einstellung eine schmerzhafte Erinnerung seinen Wünschen entsprechend uminterpretieren wollte. Es war typisch für seinen Charakter, daß er dabei scheiterte. Die zahllosen Frauen, die er dazu überredete, mit ihm zu schlafen, sollten ihm seine Männlichkeit beweisen, an der er unbewußt Zweifel hegte. Im Verlauf der Analyse wurde deutlich, daß er die Dinge so arrangierte, daß die Frauen ihre Bereitschaft signalisierten und daß er erst danach unfähig wurde, ihnen zu widerstehen. Im übrigen hatte er sich mit 17 Jahren wegen eines Abszesses an der Lunge mehrmals operieren lassen müssen. Das zwang ihn zu monatelanger Bettlägerigkeit

und zu jahrelanger Rekonvaleszenz. In dieser Zeit wurde er wie ein kleines Kind versorgt.
Es wurde allmählich deutlich, daß er vor der Übertragung in der Analyse Angst hatte. Er fürchtete, vom Analytiker «versklavt» zu werden. Seine Übertragungshaltung diente von Anfang an dem Zweck, diese Angst zurückzuweisen. Er versuchte den Analytiker herabzusetzen und vertrat die Meinung, er sei Polizisten unterlegen. Bald danach zeigte sich, wie er sich in seiner Kindheit wirklich verhalten hatte. Denn als 6jähriger konnte er sich seinem Vater eigentlich nicht überlegen fühlen. Der Vater hatte ihn häufig geschlagen, und er hatte in seiner frühen Kindheit große Angst vor ihm. Die Beziehung zu ihm hatte die zur Mutter vollkommen überschattet. Daß der Vater ihn im Geschäft brauchte, gewann eine zusätzliche libidinöse Bedeutung für ihn. In dieser frühen Kindheit entwickelte sich seine passiv-narzißtische Einstellung. Sie wurde durch seine Krankheit ebenso begünstigt wie durch die Strenge des Vaters und durch ein striktes Masturbationsverbot, das seiner frühen phallischen Entwicklung ein Ende setzte. Gerade diese Umstände aber veranlaßten ihn, seine passive Einstellung zu fürchten. In dem Konflikt, der sich daraus entwickelte, wiesen der Ehrgeiz seiner Mutter, der unvorteilhafte Vergleich des gefürchteten Vaters mit der Polizei und sein eigener Erfolg als Verkäufer ihm einen Ausweg: Durch einen kontinuierlichen, nach außen gerichteten Kampf gegen seine passiv-narzißtische Einstellung wurde es ihm möglich, diese Einstellung in anderen Lebensbereichen beizubehalten. Die Verführung durch das Dienstmädchen und seine Krankheit nach der Pubertät dienten dann dazu, diese Abwehrhaltungen in seinem Charakter zu fixieren (433).

d) Offenbares Fehlen von Schuldgefühlen

Manchen Personen scheint jedes Schuldgefühl zu fehlen, weil sie nur zu bereit sind, Triebregungen nachzugeben, die bei Normalen gewöhnlich unterdrückt werden. Die Anomalien im Über-Ich triebhafter Charaktere (1266) und die Art, in der sich schlechte soziale Bedingungen während der Kindheit im späteren psychopathischen Verhalten mancher Patienten widerspiegeln (31), sind weiter oben erörtert worden (vgl. Bd. II, S. 255 ff.).
Die Idealisierung eines Triebhandelns ohne tiefere Störung in der Bildung des Über-Ich kann gelegentlich zu einer Situation führen, in der triebhaftes Verhalten im Einklang mit Forderungen des Über-Ich zu stehen scheint (840). Es ist auch möglich, daß ein ungewöhnliches Kindheitsmilieu ein Über-Ich geschaffen hat, dessen Wertvorstellungen

den durchschnittlichen gesellschaftlichen Erwartungen nicht entsprechen (40). Schließlich können nach der Errichtung eines «normalen» Über-Ich Umstände eintreten, die einen «parasitischen Doppelgänger» dieses Über-Ich entstehen lassen (603, 1235).

e) Kriminalität und Fehlidentifizierung

Da Kriminelle in ihrem Handeln Triebregungen Ausdruck geben, die gewöhnlich unterdrückt bleiben, müssen viele Fälle von Kriminalität den triebhaften Charakteren (1266) (vgl. Bd. II, S. 255 ff.), den Impulsneurotikern (vgl. Bd. II, S. 246 ff.) oder der zuerst von Alexander beschriebenen Gruppe neurotischer Charaktere zugerechnet werden (38), die dazu neigen, ihre neurotischen Konflikte auszuagieren (vgl. S. 82 f.). Andere Fälle von Delinquenz können verschiedene andere Ursachen haben (47, 756, 757, 927). Bei ihrer Erörterung muß zunächst vor allem betont werden, daß Kriminalität kein psychologischer Begriff ist. Kriminell ist ein Handeln, das im Widerspruch zum Strafgesetzbuch steht (490, 649). Solches Handeln kann von Menschen, die man für normal hält, ebensogut begangen werden wie von Menschen, die man für pathologisch hält. Die Meinung erscheint gerechtfertigt, daß die sogenannte Gelegenheitskriminalität (40) den größten Teil des kriminellen Handelns umfaßt. Kriminelle dieser Kategorie verfügen über eine normale psychische Struktur, und ihre Verbrechen sind für die Psychopathologie nicht von speziellem Interesse. Das soll nun nicht heißen, daß die Analyse eines Gelegenheitskriminellen keine Verbindungen zwischen seiner Tat und unbewußten Konflikten herstellen könnte. Alles in der Seele wurzelt im Unbewußten.

Ebensowenig ist es ein psychopathologisches Problem, ob der Inhalt eines normalen Über-Ich von dem Durchschnitt in einer gegebenen Gesellschaft abweicht oder anders ist, als ihn sich die Herrscher dieser Gesellschaft wünschen. Viele Dinge werden Verbrechen genannt, deretwegen Kriminelle kein schlechtes Gewissen haben. Vom Standpunkt des Strafgesetzbuches haben sich Kriminelle mit den «falschen» Objekten identifiziert, aber die Qualität ihrer Identifizierungen weist keinerlei Anomalien auf (133, 136).

Identifizierungen sind grundlegend für die Charakterbildung. Daher führen Anomalien bei der Bildung von Identifizierungen ebenso zu pathologischen Charakterzügen wie Identifizierungen mit den «falschen» Objekten. Häufiger Wechsel der Milieuumstände eines Kindes durch raschen Wechsel der Milieupersonen machen dauerhafte Identifizierungen unmöglich. Aber auch die Personen, mit denen die entscheidenden Identifizierungen vorgenommen werden, können pathologisch sein. Schließlich können die Umstände ein Kind veranlassen, sich mit dem falschen Aspekt einer Persönlichkeit zu identifizieren. Eine solche Identifizierung kann sich auf Vorbilder des anderen und nicht des eigenen Geschlechts beziehen (1266). Zweifellos wird, was als «männlich» und «weiblich» gilt, nicht so sehr biologisch als vielmehr kulturell festgelegt. Der anatomische und physiologische Geschlechtsunterschied hat natürlich auch psychische Folgen (617). Die aber sind notwendig überall mit kulturellen und sozialen vermischt (655). Innerhalb einer gegebenen kulturellen Tradition macht es einen auffälligen Unterschied, ob ein Mann sich eher männlich oder weiblich verhält. Die entscheidende Differenzierung wird mit dem Elternteil vorgenommen, von dem die wichtigsten Verbote ausgehen. Es wäre interessant, die sozialen Ursachen dafür zu finden, daß heutzutage die Zahl der «dominanten» Mütter zunimmt (658). Was immer die Ursachen hierfür sein mögen, das Ergebnis ist, daß Männer heute stärker als zuvor mit weiblichen Zügen in sich zu kämpfen haben.
Aus all dem wird deutlich, daß der Einfluß des sozialen Milieus bei der Charakterbildung noch größer ist als bei der Bildung einer Neurose. Jede kulturelle Umgebung ist dazu angetan, ähnliche Charakterstrukturen bei der Mehrheit der Kinder zu schaffen, die unter ihrem Einfluß aufgewachsen sind, indem sie bestimmte Triebregungen frustriert, andere ermutigt, Ideale und Wünsche ausbildet sowie bestimmte Abwehrformen und Konfliktlösungsstrategien nahelegt. Unter «Charakterstörungen» wird man also bei unterschiedlichen kulturellen Bedingungen sehr verschiedene Dinge verstehen. Was in der einen Kultur «in Ordnung» ist, gilt in der anderen als «gestört».

f) Ausagierende Charaktere und Schicksalsneurosen

Ebenso verhaltensgestört in bezug auf die Ansprüche ihres Über-Ich und in bezug auf Objekte der Außenwelt sind die bereits erwähnten Typen, die die Gegenwart unbewußt unterm Gesichtswinkel der Vergangenheit in hohem Maße mißverstehen. Solche Patienten führen wiederholt Handlungen aus oder machen gleiche bzw. überaus ähnliche Erfahrungen, die unbewußte Versuche darstellen, ältere Triebkonflikte zu überwinden, eine nachträgliche Befriedigung verdrängter Triebansprüche und Schuldgefühle zu erlangen oder wenigstens eine innere Spannung herabzusetzen. Solche Menschen benutzen ihre Umgebung nur als Publikum, vor dem sie ihre inneren Konflikte in Szene setzen. Sie können ruhelos und hyperaktiv erscheinen (38). Sie können aber auch ihre Aktivität verbergen. Ihre Lebensgeschichte kann den Eindruck vermitteln, daß sie zum Spielzeug eines bösartigen Schicksals geworden sind. Denn ihre passiv erlebten und rationalisierten Wiederholungen geschehen gegen ihren Willen (327). Dunbar hat den besonderen Persönlichkeitstypus untersucht, der zu Unfällen neigt (342).

In der Analyse besteht das Ausagieren nicht nur darin, daß ein Patient die Übertragung verwendet, um seine erneut mobilisierten Konflikte darzustellen, sondern um sie in Beziehung zum Analytiker zu durchleben. Bestimmte Personen tun das auch außerhalb der Analyse. Sie wiederholen in ihren Handlungen Situationen ihrer Kindheit oder Versuche, infantile Konflikte und nicht rationale Unternehmungen zu beenden. Eine vorgefundene Situation, die assoziativ mit einem verdrängten Konflikt in Verbindung steht, wird von ihnen zum Anlaß genommen, ihre Erregung abzuführen (445).

Diese Personen unterscheiden sich von anderen Neurotikern in einer Beziehung: das typische neurotische Symptom ist autoplastisch und tritt innerhalb der Person auf, während die Fähigkeit der Alloplastik erhalten bleibt (38, 682). Daß hier eine Beziehung zu manisch-depressiven Erscheinungen vorliegt, wird daran deutlich, daß gelegentlich mit einer bestimmten Periodizität Handlungen, die Triebansprüche befriedigen, mit solchen alternieren, die Ansprüche des Über-Ich befriedigen (1266).

Die präanalytische Psychopathologie beschrieb gewisse Kategorien von Psychopathen, die in dieses Kapitel gehören, indem sie einfach die

Handlungen benannte, die bei ihnen im Vordergrund stehen. Sie bezeichnen sie als «impulsive», «aggressive» und «abhängige» Psychopathen.

Auf die leider noch durchaus unklare Frage nach den Umständen, die eine stärkere Neigung zum Agieren verursachen, weiß Alexander nur die Antwort, es sei eine «stärkere Expansionskraft des Trieblebens» vorhanden (38). Das ist nun sicher richtig, aber es erklärt uns nicht, woher diese Expansionskraft stammt.

Eine erste Antwort legt nahe, daß sie sich bildet, wo das Ich eine Rationalisierung seiner Handlungen zu finden vermag. Das aber wird durch den Umstand widerlegt, daß neurotisches Agieren nicht immer gut rationalisiert wird. Es gibt Menschen, die ohne jede Rationalisierung agieren und jeder neurotischen Triebregung nachgeben, ohne sich je zu fragen, warum sie so handeln.

Man findet eine zutreffendere Antwort, wenn man diese Patienten im Verhältnis zu Impulsneurotikern und Traumatophilen sieht. Grundlage ihrer Eigenart ist auch bei ihnen die Unfähigkeit, Spannungen zu ertragen. Sie können den Schritt vom Handeln zum Denken nicht vollziehen und sind, statt jeder Triebregung unmittelbar nachzugeben, zu vernünftiger Urteilsbildung nicht in der Lage. Ihr Ziel ist eher eine Vermeidung von Unlust als das Erreichen von Lust. Unter den Ursachen der Unfähigkeit, Spannungen zu ertragen, spielen orale Fixierungen und frühe Traumen eine bedeutsame Rolle.

Nach Alexanders Auffassung sind neurotische Charaktere dieses Typus der Psychoanalyse leichter zugänglich als Patienten mit Symptomneurosen. Er gründet die Prognose auf den Umstand, daß bei den letzteren der Patient von der Alloplastik zur Autoplastik regrediert ist. Nach einer gelungenen Analyse muß er den Mut fassen, im Alltagsleben zu handeln. Das ist bei einem neurotischen Charakter überflüssig, der auch im Alltagsleben kontinuierlich agiert (38). Trotzdem erscheint uns diese Hypothese wenig überzeugend. Wenn man die Alloplastik neurotischer Charaktere psychoanalytisch in eine zweckmäßigere umwandeln will, so erscheint es uns nötig, zwischen die unzweckmäßige und die neu erwünschte Alloplastik eine passagère Periode der Autoplastik einzuschalten, die dann wie eine normale Symptomneurose behandelt werden kann. Innere Konflikte, die in verhärtete Pseudo-Objektbeziehungen projiziert worden sind, müssen zunächst rückverwandelt und wie innere Konflikte behandelt werden, bevor normale Objektbeziehungen an ihre Stelle treten können (433, 438). Die Unfähigkeit, Spannung zu ertragen, kann diese Aufgabe extrem erschweren und Modifizierungen der klassischen psychoanalytischen Technik notwendig machen (445).

10. Pathologisches Verhalten gegenüber äußeren Objekten

a) Allgemeine Bemerkungen

Konflikte zwischen Ich und Es oder zwischen Ich und Über-Ich veranlassen das Ich, sein Verhalten gegenüber äußeren Objekten zu ändern. (Viele dieser Veränderungen sind bereits erwähnt worden.) Von Interesse sind Objekte der Außenwelt, weil sie entweder eine Bedrohung oder eine Befriedigungsmöglichkeit bieten. Mit der Entwicklung des Realitätssinns lernt das Ich, daß es sich am besten gegen Bedrohungen schützt und sich die größtmögliche Befriedigung verschafft, wenn es die Realität objektiv einschätzt und dementsprechend handelt (575). Bei Neurotikern ist diese Fähigkeit begrenzt, weil sich bei ihnen zu viel der ursprünglichen Angst und ebensoviele ursprüngliche Triebansprüche erhalten haben. Das läßt ihnen jedes objektive Lernen schwer werden, weil solches Lernen Zeit erfordert (527, 528, 529, 536). Ihre Fähigkeit zur Realitätsprüfung ist gestört. In ihrer «Übertragung» stellen ihnen reale Objekte Objekte ihrer Vergangenheit vor, auf die sie mit unangemessenen Gefühlen reagieren. Ein Hysteriker trifft nur auf Objekte seines Ödipuskomplexes und ist dann notwendig enttäuscht, wenn sie sich nicht entsprechend verhalten; ein Zwangsneurotiker bleibt auf die Welt seiner analsadistischen Gefühle beschränkt; ein oral Fixierter sieht in allen Objekten nur Instrumente, um sich Nahrung und Selbstgefühl zu verschaffen; Personen mit unbewußten Schuldgefühlen treffen nur auf strafende oder vergebende Autoritäten.

Fälle, bei denen die Beziehung zu allen Objekten generell gestört ist, lassen sich in zwei Gruppen unterteilen. Bei den einen besteht die Störung darin, daß die Beziehungen ihrer Natur nach allzu infantil sind. Die Infantilität wurde entweder durch Entwicklungsstörungen oder durch Regressionen hervorgerufen. Bei den anderen hat ein vorherrschendes Bedürfnis mehr oder weniger jede Objektbeziehung ausgeschlossen. Weil die Objekte hier nur dazu verwendet werden, dieses vorherrschende Bedürfnis zu befriedigen, handelt es sich um Pseudo-Objektbeziehungen.

Da das vorherrschende Bedürfnis in der Vergangenheit in Verbindung mit Objekten entstanden ist, handelt es sich auch bei ihm um eine Art von Übertragung. Der Begriff Übertragung bleibt aber zumeist auf Fälle beschränkt, in denen auf ein Objekt mit Gefühlen reagiert wird, die einmal einer bestimmten anderen Person entgegengebracht worden sind. Bei Pseudo-Objektbeziehungen handelt es sich überhaupt nicht um persönliche Beziehungen, sondern die Objekte werden vielmehr als Instrumente zur Herabsetzung innerer Spannungen verwendet.

Bei der Erörterung der Psychologie der Pubertät wurde erwähnt, daß das Sicherheitsbedürfnis gegenüber den neu erwachten Trieben allen Objektbeziehungen etwas Gekünsteltes geben kann. Sie sind mit Identifizierungen durchsetzt. Personen werden in ihnen nicht als solche wahrgenommen, sondern eher als bildhafte Vorstellungen (vgl. Bd. I, S. 164f.). Neurotische Charaktere, die ihr ganzes Leben hindurch Angst vor ihren Trieben haben, machen daher einen jugendlichen Eindruck.

Die Analyse neurotischer Charaktere bietet reichlich Gelegenheit, unterschiedliche pathologische Reaktionen auf bestimmte Ereignisse zu untersuchen. Latente Konflikte machen eine angemessene Reaktion unmöglich. Bestimmte Vorkommnisse werden unterm Blickwinkel der Vergangenheit entweder als Versuchungen oder als Bestrafungen fehlinterpretiert. Bei der Erörterung der auslösenden Faktoren von Neurosen wurden hierfür einige Beispiele gegeben (vgl. S. 9ff.).

Auch hier wieder müssen die allgemein frigiden und die nur zum Schein hyperemotionalen Persönlichkeiten erwähnt werden. Beide sind zu einem vollen, warmen Gefühlskontakt mit anderen unfähig. Statt dessen bilden sie Pseudokontakte unterschiedlicher Art aus, die zumeist ein narzißtisches Interesse als ein Interesse an Objekten maskieren (vgl. 1600).

b) Fixierungen auf Vorstufen der Liebe

Die Entwicklung von Liebe und Haß ist ein langer psychischer Prozeß (vgl. Bd. I, S. 124ff.). In pathologischen Fällen kann jedes Stadium dieser Entwicklung erhalten bleiben oder wiederbelebt werden. Die «Liebe» des Säuglings besteht nur darin, etwas zu empfangen. Objekte nimmt er nur insofern wahr, als er sie zu seiner Befriedigung braucht. Ist er befriedigt, können sie verschwinden. Seine Befriedigung ist zugleich sexuell und narzißtisch. Manche Menschen bleiben an dieses Entwicklungsniveau fixiert. Unmittelbare Bedürfnisbefriedigung bleibt für sie der einzige Anspruch in all ihren Beziehungen zu anderen. Ihre Umwelt ist für sie ein Mittel zur Regulierung ihres Selbstgefühls.

Manche Menschen, die in dieser Weise von äußerer Zufuhr abhängen, verfügen über keinerlei anderes Interesse, als den unterstellten Erwartungen anderer nachzukommen. Sie besitzen keine klar definierte eigene Persönlichkeit, sondern sind, was sie nach ihrer Meinung in den Augen anderer sein sollen. Je nach den Personen in ihrer unmittelbaren Umgebung verändern sie sich vollständig. Ihre Identifizierungen sind ebenso vielfältig wie schwach. In ihrem ganzen Charakteraufbau scheinen sie nichts Stabiles zu haben (1334, 1537). Es ist, wie sie meinen, einfacher, das Risiko einzugehen, abgelehnt zu werden, wenn man die Rolle eines anderen spielt. Denn eine solche Rolle kann bei jeder Zurückweisung so rasch und problemlos gewechselt werden wie ein Kleidungsstück.

Identifizierung ist die erste Art von Objektbeziehung. Es gibt bei Erwachsenen infantile Objektbeziehungen, die auf die Tatsache zurückzuführen sind, daß alle Objektbeziehungen sich zu sehr auf Identifizierungen gründen.

Orale Charaktere verstricken sich allzu leicht in einen Circulus vitiosus. Daß sie Zufuhr verlangen, versetzt sie in Angst vor der Heftigkeit ihres Verlangens. Sie brauchen daher noch mehr Zufuhr und werden darum immer ängstlicher. Sie benötigen Objekte nur zu einem Zweck: Sie sollen sie beruhigen, beschützen und ihnen wie magische Helfer die nötige Zuwendung verschaffen (653). Sie sollen, wie einst die Mutter, an ihrem Bett sitzen, wenn sie sich ängstigen.

Menschen, die in dieser Weise von ihrer Umgebung abhängig sind, sind an die Entwicklungsstufe des Ich fixiert, auf der sie ihre ursprüngliche

«Allmacht», die sie wiederzuerlangen suchen, bereits verloren hatten. Unter bestimmten Umständen kann sich die noch frühere Periode des Primärnarzißmus erhalten, der subjektiv keiner Objekte bedarf und sich vollständig wähnt, obwohl er natürlich von äußeren Objekten versorgt wird. Dieser Zustand kann auch durch eine neurotische Erkrankung regressiv wiedererlangt werden. Es gibt introvertierte Persönlichkeiten, die leben, als befänden sie sich noch im Stadium halluzinatorischer Wunscherfüllung, Menschen, bei denen ein phantasierendes Ersatzdenken jedes handlungsvorbereitende Denken verdrängt hat (vgl. Bd. I, S. 76f.). Es sind dies Exzentriker, denen es mehr oder weniger gelungen ist, die Sicherheit des Primärnarzißmus wiederzuerlangen, und die das Gefühl haben, ihnen könne nichts passieren. Ihre Analyse enthüllt, daß ihnen in ihrer Kindheit eine außergewöhnliche Umgebung alltägliche Konflikte mit der Realität erspart hat, die andere Kinder zwingen, die archaischen Stufen der Unlustabwehr aufzugeben und sich der Realität zuzuwenden (vgl. Bd. II, S. 347).

Wer ein «allmächtiges» Verhalten an den Tag legt und besonders «unabhängig» zu sein scheint, übt eine faszinierende Wirkung auf die zuvor beschriebenen Charaktere aus, die magische Helfer brauchen. Solch narzißtisches Verhalten, das den abhängigen Personen keine Hoffnung auf wirkliche Liebe läßt, erweckt statt dessen ihre Bereitschaft zur Identifizierung. Die Schar der Jünger, in gemeinsamer Faszination vereint, kämpft um die Chance, an der narzißtischen «Allmacht» ihrer Führerfigur teilzuhaben (1200).

Begabte Introvertierte können durch ihre Schöpfungen als Künstler einen neuen Kontakt zur Realität gewinnen. Andere Introvertierte brechen zusammen, wenn ihnen aufgrund bestimmter Lebensumstände der gewohnte Rückzug in die Phantasie oder zu einem anderen ersatzweisen Pseudokontakt mit der Realität unmöglich wird.

Introvertierte, die subjektiv von äußeren Objekten unabhängig zu sein scheinen (aber es nur solange sind, wie sie über Nahrung und Geld verfügen), geraten, ebenso subjektiv, wieder in große Abhängigkeit, wenn sie durch äußere Ereignisse wie z. B. den Verlust ihrer Jünger oder unleugbare Rückschläge gezwungen sind, an ihrer Allmacht zu zweifeln. Dann sind auch sie wieder auf eine Teilhabe an einer nur projizierten Allmacht angewiesen, und sie werden durch ihr Streben nach Identifizierung mit den Objekten von diesen überaus abhängig (1250). Während erotische Tagträume im allgemeinen unabhängig von der Realität ablaufen (eben darin liegt ihr Zweck), sind die Tagträume von Menschen, deren erotische Bedürfnisse noch narzißtisch und deren Objektbeziehungen noch Identifizierungen sind, von dem konkreten Verhalten ihrer Objekte abhängig. Sie haben das Bedürfnis, daß sich andere in einer Weise verhalten, daß ihnen die gewünschte Identifizierung möglich wird. Genauer gesagt, verlangen sie, daß die anderen das sein sollen, was sie selbst gern sein möchten, damit sie durch Empathie an ihrem eigenen Ideal wieder partizipieren können. Zu diesem Zweck sollen die anderen sich so verhalten, daß sie eine Identifizierung zulassen, die diese Charaktere als narzißtische Zufuhr brauchen (1449, 1575).

Menschen dieses Typus versuchen, ihre Objekte durch Gewalt, durch Liebedienerei und jedes magische Mittel dahin zu bringen, ihnen nicht nur (wie bei oralen Charakteren üblich) die nötige Zuwendung zu geben, sondern sich in einer besonderen, ihrem Ideal entsprechenden Weise zu verhalten. Man kann das auch so formulieren: Narzißtische Charaktere können das Selbst ihrer Selbstliebe auf andere Personen projizieren, sich mit diesen identifizieren und dann das Gefühl genießen, von sich selbst geliebt zu werden. Damit dies gelingt, müssen sie von ihren Objekten verlangen, daß sie sich ihrem unbewußten Wunsch nach Identifizierung entsprechend verhalten. Die Patienten können schließlich nur noch durch das Verlangen beherrscht werden, ein Objekt dahin zu bringen, das zu tun, was sie von ihm wünschen. Das ist dann keine eigentliche Identifizierung mehr. Denn das Ich übernimmt hierbei keinerlei Eigentümlichkeiten eines Objekts. Vielmehr handelt es sich darum, daß ein Objekt dazu gebraucht wird, Eigentümlichkeiten eines Ichideals anzunehmen, damit das Ich auf dem Wege der Empathie eben diese Eigentümlichkeiten genießen kann (353). Dieser Mechanismus wird in der Regel nicht nur zur Erlangung narzißtischer oder erogener Lust verwendet, sondern auch zur Abwehr von Angst. Die Patienten möchten im vorhinein wissen, was ein Liebesobjekt jeweils tun wird. Das aber würden sie wissen, wenn das Objekt ihrem eigenen Ichideal entsprechend handeln würde.

Ein häufig auftretender Mechanismus, der diesem Ziel dienen soll, ist die magische Geste, die Reik als Antizipation beschrieben hat (1296).

Jemand verhält sich so, wie er möchte, daß ein Objekt sich verhält. Er steht unterm Zwang der magischen Erwartung, daß der Anblick seiner Gesten das Objekt zwingen wird, sie zu imitieren. Eine magische Geste ist also weniger eine Antizipation dessen, was ein Objekt tun wird, als vielmehr dessen, was es den eigenen Wünschen gemäß tun sollte.

Deutlich unterscheidet die magische Geste sich daher von der objektiven Empathie, die in einer vorübergehenden Identifizierung mit einem Objekt vorgenommen wird, um zu antizipieren, was dieses Objekt tun wird. Versuchsweise Identifizierungen zum Zweck der Empathie sind auch bei normalen Objektbeziehungen von grundlegender Bedeutung. Sie können besonders gut an der Arbeitsweise eines Analytikers untersucht werden (518). Es handelt sich bei ihnen um eine Wiederholung archaischer Arten der Wahrnehmung. Diese geht in zwei Schritten vor: a) auf eine mimetische Identifizierung mit einem Objekt folgt b) eine Bewußtwerdung der Veränderungen in der eigenen Persönlichkeit und entsprechend der Außenwelt. Analog besteht auch die Empathie aus zwei Handlungen: a) aus einer Identifizierung mit der anderen Person und b) aus einer Bewußtwerdung der eigenen Gefühle sowie der Gefühle des Objekts nach der Identifizierung (132, 975, 1598).

Die magische Geste ist wahrscheinlich das Grundmodell aller Funktionen des Ich. Denn das Ich ist durch seine Fähigkeit zur Antizipation der Zukunft charakterisiert.

c) Fortdauernde Ambivalenz

Eine weitere archaische Einstellung bei neurotischen Charakteren ist mit ihrer unangemessenen Ambivalenz in allen Objektbeziehungen gegeben. Sie ist charakteristisch für alle Neurotiker mit unbewußten infantilen Sexualzielen. Da sie nämlich ein Ziel verfolgen, das unerreichbar ist, erleben sie jede Objektbeziehung notwendig als Enttäuschung. Sie können diese Enttäuschung als eine Wiederholung derjenigen erleben, die ihnen als Kinder widerfahren sind, und dementsprechend mit derselben Aggressivität reagieren, mit der sie auf die ursprünglichen Enttäuschungen reagiert haben. Rache ist eine besondere Art der alten magischen Wunschvorstellung, Enttäuschungen oder Erniedrigungen ungeschehen machen zu können. Sie beruht auf einer Identifizierung mit dem Aggressor. Es gibt Menschen, deren unbewußtes Rachebedürfnis jedes andere Bedürfnis in ihnen überschattet und jeden Versuch einer positiven Objektbeziehung scheitern läßt. Hierher gehört auch der Rachetypus des weiblichen Kastrationskomplexes (20). Andere Menschen werden nicht direkt von einem Rachebedürfnis, sondern von Reaktionsbildungen dagegen beherrscht.

d) Eifersucht

Eine auf tiefer Ambivalenz beruhende Liebesunfähigkeit tritt auch bei jenen zutage, deren Objektbeziehungen von Eifersucht beherrscht werden (113, 426, 607, 897, 1089, 1314, 1494). Gelegentliche Eifersucht mag einer intensiven Liebe angemessen sein. Wer aber ständig eifersüchtig ist, ist unfähig, wirkliche Liebe zu empfinden, weil all seine Beziehungen von einem narzißtischen Bedürfnis durchsetzt sind. Eifersucht ist gerade dann nicht besonders intensiv, wenn Liebe und Zufriedenheit zuvor besonders intensiv gewesen sind. Zur Eifersucht neigen im Gegenteil gerade die, die ihre Objekte häufig und leichtfertig wechseln. Sie sind sogar bereit, auf Objekte eifersüchtig zu sein, an denen sie so lange nicht besonders interessiert waren, wie diese nicht ihre Eifersucht zufällig hervorgerufen haben. Wäre Eifersucht einfach eine schmerzhafte Reaktion auf eine Frustration, so könnte man erwarten, daß sie so weit wie möglich abgewehrt werden würde. Tatsächlich aber neigt sie dazu, sich aufzudrängen und zu einer Obsession zu werden. Das beweist, daß das Festhalten an den bewußten Eifersuchtsgedanken dazu dient, etwas anderes zu verdrängen.

Die Mischung aus Depression, Aggressivität und Neid, mit der Eifersüchtige reagieren, enthüllt eine besondere Intoleranz in bezug auf Liebesverlust. Die Angst vor Liebesverlust ist bei Persönlichkeiten besonders groß, für die sie zugleich eine Herabsetzung ihres Selbstgefühls bedeutet. In unserer Gesellschaft dient das Festhalten am Besitz sowie an anderen Formen äußerer Zufuhr sehr häufig einer Regulierung des Selbstgefühls. Unter diesen Umständen kann sich die Ideologie entwickeln, daß ein Ehepartner den anderen als Besitz ansieht. Damit ist dann die Möglichkeit gegeben, daß sich Eifersucht zu einer Dimension des Kampfes um Selbstgefühl entwickelt.

Der obsessive Charakter der Eifersucht beruht zunächst vor allem auf der Tatsache, daß die Situation, durch die jemand eifersüchtig wird, ihn an eine ähnliche Situation erinnert, die er verdrängt hat. Die starke Betonung einer gegenwärtigen Erniedrigung läßt eine vergangene vergessen. Die Enttäuschung, die mit dem Ödipuskomplex gegeben ist und die zweifellos die Grundlage jeder Eifersucht bildet (585), ist von jedem, auch von denen erlebt worden, die späterhin nicht zur Eifersucht neigen. Freud hat in seinen Untersuchungen zum Eifersuchtswahn eine wichtige Entdeckung gemacht (574, 607). In diesem Wahn wird die Eifersucht verwendet, um durch Projektion sowohl eine Neigung zur Untreue wie ein homosexuelles Verlangen abzuwehren. Beide Regungen spielen gewiß auch bei normaler Eifersucht eine Rolle. Denn eine Eifersucht entwickelt sich, wo die notwendig verdrängte Neigung zur Untreue und Homosexualität mit der charakteristischen Intoleranz gegenüber Liebesverlust zusammentrifft.

Jones beschreibt die narzißtische Abhängigkeit Eifersüchtiger von ihren Objekten. Die Liebe, so sagt er, sei für sie ein therapeutisches Mittel, das ihren krankhaften Zustand heilen soll (897). Er betont jedoch weniger den primitiven (oralen) Mechanismus der Regulierung des Selbstgefühls und mehr die tiefen unbewußten Schuldgefühle, denen durch narzißtische Befriedigungen entgegengearbeitet werden soll. Gleichzeitig verweist er darauf, daß bei Eifersüchtigen dem intensiven Verlangen, etwas von ihren Objekten zu empfangen, zumeist eine ebenso intensive Angst vor der Befriedigung dieses Verlangens entspricht. Diese Angst kann zu einer rastlosen Flucht von Objekt zu Objekt führen (1218). Jones stellte fest, daß eheliche Untreue häufiger, als man gemeinhin glaubt, neurotischen Ursprungs ist. Sie ist kein Zeichen von Freizügigkeit oder Potenz, sondern verweist eher aufs Gegenteil (897). Häufiger noch als neurotische Bindungsangst sind neurotische Bindungen, die auf einer Angst vor jedem Objektwechsel beruhen.

e) Soziale Hemmungen bei «Komplexen»

Auch weniger schwer gestörte Personen werden bei der Realitätsprüfung an Punkten behindert, an denen sie allzuviel Angst oder unbe-

wußte Versuchung erleben. Neurotiker sind an ihren Komplexen sensibilisiert. Es gelingt ihnen an diesen Punkten nicht, ihre Objektbeziehungen angemessen einzuschätzen.
Sie leiden unter dem Fortdauern ihres Ödipuskomplexes. Daß er fortdauert, führt notwendig zu Störungen in ihren Objektbeziehungen. Sie machen sich als Fehlurteile, Unzufriedenheit und konsequente Enttäuschungen vor allem im Liebesleben bemerkbar.

Freud beschrieb mehrere Liebesbedingungen, die sich dem Fortdauern des Ödipuskomplexes verdanken (572). Es sind die «Bedingung des geschädigten Dritten», die «Dirnenliebe» und die Neigung «zur Bildung einer langen Reihe» von Liebesobjekten. Ferner gehören hierher die Phantasien, «die Geliebte zu retten» sowie das Auseinanderfallen von Sinnlichkeit und Zärtlichkeit. Abraham beschrieb Arten von «neurotischer Exogamie», die die Gefahr des Inzests bekämpfen (10).

Weil «das sexuelle Verhalten eines Menschen... oft verbindlich für seine ganze sonstige Reaktionsweise in der Welt» ist (561), bleiben die Erscheinungsformen eines fortdauernden Ödipuskomplexes keineswegs auf das Liebesleben beschränkt, sondern treten in allen Sozialbeziehungen auf. Überall werden Illusionen und Enttäuschungen möglich.

Auch Normale suchen bei anaklitischer Objektwahl ihre Objekte aufgrund von Ähnlichkeiten mit infantilen Vorbildern aus (585). Solche Ähnlichkeiten spielen bei ihnen aber nur während der Wahl selbst eine Rolle. Sie sind in der Lage, die Eigenarten konkreter Objekte wahrzunehmen und angemessen auf sie zu reagieren. Neurotiker dagegen, deren Ödipuskomplex nicht untergegangen ist, neigen zu Fehlurteilen. Sie sehen bei der Beurteilung von Objekten nur deren frühkindliche Vorbilder. Der Unterschied von «normalem» und «neurotischem» Verhalten macht sich ebenso bei der Berufswahl geltend. Auch ein Normaler kann sich aufgrund unbewußter Triebregungen für einen bestimmten Beruf entscheiden. Ein Neurotiker dagegen ist wegen der in seinem Unbewußten fortdauernden ursprünglichen Triebansprüche nicht in der Lage, sich den objektiven Aufgaben seines Berufes zuzuwenden. Er sucht in seiner Arbeit in erster Linie infantile Triebbefriedigungen. Er arbeitet daher ineffektiv und neigt zu Enttäuschungen.

Die besondere Form eines Ödipuskomplexes ist für die späteren Störungen von Objektbeziehungen verantwortlich. Die daraus sich ergebenden Charakterstörungen können so vielgestaltig und vielfältig sein wie die entsprechenden frühkindlichen Erlebnisse (418, 828, 1275, 1458).

Die Familien- (oder Familienersatz-)Situation, Zahl und Art der Geschwister, das Alter, in dem die entscheidenden Konflikte stattfanden, und der Inhalt dieser Konflikte – all das geht in jeden Einzelfall ein.

Die Beziehung von Zahl und Alter der Geschwister auf die Entwicklung bestimmter Charakterstrukturen ist an verschiedenen Beispielen untersucht worden. Ein Einzelkind hat den intensivsten Ödipuskomplex und läuft daher die größte Gefahr, sich nicht angemessen zu entwickeln (195, 637, 1116, 1339). Das älteste Kind hat die beste Chance, sich mit seinem Vater zu identifizieren und den jüngeren Geschwistern gegenüber Autorität auszuüben. Das jüngste droht verwöhnt zu werden, und das mittlere läuft Gefahr, nicht genügend Zuwendung zu erhalten (827, 1342). Der frühe Tod eines Elternteils prädisponiert ein Kind zur Ausbildung eines oralen Charakters und erhöht mit seiner Bindung an den überlebenden Elternteil seine Angst vor Liebesverlust (168, 355, 979, 1325). Zwillinge entwickeln leicht Ambivalenz und Eifersucht, eine Mischung aus einem Abhängigkeitsgefühl, das jederzeit eine Ergänzung der Person fordert, und einer feindseligen reaktiven Betonung ihrer Unabhängigkeit (298, 749, 1209). Stiefkinder haben ihre typischen Konflikte und Charakterentwicklungen (760). Ähnlich liegen die Probleme adoptierter Kinder. Auch sie weisen eigene Charakterzüge auf (970). Die phantasierte Form des Ödipuskomplexes bei Kindern, die vollständig außerhalb jeder Familie aufgewachsen sind, spiegelt sich in der folgenden charakterlichen Ausarbeitung eines solchen Ödipuskomplexes wider (250, 979).
Dasselbe gilt für die verschiedenen Sonderformen des Ödipuskomplexes, die durch den Charakter der Eltern hervorgerufen werden (418, 658, 1275, 1458). Ein schwacher Vater prädisponiert Jungen zur Homosexualität (555), allzugroße mütterliche Fürsorglichkeit zu passiven und unabhängigen Arten von Realitätsbewältigung (1041) und schwere Inkonsistenz auf seiten der Eltern zu Störungen des Über-Ich (31, 1266).

Viele lernen, unter bestimmten Umständen mit ihren Schwierigkeiten fertig zu werden, leiden aber wieder unter ihnen, sobald diese Umstände nicht mehr gegeben sind. Sehr häufig benehmen sich Menschen relativ normal gegenüber denen, von denen sie annehmen, daß sie einen gesellschaftlich niedrigeren Rang innehaben, werden aber von Hemmung, Angst oder narzißtischem Verlangen überwältigt, sobald sie Höhergestellten oder Gleichrangigen begegnen. Andere suchen die Gegenwart jüngerer Menschen auf, ziehen als Männer Frauen vor oder als Nichtjuden Juden usw.

Die Bedingungen, die für die relative Freiheit von Störungen bei jemandem verantwortlich sind, der in seinen Objektbeziehungen gehemmt ist, sind nicht notwendig auf die Auswahl niedriggestellter Personen beschränkt. Jede menschliche Eigenart kann einen Sicherheit gewährenden oder bedrohlichen Aspekt gewinnen. Ob und wie das geschieht, hängt jeweils von der Lebensgeschichte eines Individuums ab. Was alte Sicherheit in ihm wachzurufen vermag, gewährt seinerseits Sicherheit. Was alte Bedrohungen wiederbelebt, wird selbst bedrohlich. Bei Zwangsneurotikern werden die Reaktionen auf andere durch «neurotisches Typisieren» beeinflußt (710). Jede Person wird bewußt (oder unbewußt) der einen oder anderen Kategorie zugeordnet, und entsprechend verhalten sich die Patienten.

f) Pseudosexualität

Eine Art von Pseudoobjektbeziehungen, die besonders bedeutsam ist, ist die Pseudosexualität. Scheinbar sexuelle Handlungen dienen hier Abwehrzwecken. Sie können perverse Sexualziele durch die Hervorhebung normaler verdecken. Sie können Hemmungen verleugnen. Schließlich können sie Ängste und Schuldgefühle bekämpfen, indem sie eine gewisse Sicherheit bieten und narzißtische Zufuhr verschaffen. Vorherrschende narzißtische oder infantile Triebziele können die Potenz oder die sexuelle Erregbarkeit stören. In anderen Fällen scheint der physiologische Verlauf des Geschlechtsakts normal zu sein. Versucht aber jemand, dessen Sexualität infantil geblieben ist, eine dem widersprechende Angst abzuwehren und Formen einer unechten erwachsenen Sexualität zu praktizieren, so vermag ihm das keine wirkliche Befriedigung zu verschaffen. Menschen dieses Typus sind orgastisch impotent (1270). Narzißtische Ziele bei der Pseudosexualität stören die Sexualität in genau der gleichen Weise wie unbewußte sexuelle Ziele bei hysterischer Abasie das Gehen stören (1399).

In einem gewissen Sinn hat jede infantile Sexualstrebung bei einem Neurotiker Abwehrcharakter; denn sie ist aufgrund von Angst an die Stelle der genitalen Sexualität des Erwachsenenalters getreten.

Das beste Beispiel ist der Stolz von Zwangsneurotikern auf ihre Potenz. Solche Patienten können ihre Angst auf vielfältige Weise beruhigen und sind dann in der Lage, den Geschlechtsakt auszuführen. Sie empfinden dabei eine narzißtische Funktionslust und vielleicht sogar eine gewisse sexuelle Lust, aber nie die vollkommene Entspannung eines Orgasmus. Das von ihnen zur Schau gestellte Sexualverhalten bleibt von ihren emotionalen sexuellen Ansprüchen durch eine dazwischengetretene Schicht von Angst isoliert. Ihr Sexualverhalten ist unecht und rigide (1600). Groddeck, der eine Vorliebe für Paradoxes hatte, sagte einmal in einer Glorifizierung der Liebe, ein Blick oder die Berührung einer Hand könne den Höhepunkt des menschlichen Lebens ausmachen. Es sei nicht wahr, daß der Geschlechtsverkehr den Gipfel der Erotik darstelle. In Wirklichkeit seien die Menschen von ihm gelangweilt. Diese Einschätzung gilt zweifellos nur für sexuell schwer gestörte Personen. Wenn sie den Geschlechtsverkehr ausführen, so tun sie es nicht aus genitalem Verlangen.

Die Sexualphantasien einer Patientin hatten wesentlich den Sinn, bestimmte sexuelle Erfahrungen ihrer frühen Kindheit zu verleugnen. Sie dienten daher primär einer Abwehr. Es stellte sich heraus, daß es in der Entwicklung ihrer Masturbation einen Bruch gab. Nach einem Erlebnis, das ältere Ängste in bezug auf eine Urszene remobilisierte, hatte sie aufgehört zu onanieren. Nach einigen Jahren nahm sie die Masturbation mit größerer Intensität, ja mit einer Art Zwanghaftigkeit wieder auf. Die Analyse wies nach, daß die neue Form der Masturbation eine Abwehrmaßnahme war. Sie wollte ihre Angst bekämpfen, indem sie sich davon überzeugte, vor ihrem eigenen Körper, der ihr Lust bereitete, keine Angst zu haben.
Pseudosexuelles Verhalten dient in aller Regel zur Bekämpfung von Minderwertigkeitsgefühlen oder Kastrationsangst, zur Erlangung narzißtischer Befriedigung und zur Abfuhr verborgener aggressiver sowie prägenitaler Bestrebungen. Sexuelle Eroberungen können mancherlei unbewußte Bedeutung haben. Bei einem Patienten hatten sie einen analen Sinn. Seine Freundinnen waren für ihn ganz ebenso eine konkrete Errungenschaft, wie es die Faeces in seiner Kindheit gewesen waren. Häufiger haben sexuelle Eroberungen eine urethral-erotische Bedeutung; denn Ehrgeiz ist ein urethraler Charakterzug. Noch häufiger aber ist das Bedürfnis nach sexueller Eroberung bei beiden Geschlechtern im Kastrationskomplex verwurzelt. Hier herrscht dann das unbewußte Verlangen vor, andere zu kastrieren, um selbst nicht kastriert zu werden. Manche Menschen wollen sich durch sexuelle Erfahrungen beweisen, daß auch andere Leute «solche ungehörigen Dinge» lieben (vgl. zur Erörterung gemeinsamer Schuldgefühle S. 71, zur Hypersexualität Bd. II, S. 74ff., und zu den Liebessüchtigen Bd. II, S. 266).
Einige pseudosexuelle Männer scheinen auf den ersten Blick überaus normal, ja sogar altruistisch zu sein, da sie ein besonderes Interesse aufweisen, ihre Partnerinnen sexuell zu befriedigen. Sie verlieren jedoch nach einer solchen Befriedigung jedes Interesse an ihnen. Tatsächlich waren sie von vornherein nicht daran interessiert, ihre Partnerinnen glücklich zu machen, sondern wollten sich nur ihre eigene Fähigkeit beweisen, sie zu befriedigen. Sobald sie ihre Fähigkeit unter Beweis gestellt hatten, begannen sie sich zu fragen, ob ihnen bei der nächsten Frau der gleiche Er-

folg beschieden sein würde. Zu einem solchen Verhalten kann eine unbewußte Identifizierung mit der jeweiligen Frau hinzutreten.
Häufig werden Identifizierungen, die vor allerlei Ängsten Schutz bieten sollen, als «Liebe» maskiert. Feminine Männer, deren phallische Tendenzen in Verbindung mit ihrer frühen Beziehung zum Vater verdrängt worden sind, können aus Angst vor ihrer Homosexualität ein pseudosexuelles Verhalten Frauen gegenüber entwikkeln, das durch Züge von Identifizierung und Prägenitalität bestimmt ist. Angehörige beider Geschlechter können ihre Sexualpartner in einer Weise behandeln, wie sie in ihrer Kindheit ihre Mütter behandelt haben, als sie sie zwangen, wenn sie selbst Angst hatten, neben ihnen am Bett zu sitzen.

Der Unterschied von reaktiver und genuiner Sexualität ist oft schlagend. Reaktive Sexualität weist dieselben Eigenarten auf wie jede Reaktionsbildung. Sie ist verkrampft, zielgehemmt, verweist in Symptomhandlungen auf eine tiefer liegende Angst und verbraucht große Beträge von Energie. Manchmal jedoch sind die reaktiven Eigenarten weniger hervorstechend.
Freud ist von seinen Kritikern vorgeworfen worden, alle neurotischen Erscheinungen auf Sexuelles zurückzuführen. Sie haben darauf verwiesen, daß sexuelle Handlungen ausgeführt werden können, um Macht oder Prestige zu erwerben. Das ist gewiß richtig, und es wäre entschieden ein Fehler, wenn ein Analytiker nicht das Unechte eines pseudosexuellen Verhaltens bemerken würde. Die narzißtischen Bedürfnisse von Patienten aber, die Macht und Prestige suchen, stellen im Gegensatz zu ihrer Sexualität keine angeborenen, eigenständigen Triebe dar. Diese Bedürfnisse müssen vielmehr unterm Aspekt frühkindlicher Triebschicksale untersucht werden.

Das Folgende ist ein Beispiel der Genese eines Charakters auf pseudosexueller Grundlage. Eine Patientin litt an einer Reihe schwerer neurotischer Störungen zyklothymen Charakters. Ihre Symptome zeigten, daß sie mit den Konflikten der oral-sadistischen Stufe nicht fertig geworden war. Im Gegensatz zu anderen schweren Sorgen machte sie sich wenig Sorgen um ihre Sexualität. Auf diesem Gebiet schien alles in Ordnung: sie verkehrte häufig und mit verschiedenen Männern und spielte dabei mit besonderer Vorliebe die Rolle der Verführerin. Sie behandelte dabei die Männer mit mütterlicher, liebevoller Zärtlichkeit und Rücksicht. Der harmlos-freundliche Charakter des ganzen Sexualverhaltens war so unterstrichen, daß es nicht schwer war, in ihm eine Reaktionsbildung gegen aggressive Neigungen zu erkennen. Das Mittel dieser Reaktionsbildung war eine Identifizierung mit ihrer Mutter, die sie, sonst häufig streng und dem Kind allerlei Versagungen bereitend, in der Zeit einer langwierigen Krankheit aufopferungsvoll gepflegt hatte. Das Sexualverhalten der Patientin hatte also den Sinn: «Ich will den Männern nicht weh tun, sondern zu ihnen so lieb sein, wie die Mutter zu mir war, als ich krank war.» Die Analyse ließ keinen Zweifel daran, daß die Patientin diese Krankheit als eine Strafe aufgefaßt hatte, die für aggressive Regungen über sie verhängt worden war, die vom sonstigen Benehmen abweichende Güte der Mutter als Verzeihung. Sie hatte irgendwelche schrecklichen Ängste vom Charakter von Vergeltungsängsten, die durch die Krankheit aktiviert worden waren, durch das Anklammern an die jetzt gütige, pflegende Mutter abgewehrt und sich später mit deren Haltung identifiziert.

Wenn sie in der späten Kindheit von älteren Spielkameraden enttäuscht oder gekränkt wurde, so suchte sie sich jüngere Kinder, die sie beschützen konnte. Das liebevolle Verhalten erschien so als Abwehr von Aggression, aber auch von Angst.

Die weitere Analyse deckte dann auf, wie sehr die Patientin auch in einer anderen Weise dem Strukturbild entsprach, an das wir bei der Diagnose «Pseudonymphomanie» zu denken pflegen. Unbewußt interessierte sie am Mann vorwiegend oder ausschließlich der Penis. Ihm galt im Grunde alle Zärtlichkeit; ihm aber auch die Aggression und die unheimliche Angst vor einer zerstörenden Vergeltung. Oral sadistische Einverleibungsideen und die dazugehörigen Ängste waren es, die durch ein liebevoll zärtliches Verhalten verleugnet werden sollten. Die Männer, zu denen sie zärtlich war, wurden nach dem Typus der nazißtischen Objektwahl gewählt, um sie so zu behandeln, wie sie von der Mutter behandelt sein wollte. Im Grunde war es der Penis dieser Männer, dem sie sich selbst gleichgesetzt hatte.

Die weitere Analyse ließ dann noch einen Einblick in die tiefen Schichten der oralsadistischen Aggression und die Angst vor dem Penis tun. Diese Einstellung war nicht am Vater, sondern an der Mutter erworben worden. Eine intensive, ambivalente orale Bindung an diese war die Grundlage des ganzen Charakters. Ein seltsames Interesse für Tote, Friedhöfe und alles, was damit zusammenhängt, zeichnete sie aus; in der Nachpubertärzeit verbrachte sie Stunden tagträumend auf dem Friedhof. Sie stellte sich die Toten sehr «friedlich» vor. Hinter dem friedlich zärtlichen Charakter des Interesses für die Toten war ein intensiv sinnliches Interesse für diesen Gegenstand verborgen. Die Idee, friedlich auf einem Grabe zu sitzen, d.h. mit den Begrabenen vereint zu sein, war eine gelungene Art, wollüstige Todeswünsche gegen die Mutter und eine entsprechende Vergeltungs-Todesangst zu widerlegen, genau in der gleichen Art, wie sie später durch ihr zärtliches Verhalten Männern gegenüber die analogen Ängste widerlegte. Die Todesangst stammte aus der Zeit der bereits erwähnten Krankheit. Die frühere Strenge der Mutter hatte intensive oralsadistische Triebe mobilisiert. Daß die Mutter, an der sie sich sonst wegen der von ihr ausgehenden Versagungen wollüstig rächen wollte, nun gerade während ihrer Krankheit so freundlich war und der Patientin durch ihre Zärtlichkeit als Schutz vor ihren Todesängsten diente, ermöglichte ihr, in ihrem späteren Leben Zärtlichkeit und Sexualität überhaupt zur Angstabwehr zu verwenden.

Das Sexualverhalten der Patientin war also zur Gänze wie ein neurotisches Symptom aufgebaut. Es war kein Zweifel, daß in ihm zutiefst die verdrängte, im Unbewußten in ihrer ursprünglichen oralsadistischen Form erhalten gebliebene Libido ihren Ausdruck fand. Aber dieser Ausdruck war nach dem Eingreifen der verdrängenden Mächte nicht mehr oralsadistisch, sondern pseudogenital. Das genitale Verhalten entsprach nicht genitalen Trieben, sondern eher dem Bestreben des Ich, gefährliche oralsadistische Versuchungen zu bewältigen. Die Patientin liebte und verzärtelte die Objekte, vor denen sie eigentlich Angst hatte. Es war nicht verwunderlich, daß sie im Verlauf der Analyse zeitweise frigid wurde (423).

Störungen sexueller Objektbeziehungen spiegeln sich auch außerhalb derselben wider. Auch zielgehemmte Formen von Sozialkontakt und jene Identifizierungen, die Aggressionen hemmen und damit die Grundlage aller gesellschaftlichen Beziehungen schaffen, können gestört sein. Ein überwältigendes narzißtisches Bedürfnis danach, «akzeptiert» zu werden, kann jede angemessene Reaktion auf gesellschaftliche Verhältnisse unmöglich machen.
Wie die Sexualität, so kann auch die Aggressivität eine dreifache Schichtung aufweisen: reaktive Aggressivität – Angst – ursprüngliche Aggressivität. Maßlos freundliche Menschen können anderen durch ihre übertriebene Freundlichkeit zur Qual werden. Neben passiven und nachgiebigen Menschen, die eine erst in der Analyse aufzudeckende Streitsüchtigkeit verbergen, gibt es Draufgänger, die ihre Aggressionshemmungen überkompensieren (435, 1263). Berufsneurosen haben ihre Wurzeln zuweilen in Aggressionskonflikten.

Wie sich die reaktive von der genuinen Sexualität unterscheidet, so unterscheidet sich auch die reaktive Aggressivität von der genuinen. Ein Patient, der zur Unterwürfigkeit zu neigen schien und stets ängstlich bedacht war, seiner Umgebung zu gefallen, enthüllte die folgende Kindheitsgeschichte. Nachdem man ihn anfänglich oral verwöhnt hatte, wurde er einer plötzlichen Frustration ausgesetzt. Er erlebte intensive Wutanfälle. Außerdem machte es ihm eine Zeitlang Spaß, Tiere zu quälen. Sein späterer Charakter war eine Reaktionsbildung auf solche Aggressivität. In der entstellten Form einer dritten Schicht tauchte aber wieder Sadismus auf. Trotz seiner Unterwürfigkeit war er anmaßend und in einer indirekt aggressiven Weise stets bereit, andere zu kritisieren.

g) Soziale Angst

In dem Abschnitt über die pathologische Einstellung zum Über-Ich war die Behandlung der sozialen Angst zurückgestellt worden. Eine fortwährende Angst, kritisiert, geächtet oder bestraft zu werden, ist sehr eng mit der Wirkung von Scham verbunden (vgl. Bd. I, S. 199). Sie ist ein Mittelding zwischen kindlicher Angst vor Kastration und vor Liebesverlust sowie dem schlechten Gewissen Erwachsener. Der ursprüngliche Inhalt der infantilen Ängste ist nicht mehr manifest, aber die Gefahr bleibt internalisiert.

Rücksichtnahme auf die Reaktionen der Umgebung spielt bei jedem Handeln eine entscheidende Rolle. Hängt doch die Existenz jedes einzelnen hundertfach von solcher Rücksichtnahme ab. Man kann sie als rationale Komponente sozialer Angst bezeichnen. Sie ist sehr wohl begründet, und es läßt sich sogar feststellen, daß eine objektive Beurteilung der Reaktionsmöglichkeiten der Umgebung bei Normalen an die Stelle der rigiden und automatisierten Reaktionen des Über-Ich während der Latenzzeit und der Adoleszenz treten muß. Die volle Entwicklung des Realitätsprinzips umfaßt eine bestimmte vernünftige Rückprojektion von Teilen des Über-Ich auf die Außenwelt.

Die rationale Komponente der sozialen Angst ist zweifellos nicht pathologisch. Eher wäre das Gegenteil, die Unfähigkeit, Reaktionen anderer vorauszusehen sowie ein Mangel an Taktgefühl als pathologisch zu bezeichnen. Denn beides verweist auf eine Störung des Realitätssinns.

Krankhaft wird die soziale Angst erst, wenn sie alle anderen Objektbeziehungen überschattet oder wenn die Einschätzung von Kritik und Sanktionen objektiv falsch ist. Eine soziale Angst dieser Art kann entweder eine Rückprojektion des Über-Ich auf die Umgebung darstellen oder das Nachleben einer kindlichen Angst vor den Eltern anzeigen, die nicht vollständig internalisiert wurde.

Der ersten Spielart übertriebener Sozialangst entspricht eine erhöhte Ambivalenz. Wer jeden haßt, muß vor allen Angst haben. Zwangsneurotiker sind oft besonders höflich, zuvorkommend und rücksichtsvoll. Dies ist ein Ausdruck ihrer Reaktionsbildungen gegen aggressive Neigungen. Zugleich kann es ein Versuch sein, ihr aufgrund von Schuldgefühlen verlorenes oder gefährdetes Selbstgefühl durch Berufung auf das

Urteil oder die Güte anderer wiederzuerlangen (vgl. Bd. II, S. 144f.). Wer auf die Meinung anderer angewiesen ist, um sein seelisches Gleichgewicht zu erhalten, hat allen Grund, diese Meinung zu fürchten. Das gilt besonders dann, wenn er das Gefühl hat, die Menschen zu hassen, von deren Meinung er abhängig ist. Menschen dieses Typus müssen sich mit anderen gut stellen, tun sich aber aufgrund ihrer Ambivalenz extrem schwer dabei. Eine unpersönliche Variante der sozialen Angst stellt die Angst eines Künstlers dar, scheitern zu können, oder das Lampenfieber eines Schauspielers, der durch den Applaus sein Schuldgefühl zu besänftigen sucht. Die ursprünglichen Triebkonflikte zwischen einem Patienten und der Person, die als Modell des Über-Ich introjiziert wurde, spiegeln sich in den Konflikten wider, die ein Patient mit Personen austrägt, deren Urteil er fürchtet. Die Vorstellung von Vergebung und Bestrafung kann dabei sekundär sexualisiert werden.
Eine ähnliche soziale Angst tritt noch stärker bei Personen mit oralen Fixierungen auf, die in ihrem Selbstgefühl von äußerer Zufuhr abhängig sind. Gerade diese Zufuhr fürchten sie, wie ihre Angst zeigt, verlieren zu können. Solche Menschen verlangen nicht nur, geliebt zu werden, sondern können einen Zustand nicht ertragen, in dem sie nicht geliebt werden. Sie werden erregt, sobald sie wahrnehmen, daß jemand, dem sie vollkommen gleichgültig sind, auch ihnen gleichgütig ist. Ihre Angst vor Liebesverlust ist so groß, daß sie sich sogar davor ängstigen, eine Zuneigung zu verlieren, die man ihnen nicht entgegengebracht hat.
Bei einigen Menschen ist die Entwicklung so weit fortgeschritten, daß sie ihr Selbstgefühl nicht mehr ausschließlich durch äußere Zuwendung, sondern eher durch die Erfüllung idealer Forderungen regulieren. Die Entscheidung aber darüber, ob ein Ideal erfüllt wurde oder nicht, treffen sie nicht selbst, sondern sie überlassen sie Personen ihrer Umgebung. Solche Individuen brauchen nicht Zuwendung, sondern Bestätigung. Bei anderen, die meinen, kritisiert zu werden, wenn sie nur mit sich selbst unzufrieden sind, finden sich Übergangszustände zu paranoiden Wahnbildungen.

Ein impotenter Patient pflegte sich im Kino hinter seinem Vordermann zu verstekken. Sein Gesicht verbarg er hinter dem Mantelkragen. Er wollte nicht, daß andere Leute sehen konnten, daß er ohne weibliche Begleitung war. Er hatte Angst, sie würden seine Impotenz bemerken und ihn auslachen.

Das Vorherrschen der Angst vor Liebesverlust bei der Sozialangst sollte nicht dazu verleiten, die Kastrationsangst in ihr zu übersehen. Oft liegt sie nämlich ganz deutlich der Sozialangst zugrunde. Viele Patienten sorgen sich ständig darum, auf Ärzte, Zahnärzte, Friseure oder Schneider einen guten Eindruck zu machen (170, 498).

Derlei Vaterfiguren sind jedoch nicht nur Kastranten; sie sind ebenso homosexuelle Objekte. Die Angst in bezug auf sie kann eine Angst vor homosexuellem Verlangen sein, das sich ursprünglich auf den Vater richtete.

Sozialangst erfordert häufig eine energische Unterdrückung aller aggressiven Strebungen und eine gewisse Unterwürfigkeit, um die Umgebung bei Laune zu halten. Patienten mit prägenitalen Fixierungen dagegen reagieren auf Enttäuschungen mit heftiger Aggressivität. Verschiedentlich ist darauf hingewiesen worden, daß Konflikte zwischen Unterwürfigkeit und Aggressivität für solche Personen charakteristisch sind.

Manche Patienten ignorieren oder mißinterpretieren, was andere sagen, absichtlich, um ihnen nicht widersprechen zu müssen. Sie wollen die «Herzlichkeit» einer Beziehung nicht zerstören. Jede Form von Zwietracht ist ihnen besonders dann unerträglich, wenn sie sich, bevor sie beigelegt ist, von den betreffenden Personen trennen müssen.

Häufig wird die gewünschte Harmonie dadurch zu erreichen versucht, daß jemand bestimmte Handlungsfelder zugunsten eines Objekts aufgibt und «altruistisch» wird (541). Bei der Sozialangst ist das aufgegebene Feld häufig das der Bewertung von Personen oder Vorgängen. Die Patienten wagen nicht zu entscheiden, was akzeptiert und was zurückgewiesen werden darf. Sie wollen nur herausfinden, was andere von ihnen erwarten, und sich entsprechend verhalten.
Nicht immer liegt der Sozialangst eine unvollständige Internalisierung oder eine Rückprojektion des Über-Ich zugrunde. Sie kann auf pathologischen Formen des Über-Ich beruhen. Hoffmann hat vom normalen, autonomen Über-Ich ein heteronomes unterschieden. Statt zu verlangen, daß das Ich «gut» sei, verlangt es ein Verhalten, das mit den Erwartungen anderer in Einklang steht (803). Eine solche Anomalie entsteht, wenn Eltern gegenüber einem Kind ein so inkonsistentes Ver-

halten an den Tag legen, daß es dem Kind unmöglich wird, vorauszusehen, welches Verhalten mit größter Wahrscheinlichkeit ihm weitere Zuwendung sichert. Es verzichtet daher auf alle Versuche, gut und böse zu unterscheiden, und orientiert sich rein an den Ansprüchen des Augenblicks. Ein heteronomes Über-Ich ist das extremste Ergebnis einer inkonsistenten Erziehung. Die relative Zunahme von Charakterstörungen gegenüber Symptomneurosen in jüngster Zeit beruht auf eben dieser Unentschiedenheit von Eltern und Erziehern.

Vorherrschend ist soziale Angst bei der Erythrophobie. Es wurde bereits erwähnt, daß bei Fällen von Erythrophobie, Lampenfieber und Examensangst die Vorstellung, von anderen beurteilt zu werden, an die Stelle der Vorstellung getreten ist, sexuellen Kontakt mit ihnen aufzunehmen (96, 105, 118, 158, 405, 552, 585, 1085, 1256, 1481, 1568) (vgl. Bd. II, S. 18). In Fällen von ausgesprochener Erythrophobie liegen auch paranoide Komponenten vor. Ebenso finden sich bei allen schweren Fällen von Sozialangst bestimmte paranoide Neigungen. Der Unterschied besteht lediglich darin, daß Patienten mit Sozialangst das Gefühl haben, andere könnten gegen sie sein, während paranoide Patienten davon überzeugt sind. Bei einem Beziehungswahn beruht die Projektion des Über-Ich auf einer Sexualisierung des Verhältnisses von Ich und Über-Ich. Nach einer Regression zum Narzißmus konnte der versuchte Prozeß der Wiederherstellung nur die Sphäre des Über-Ich erreichen. Die Projektion des Über-Ich erscheint dann als eine Suche nach verlorenen Objekten (vgl. Bd. II, S. 331ff.). Ähnliche Mechanismen finden sich bei schizoiden Persönlichkeiten. Manche Sozialangst muß als Angst vor Objektverlust interpretiert werden.

In allen diesen Verbindungen ist ein besonderer Partialbtrieb von fundamentaler Bedeutung, der Exhibitionismus. Das exhibitionistische Ziel wird magisch dazu verwendet, den Zuschauer zu beeinflussen. Er soll sich entweder selbst zeigen oder eine Sicherheit bietende Zuwendung übermitteln. Bestimmte Erfahrungen können dieses Ziel zu einem Gegenstand der Angst werden lassen (vgl. Bd. II, S. 215ff.).

Das zwanghafte Verlangen, ein Gegengewicht zu Schuldgefühlen zu finden, das narzißtische Bedürfnis nach einer Quelle äußerer Zuwendung, die Flucht vor einem Objektverlust, die regressive Sexualisierung geselliger Empfindungen und um den Exhibitionismus zentrierte Konflikte – all diese Komponenten der Sozialangst schließen einander nicht aus, sondern ergänzen sich in den meisten Fällen. Unter den Zwangscharakteren neigen die, die aus ihrer oralen Periode über ein erhöhtes narzißtisches Bedürfnis verfügen, später dazu, Konflikte mit ihrem Über-Ich durch Anrufung ihrer Umgebung eher als durch selbst auferlegte Bußen beizulegen. Die Neigung pflegt stärker zu sein, wenn ein Patient aufgrund seiner früheren Entwicklung gezwungen ist, Situationen, in denen er beobachtet oder kritisiert wird, als einen Ersatz sexueller Beziehungen anzusehen (689, 940, 1389).

Jede Objektbeziehung kann daraufhin untersucht werden, welche Rolle in ihr jeweils aufnehmende, ausscheidende und bewahrende Faktoren spielen. Alexander hat derlei Untersuchungen durchgeführt und bezeichnete sie als Vektorenanalyse von Objektstrebungen (44, 45). Bei der Erörterung von Organneurosen wurde bereits auf sie verwiesen (vgl. Bd. II, S. 80). Auf anderen Gebieten scheinen sie weniger anwendbar zu sein. Denn Schwierigkeiten bei Objektbeziehungen bestehen nicht aus Konflikten zwischen den drei grundlegenden Einstellungen, sondern eher aus Konflikten zwischen einer von ihnen und Ängsten bzw. Schuldgefühlen. Darüber hinaus wird es durch Entstellungsmechanismen unmöglich, apodiktisch festzulegen, welche seelischen Erscheinungen einen größeren Anteil aufnehmender oder ausscheidender Einstellungen zum Ausdruck bringt. Objektstrebungen mit einander entgegengesetzten Zielen können nebeneinander existieren und sogar gemeinsame Abkömmlinge bilden. Die Darstellung durch das Gegenteil kann eine latente seelische Einstellung so weit verzerren, daß sie maskiert als ihr eigener Widerspruch erscheint (552).

11. Pathologische Verhältnisse zwischen den Abhängigkeiten des Ich

Bisher sind Anomalien erörtert worden, die aus der Abhängigkeit des Ich vom Es, vom Über-Ich und von seiner Umgebung resultieren. Übrig bleibt noch der vierte Typus dieser Anomalien, unter dem Störungen zusammengefaßt werden, die aus der Art der Koordination von Ansprüchen aus diesen drei Bereichen entstehen. Wie das Ich seine verschiedenen Aufgaben nach dem Prinzip der mehrfachen Funktion miteinander verbindet, hängt natürlich auch von der Art dieser Aufgaben ab. Störungen in den Beziehungen zu den drei Autoritäten des Ich lösen also auch Störungen in der Verwendung des Prinzips der mehrfachen Funktion aus (1551). Das Problem kann nur unter dynamischem Aspekt, nicht von einem statischen Gesichtspunkt aus angegangen werden. Bei Charaktereinstellungen können Konflikte von Triebregungen und Ängsten relativ eingefroren sein. Das aber kann sich ändern. Abgewehrte Triebregungen können in die Abwehreinstellungen eindringen, so daß die Auseinandersetzung auf anderem Niveau fortgesetzt werden muß. Eine bestimmte seelische Erscheinung ist keineswegs entweder eine Triebregung oder eine Abwehr gegen sie. Aus beiden Quellen nämlich entstehen Abkömmlinge, die sich miteinander verbinden. Das abwehrende Ich verwendet «gezähmte» Kräfte des Es, und Triebe können dazu dienen, andere Triebe zu unterdrücken. Am deutlichsten wird das bei der Überkompensierung einer Triebregung durch eine andere, die ihr genau entgegenarbeitet.

In der analytischen Praxis erweist sich die Relativität der Begriffe «Trieb» und «Abwehr». Sie läßt sich am besten an der Anwendung der technischen Regel studieren, daß eine Deutung bei der Abwehr ansetzen soll (438). Ein Analytiker, der eine Übertragungsdeutung gibt, sagt schematisch: «Ihre Gefühle richten sich jetzt nicht auf mich, sondern sie meinen Ihren Vater.» Viele Patienten aber wissen von der Übertragung und wehren eine auftretende emotionale Regung dadurch ab, daß sie sie auf die Übertragung beziehen. In einem solchen Fall müßte die Deutung lauten: «Sie regen sich jetzt nicht über Ihren Vater, sondern über mich auf.» Erst nachdem ein Patient davon überzeugt ist, kann der Ursprung einer solchen Gefühlsregung erörtert werden. Ähnliches gilt für die Deutung: «Diese nichtsexuelle Handlung hat eine sexuelle Bedeutung.» Im Fall der Pseudosexualität muß hier zunächst die Deutung gegeben werden: «Diese sexuelle Handlung ist nicht echt. Sie ist eine Abwehr, der Ausdruck Ihrer Sexualangst.»

Unter den Abkömmlingen der unbewußten Triebregungen gibt es Abwehrhaltungen, die zugleich Triebansprüche zum Ausdruck bringen. Freud wollte sie «mit den Mischlingen menschlicher Rassen vergleichen» (590). In einem bestimmten Sinn ist jede Abwehr nur relativ. In bezug auf die eine Schicht ist sie Abwehr und zugleich in bezug auf eine andere Schicht das Abgewehrte.

Das Ich kann seine verschiedenen Aufgaben nur aufgrund eines Gleich-

gewichts miteinander in Einklang bringen, bei dem es weder von seinen Emotionen überwältigt wird, noch sie ängstlich abwehren muß. Die Tendenz abgewehrter Triebregungen, Abkömmlinge zu bilden, behindert eine objektive Realitätsprüfung. Denn solche Abkömmlinge behindern ein differenziertes Denken und blockieren die Fähigkeit des Ich, seine Erfahrungen zusammenhängend zu organisieren (527, 528, 534, 536). Laforgue sprach von der «Relativität der Realität» (1004). Denn nicht für zwei Individuen ist die Realität dieselbe. Nicht gestörte Charaktere aber vermögen sie kohärenter wahrzunehmen als neurotische.
Wer prägenital orientiert geblieben ist und von Reaktionsbildungen beherrscht wird, ist am wenigsten in der Lage, die verschiedenen Triebansprüche miteinander in Einklang zu bringen. Um dies mit größter Sicherheit zu erreichen, muß der Primat der Genitalität errichtet sein (25, 1272).

12. Die differentielle Ätiologie verschiedener Charaktere und Abwehrarten

Konstitutionelle Faktoren sind der Psychoanalyse nicht zugänglich. Aus diesem Grunde ist es notwendig zu bestimmen, bis zu welchem Ausmaß eine gegebene Charakterstruktur oder eine Vorliebe für bestimmte Abwehrmechanismen *historisch* als Ergebnis spezifischer Triebkonflikte eines Individuums verstanden werden kann.
Statt auf ihre Erfahrungen angemessen zu reagieren, antworten neurotische Charaktere mehr oder weniger rigide nach den gleichen Reaktionsmustern. Sie sind nicht nur an ein bestimmtes Entwicklungsniveau ihrer Triebansprüche, sondern auch an bestimmte Abwehrmechanismen fixiert. Auch Normale, die einigermaßen flexibel sind und angemessen zu reagieren vermögen, weisen in dieser Hinsicht «Gewohnheiten» auf. Der «Charakter» bedeutet seiner Definition nach, daß das Ich eine gewisse Konstanz in seinem Problemlösungsverhalten ausgebildet hat. Die Fixierung an bestimmte Abwehrmechanismen ist nur ein Sonderfall des allgemeinen Problems einer relativen Konstanz von Charakterzügen (369, 683). Es ist jedoch der am besten erforschte Sonderfall (100, 429, 541).

Eine Fixierung an bestimmte Abwehrmechanismen und Charaktereinstellungen hängt von folgendem ab:

1. Von der Art der Triebregungen, die abgewehrt werden müssen. Am besten läßt sich das jeweils an «analen», «oralen» und «urethralen» Charakteren zeigen.

2. Die Fixierung hängt ferner ab von dem Zeitpunkt, an dem der entscheidende Konflikt stattfand. Je früher er lag, desto intensiver werden spätere Störungen auftreten. Die Verletzung einer Froschzelle im zweieiigen Stadium hat verheerendere Folgen als eine Verletzung der Kaulquappe. Ähnlich sind Störungen in der oralen Phase gravierender als solche, die auf der Stufe der Genitalität eintreten. Aus verschiedenen Gründen stehen bestimmte Abwehrmechanismen und Einstellungen auf bestimmten Altersstufen stärker im Vordergrund: Introjektion und Projektion entsprechen einer sehr frühen Altersstufe. Eine einfache Regression ist archaischer als eine Verdrängung. Und eine Reaktionsbildung erfordert noch größere Aktivität auf seiten des Ich. Ebenfalls wichtig ist das besondere evolutionäre Entwicklungsstadium der von einer Fixierung betroffenen Triebe. Trifft ein Verbot eine noch kaum ausgebildete Triebregung, so kann deren weitere Entwicklung vollständig blockiert werden. Damit wäre dann nicht nur ihre spätere Befriedigung ausgeschlossen, sondern auch ihre Sublimierung. Die Entwicklungsmöglichkeiten der Persönlichkeit wären geschädigt. Tritt jedoch eine Frustration ein, nachdem ein Trieb sich bereits entwickelt hat, so hat das andere Folgen. Der Trieb kann dann nicht eigentlich mehr blockiert werden, sondern muß vom Rest der Persönlichkeit abgespalten werden. Das erfordert eine Abwehr, die eine ständige Verausgabung von Energie in Gegenbesetzungen nötig macht.

3. Die Fixierung kann ferner von Inhalt und Intensität der Frustration abhängen sowie von deren auslösenden Faktoren. Wichtig ist hier vor allem die Persönlichkeit des Elternteils, von dem eine Frustration ausgeht. Seine Einstellung und seine frühere Beziehung zu dem Kind sind dafür verantwortlich, wie das Kind die jeweilige Versagung erfährt. Darüber hinaus ruft eine Versagung gewöhnlich eine ambivalente Reaktion auf die versagende Person hervor, die zu einer Identifizierung mit ihr führen kann. Das Kind wird also der versagenden Person oder einem Teil ihres Charakters entweder ähnlich oder betont unähnlich.

4. Die Fixierung kann davon abhängen, ob Ersatzbefriedigungen zum Zeitpunkt der Versagung zur Verfügung standen. Die Wege, auf denen sie erreichbar sind, werden in der Regel durch die Umgebung nahegelegt. Sie bestimmen die weitere Entwicklung.

5. In den meisten Fällen aber gelingt es der Analyse nachzuweisen, daß eine besondere Abwehr dem Individuum durch eine bestimmte lebensgeschichtliche Situation aufgezwungen worden ist. Vielleicht war sie die in einer gegebenen Situation angemessenste Art zu reagieren, und alle späteren Situationen werden Reaktionsmustern dieser pathogenen Situation unterworfen. Vielleicht war jede andere Einstellung blockiert. Möglicherweise wurde die Abwehr durch ein Vorbild in der Umgebung des Kindes begünstigt, mit dem das Kind sich identifiziert hatte. Die Abwehr kann sich aber auch gegen ein Vorbild gerichtet haben, dem das Kind nicht ähnlich werden wollte. Ungewöhnliches Verhalten kann überaus oft auf ungewöhnliche Bedingungen in der frühkindlichen Umgebung zurückgeführt werden. Und die Psychoanalyse von Charakterstörungen bietet zweifellos reichlich Gelegenheit, ungewöhnliche frühkindliche Lebensumstände kennenzulernen!

Während der Analyse taucht das Phänomen der Abwehrübertragung auf. In ihr werden vergangene Abwehreinstellungen in einer gegenwärtigen Beziehung wiederholt. Die Abwehrübertragung hängt von zwei Umständen ab: 1) Von der Neigung, nach dem Muster einer vergangenen Erfahrung zu reagieren, einen bewährten Ausweg so lange wie möglich beizubehalten und von ihm auch dann nicht abzuweichen, wenn er mittlerweile gefährlicher geworden ist. 2) Von größerem Gewicht ist die Tatsache, daß das Individuum seine Triebregungen zu übertragen wünscht. Wieder und immer wieder strebt es nach Befriedigung, aber das Ich muß ihm stets erneut die Erinnerung an zuvor angstauslösende Umstände ins Gedächtnis rufen. Auch die extrem schmerzhafte Wiederholung des «Untergangs des Ödipuskomplexes» (612) in der analytischen Übertragung fällt nicht «Jenseits des Lustprinzips» (605). Das Individuum strebt danach, seine ödipalen Triebregungen lustvoll zu befriedigen, aber die Erinnerung daran, daß seine Umgebung ihm diese Befriedigung durch Drohungen verboten hat, wird wieder wach und macht eine Wiederholung der Abwehr notwendig.

Die Beschreibung pathologischer Charaktertypen bleibt verwirrend. Die unterschiedlichen Kriterien, die zur Klassifizierung herangezogen worden sind, überlappen einander. Das macht Wiederholungen unumgänglich. Es wäre nützlich, wenn die psychoanalytische Charakterologie zu einer dynamischen Klassifizierung gelangen könnte (730). Keinem der bisher unternommenen Versuche scheint das gelungen zu sein. Denn die Wahl eines Aspekts als Klassifizierungsmerkmal führt notwendig dazu, daß andere vernachlässigt werden. Das kann zu keinem alle befriedigenden Ergebnis führen.

Der wichtigste Versuch in dieser Richtung ist von Freud selbst unternommen worden (625). Nach der Kategorisierung der Seele in Es, Ich und Über-Ich fragte er sich, ob es nicht möglich wäre, menschliche Charaktertypen danach einzuteilen, welche dieser drei Sphären in ihnen jeweils den Ton angibt. Danach gäbe es «erotische» Typen, deren Leben von den Triebansprüchen des Es beherrscht wird, «narzißtische» Typen, die so sehr von ihrem Ich beherrscht werden, daß weder andere Personen noch Ansprüche ihres Es oder Über-Ich ihnen allzuviel anhaben können, und schließlich gäbe es «Zwangstypen», deren Persönlichkeit und Leben von ihrem Über-Ich beherrscht wird. Freud beschrieb auch Mischtypen, bei denen eine Verbindung von zwei Kräften gegenüber der dritten die Oberhand behält.

Von diesen Typen scheint einzig der Zwangscharakter scharf umrissen. Gegenüber einem erotischen Typus muß eingewandt werden, daß jemand, der von den Ansprüchen des Es beherrscht wird, je nach der Natur der Strebungen des Es sowie nach seiner Fähigkeit zur Befriedigung seiner Triebansprüche einen sehr verschiedenen Eindruck machen kann. Freuds Beschreibung des erotischen Typus verweist eher auf eine Person, deren Triebansprüche nicht befriedigt werden können, als auf eine, deren Triebe sehr stark sind. Eine pseudohypersexuelle Person wird nicht von einem starken Es beherrscht, sondern eher von einer Abwehr des Es. Daneben betonte Freud in einem solchen Ausmaß die Abhängigkeit des erotischen Typus von seinem Objekt, daß er in Wirklichkeit jenen Personentyp beschrieben hat, dem wir ein erhöhtes narzißtisches Bedürfnis zugeschrieben haben. Neurotische Befriedigungsunfähigkeit und eine archaische Regulierung des Selbstgefühls (ein großes narzißtisches Bedürfnis) scheinen für Freuds erotischen Typus charakteristischer zu sein als der Umstand, daß die Persönlichkeit vom Es her bestimmt wird. Als narzißtisch hat Freud Typen beschrieben, die sich ihren Primärnarzißmus und ihre Allmachtsgefühle mehr oder weniger bewahrt haben. Auch hier denkt Freud wieder weniger an Personen, die von einem Ich beherrscht werden, dessen Stärke in einer im Genitalprimat verwurzelten Vernünftigkeit und Realitätstüchtigkeit besteht, sondern eher an pathologische Typen, denen es gelungen ist, subjektiv von der Außenwelt unabhängig zu bleiben, indem sie sich nicht um sie kümmern.

Neben der Frage, ob Freuds Beschreibung «erotischer» und «narzißtischer» Typen auf Personen zutrifft, bei denen jeweils das Es oder Ich stärker ausgebildet ist, gibt es einen wichtigeren Einwand gegen die von ihm vorgeschlagene Typologie. Die Psychoanalyse ist wesentlich eine *dynamische* Disziplin. Sie wertet gegebene Erscheinungen als das Ergebnis von Konflikten und hat bestimmte Charaktereigenschaften nie nach der absoluten Stärke der in ihnen wirksamen Kräfte beurteilt, sondern stets nach den funktionalen Beziehungen dieser Kräfte untereinander. Eine kategoriale Einteilung von «Es-Personen», «Ich-Personen» und «Über-Ich-Personen» ist nun aber kein dynamisches Konzept. Eine dynamische Typologie kann sich nicht damit begnügen, einen der drei Bereiche hervorzuheben, sondern muß auf ihre Beziehungen untereinander Rücksicht nehmen. Aus diesem Grund ist Freuds Typologie bei der Untersuchung neurotischer Charakterstörungen selten verwendet worden (400).

Ähnliche Einwände können gegen Alexanders Vorschlag einer Einteilung in aufnehmende, ausscheidende und bewahrende Charaktertypen vorgebracht werden (44, 45). Denn es ist keineswegs notwendig, daß eine dieser drei Einstellungen in einem Charakter vorherrscht. Nicht ihre Existenz oder Stärke ist entscheidend, sondern die Beziehung aller drei Einstellungen zu Ängsten und Schuldgefühlen. Diese Beziehung legt fest, ob einander widersprechende Ziele zu Konflikten führen und welcher Art diese Konflikte sind. Das wiederum hängt von der Entwicklung und dem Charakter der Abwehrkräfte ab. Häufig kann aufgrund ökonomischer Veränderungen jemand, der eher dazu neigt, etwas aufzunehmen, plötzlich dazu gebracht werden, lieber etwas auszuscheiden, und umgekehrt.

Alexanders Klassifizierung stimmt in einigen Punkten mit Jungs Einteilung von Extravertierten und Introvertierten überein (908). Auch gegen sie muß eingewandt werden, daß sie nicht dynamisch ist. Derselbe Mensch kann unter bestimmten Bedingungen extravertiert, unter anderen introvertiert sein. Sehr adäquat beschreiben die Begriffe Extraversion und Introversion zwei gegensätzliche Formen von Abwehrverhalten. Wenn sie sich vor ihren eigenen Triebregungen fürchten, treten manche Menschen eine «Flucht in die Realität» an (1416). Sie versuchen, sich davon zu überzeugen, daß die Wirklichkeit keineswegs die schrecklichen Dinge für sie bereithält, die sie sich in ihren Phantasien ausgedacht haben. Sie werden hyperaktiv. Andere, die sich vor ihren Triebregungen fürchten, ziehen sich zurück und werden hypoaktiv. Solange sie sich auf ihre Tagträume beschränken, meinen sie sicher zu sein, daß ihre beängstigenden Vorstellungen in der Realität keinerlei Schaden anrichten. Der Normale ist in der Lage, sich seinen Triebregungen zu stellen und sie zu beurteilen. Ein Extravertierter gibt seinen Triebregungen nach, bevor er Zeit gefunden hat, sich ihnen zu stellen und sie zu beurteilen. Ein Introvertierter schützt sich vor ihnen, indem er jeden Kontakt mit der Realität meidet.

Auch Kretschmers Versuch, Charaktertypen bestimmten Körperformen zuzuordnen und schizoide von zykloiden Persönlichkeiten zu unterscheiden, ist für die Analyse ohne Reiz (980). Obwohl ein Unterschied von schizoidem und zykloidem Verhalten zuweilen zu bemerken ist, hat, was beiden gemein ist, weit größere Bedeutung: die Neigung zum Objektverlust und zur narzißtischen Regression. Schizophrene und zyklothyme Störungen verweisen mit entscheidenden Zügen aufeinander, die sie von den Neurosen und der Normalität abheben. Beide zusammen sollten als narzißtische Charaktertypen den mehr normalen und objektlibidinösen gegenübergestellt werden.

Unsere Kritik wäre fruchtbarer, wenn sie in bessere Vorschläge ausmünden könnte. Das aber ist nicht der Fall. Die Unterteilung individueller Charakterzüge in solche des reaktiven und des Sublimierungstypus ist bei der Beurteilung von Persönlichkeiten nur von geringem Wert, da jede Person Züge beider aufweist. Und dennoch scheint dieser Ansatz

relativ brauchbar. Es war bisher üblich, genitale von prägenitalen Charakteren zu unterscheiden. Obwohl nun aber die Züge analer oder oraler Charaktere sowohl aus Sublimierungen wie aus Reaktionsbildungen bestehen, treten prägenitale Züge nur in solchen Fällen in den Vordergrund, in denen Gegenbesetzungen noch wirksame prägenitale Triebregungen unterdrücken. Prägenitale Charaktere sind mit anderen Worten ihrer Charakterstruktur nach dem reaktiven Typus zuzurechnen, während die Errichtung des Genitalprimats die beste Grundlage zur erfolgreichen Sublimierung der verbleibenden prägenitalen Energien bildet.
Aus einem einfachen Grund lassen sich reaktive Charaktere am besten nach Art der Neurosen unterteilen; denn die Mechanismen, die die verschiedenen Formen von Symptombildung steuern, gleichen denen, die bei der Bildung von Charakterzügen wirksam sind.

14. Phobische und hysterische Charaktere

Als phobische Charaktere sind jene Personen zu bezeichnen, deren reaktives Verhalten sich auf die Vermeidung von Situationen beschränkt, nach denen sie sich ursprünglich gesehnt haben. Liegt aber eine Vermeidung offener Straßen oder hochgelegener Orte vor, so sprechen wir von einer Phobie und nicht von einem phobischen Charakter. Das Bild ändert sich, wenn nicht nur äußere Situationen, sondern auch Ernst, Wut, Liebe oder allgemein intensive Gefühle vermieden werden. Typen dieser Art sind in den Kapiteln über die Angsthysterie und die Hemmungen erörtert worden (vgl. Bd. I, S. 253 ff. und Bd. II, S. 30 ff.).
Der Begriff eines hysterischen Charakters ist weniger eindeutig (1601). Man wird nach Kenntnis der hysterischen Mechanismen erwarten, daß er Charakterzüge aufweist, die aus den Konflikten zwischen intensiver Sexualangst und intensiven, aber verdrängten Sexualstrebungen resultieren. Ferner stehen bei ihm Konflikte zu vermuten, in denen sich eine introvertierte Zurückweisung der Realität und eine Neigung gegenüberstehen, die infantilen Objekte in der gegenwärtigen Situation wiederzufinden. Hysterische Charaktere sind als Personen beschrieben worden, die dazu neigen, alle nichtsexuellen Beziehungen zu sexualisieren.

Ferner neigen sie zur Suggestibilität, zu irrationalen Gefühlsausbrüchen, zu chaotischem bzw. dramatischem Verhalten, ja sogar zur Lügenhaftigkeit und in extremen Formen zur Pseudologia phantastica. Die Sexualisierung geschieht hier nach Art der Pseudo-Hypersexualität (vgl. Bd. II, S. 74 ff.). Weil die sexuellen Regungen verdrängt worden sind, wurde ihre Energie verschoben und überflutet nun alle Beziehungen. Wie am Verhältnis von Hypnose und infantiler Sexualität gezeigt worden ist (449, 454, 606, 1378), ist die Suggestibilität ein Ausdruck der Bereitschaft des Patienten, infantile Objektbeziehungen zu reaktivieren. Irrationale Gefühlsreaktionen sind mit hysterischen Anfällen zu vergleichen. In ihnen werden durch Verdrängung aufgestaute Energien plötzlich freigelegt. Das geschieht immer dann, wenn ein assoziativ mit ihnen verbundenes Erlebnis eintritt, das diese Reaktion auslöst. Chaotisches Verhalten beruht im allgemeinen auf Traumatophilie. In ihm tritt das Bestreben zutage, sich von traumatischen Eindrücken dadurch zu befreien, daß man sie aktiv wiederholt. Dies kann zugleich mit der Angst vor solchen Wiederholungen gerade wegen ihrer Schmerzhaftigkeit verbunden sein.

Doch nicht jedes «chaotische» Verhalten geht hierauf zurück. Eine Patientin verhielt sich extrem unordentlich in bezug auf Zeit, Geld und alle menschlichen Beziehungen. In der Analyse stellte sich heraus, daß sie unter einer Art von «Reaktionsbildung gegen eine Zwangsneurose» litt. Als Mädchen von 6 oder 7 Jahren hatte sie eine kurze Zwangsneurose durchgemacht. Diese Neurose hatte jedoch ihr Ziel nicht erreicht. Die Angst, die strengen Ordnungsregeln ihrer Gouvernante selbst in irgendeinem unwichtigen Detail zu verletzen, war ebenso stark wie die ursprüngliche Angst vor ihren Triebregungen, die zur Zwangsneurose geführt hatte. Äußere Umstände wiesen der Patientin einen Ausweg. Sie fand ein Vorbild in einer Person, die ziemlich unordentlich war. Daraufhin verleugnete sie ihre Ordnungsängste und wurde extrem unordentlich. In ihrem späteren Verhalten unterlag sie einem «Zwang, unter Beweis zu stellen, daß sie nicht zwanghaft war». Als die Patientin zum erstenmal in die Analyse kam, machte sie einen hysterischen Eindruck. Erst im Verlauf der Analyse wurde der zwanghafte Hintergrund ihrer Erkrankung deutlicher. Die Patientin erkannte, daß jeder Versuch, in ihr chaotisches Verhalten einzugreifen, Angst auslöste.

Ein nach außen hin schauspielerisches Verhalten hängt von der hysterischen Introversion ab. Es stellt eine Wendung von der Realität zur Phantasie dar und ist möglicherweise zugleich der Versuch einer Angst-

bewältigung durch aktives Zurschaustellen dessen, was man sonst passiv hätte hinnehmen müssen. Hysterisches Agieren ist jedoch nicht bloße Introversion, sondern richtet sich immer auch an ein Publikum. Es ist ein Versuch, andere dazu zu bringen, an den eigenen Tagträumen teilzunehmen. Sein Ziel dürfte einmal darin zu suchen sein, daß es gegen Angst und Schuldgefühle Sicherheit bietet (oder für beide Strafe heraufbeschwört) und zum anderen darin, daß es sexuelle Befriedigung durch die Teilnahme anderer zu erreichen hofft (446). Es versucht, von der Introversion zur Realität zurückzufinden, und ist damit eine Karikatur des künstlerischen Schaffensprozesses (1332).
Auch Lügenhaftigkeit kann als Auswirkung einer erhöhten Phantasie bezeichnet werden. Der Umstand jedoch, daß in einigen Phantasien der Eindruck zu erwecken versucht wird, eine unumstößliche Realität wiederzugeben, beweist nicht nur, daß es sich bei ihnen um einen Versuch handelt, zur Objektwelt zurückzufinden, sondern zeigt darüber hinaus, in welchem Ausmaß Lügenhaftigkeit in den Dienst der Abwehr getreten ist.
Die Verwendung des infantilen Abwehrmechanismus der Verleugnung führt zur ersten Lüge. Die absolute Verleugnung wird schnell durch eine Verleugnung in der Phantasie ersetzt (541). Der Verleugnungseffekt wird dabei verstärkt, wenn andere (als Zeugen) dazu gebracht werden können, an die Wahrheit einer Verleugnungsphantasie zu glauben.

Frühkindliche Verleugnungen und spätere pathologische Lügenhaftigkeit verfolgen das Ziel, Tatsachen aus der Welt zu schaffen, die sich auf einen Kastrationskomplex beziehen, der das Kind narzißtisch beschädigt hat (1091).

Kinder versuchen sich die Verdrängung eines Ereignisses dadurch zu erleichtern, daß sie assoziativ mit ihm verknüpfte Deckerinnerungen sammeln (553). Sie können Deckerinnerungen auch durch Spiele und Phantasien zusammenstellen (409, 413, 1437). Die Verdrängung wird dabei nach folgender Formel erleichtert: «Wie *dies* nur eine Phantasie ist, so ist *das* (Ereignis) nicht wahr.» Freud hat nachgewiesen, daß absurde Spiele oder Phantasien häufig darauf abzielen, Erwachsene lächerlich zu machen (552). Die Kinder geben gleichsam zu verstehen, daß sie sich nach Art der Erwachsenen belogen fühlen und daher auf ihre Art ebenfalls lügen. Pseudologisches Verhalten kann sehr wohl eine

Rache dafür sein, in sexuellen Fragen getäuscht worden zu sein (949). Es gibt jedoch ähnliche Spiele und Phantasien, die sich nicht direkt an die Außenwelt richten, sondern die eigene Erinnerung lächerlich zu machen suchen. Wahrnehmungen, an die man nicht glauben möchte, werden durch absurde Übertreibung absichtsvoll unwahrscheinlich gemacht. Auf diese Weise können zuweilen auch Spiele aus einem späteren Lebensabschnitt darauf abzielen, frühere sexuelle Spiele durch Wiederholung zu verleugnen. Das geschieht dann vermittels einer absurden und übertriebenen Art von Selbstironie und ohne Zurkenntnisnahme ihres sexuellen Charakters. Die Verdrängung, die durch solche «Deckerinnerungsspiele» herbeigeführt wird, ist leichter aufrechtzuerhalten, wenn die Verleugnung, die sie sichert, von den Brüdern und Schwestern mitgetragen wird, die ursprünglich an dem gemeinsamen sexuellen Erlebnis beteiligt waren. In einer tieferen Schicht wiederholen sich natürlich sexuelle Erfahrungen in einem solchen Spiel (1332). Die Pseudologie nimmt eine Mittelstellung ein zwischen einer Deckerinnerung, an deren Wirklichkeit das Subjekt glaubt, und der gewöhnlichen Phantasie, die es streng von der Realität trennt. Man braucht keine Psychoanalyse, um festzustellen, daß die Erzählungen einer gehemmten Frau, in denen sie von ihren phantastischen sexuellen Erfahrungen berichtet, einen Kompromiß darstellen zwischen einem Verführungswunsch und einer ihm entgegenarbeitenden Hemmung. Die Psychoanalyse kann aber darüber hinaus deutlich werden lassen, daß eine Lüge der Verleugnung dient. Das kann auf die Formel gebracht werden: «Wenn es möglich ist, Leute glauben zu machen, nichtwirkliche Dinge seien wirklich, so ist es auch möglich, ihnen vorzumachen, daß wirkliche Dinge, die in der Erinnerung bereits als bedrohlich empfunden werden, unwirklich sind.»

Helene Deutsch hat nachgewiesen, daß der Inhalt von Pseudologien aus Deckerinnerungsgeschichten besteht, die sich auf etwas tatsächlich Geschehenes beziehen. Sie sind den Mythen der Völker vergleichbar, die ebenfalls historische Tatsachen enthalten, aber von allerlei Wunschvorstellungen überformt sind (320). Ergänzt werden muß dies durch die Feststellung, daß es sich dabei nicht allein um einen Durchbruch verdrängter Erinnerungen handelt. Daß der Durchbruch in dieser besonderen Form passiert, d.h. in Gestalt einer Phantasie, die als Realität

dargestellt wird, ist ein ökonomisches Mittel zur Vertiefung der Verdrängung (437).
Das Objekt, dem die Lüge erzählt wird, dient als Zeuge im inneren Konflikt zwischen der Erinnerung (oder der Bewußtwerdung einer Erregung) und der Neigung zur Verleugnung oder Verdrängung (vgl. Bd. I, S. 207 f.).

In einem Fall tauchte das Lügen nur in bestimmten Intervallen auf, die sich in der Analyse als Äquivalente einer Manie herausstellten.

Auf den ersten Blick ist einsichtig, daß eine Lüge die Wahrheit verdeckt. Helene Deutsch wies nach, daß sie nichtsdestoweniger auch die Wahrheit verrät. Dem ist hinzuzufügen, daß die Art, in der sie sich verrät, die Verleugnung verankert.

Nicht jede pathologische Lügenhaftigkeit besitzt notwendig diese besondere Struktur. Sie kann auch, weniger spezifisch, die Kämpfe eines Menschen um die Aufrechterhaltung seines Selbstbewußtseins zum Ausdruck bringen (vgl. 198, 583, 1613, 1643).

15. Zwangscharaktere

Die Mechanismen zwangsneurotischer Symptombildung spiegeln sich im Charakter auf vielfältige Weise wider. Charakteristisch ist zunächst einmal die Allgemeinheit der Reaktionsbildungen. Die typischen Versuche, Sadismus durch Freundlichkeit und Höflichkeit zu überwinden und eine Lust am Schmutz hinter rigoroser Sauberkeit zu verbergen, sind bereits erörtert worden (vgl. Bd. II, S. 135 f. sowie im vorliegenden Band 33 ff.).
Daneben tritt ein Mangel angemessener Gefühlsreaktionen auf, der durch eine Isolierung herbeigeführt wird. Die Patienten können vollkommen «kalt» sein, nur über eine begrenzte Zahl von Gefühlsmustern verfügen oder ihre Gefühle nur zeigen, wenn ihnen bestimmte Bedingungen Sicherheit bieten. Der Kampf um die Aufrechterhaltung solcher Bedingungen ist oft für Zwangscharaktere charakteristisch. Ihr gesamtes Verhalten kann darauf abzielen, den Beweis anzutreten, daß be-

stimmte Sicherheitssysteme jeweils noch gültig sind. Das kann mit der bereits beschriebenen «neurotischen Typisierung» verbunden sein (710).

Ein Patient fühlte sich nur solange wohl, wie er wußte, welche «Rolle» er «spielen» sollte. Bei der Arbeit dachte er: «Ich bin ein Arbeiter», und das bot ihm die notwendige Sicherheit; ging er nach Hause, so sagte er sich: «Jetzt bin ich ein Ehemann, der zu seiner geliebten Familie zurückkehrt.»

Das kann zu einer Art ich-syntonem Ritual automatisiert werden, wenn es zu reaktiver, roboterhafter Arbeit führt, die einem nur noch zu Bewußtsein kommt, wenn sie, etwa während des Urlaubs, unterbrochen wird.

Die Objektbeziehungen von Zwangscharakteren sind durch ihren Analsadismus bestimmt. Sie sind ihrer Natur nach ambivalent, voll (häufig unzureichender) Sicherungen gegen Aggressivität. Oft werden alle Objektbeziehungen nach dem Muster von «Besitz» und «Geschenk» gehandhabt. Zwanghaft verändern sich dann auch die Denkprozesse (vgl. Bd. II, S. 146 ff.). Wegen seiner Regression auf die analsadistische Entwicklungsstufe ist der Zwangscharakter zumeist mit dem zuvor beschriebenen Analcharakter identisch (vgl. Bd. II, S. 123 ff.). Erwähnt werden muß schließlich noch, daß die Auseinandersetzung mit dem Über-Ich und die Neigung zu bestimmten Spielarten von Sozialangst bei Zwangscharakteren ihre Spuren hinterlassen. Unter den Charakterstörungen sind Zwangscharaktere am klarsten zu definieren und am leichtesten zu diagnostizieren (1052).

Es gibt Ausnahmen, bei denen eine Diagnose nicht ganz so leicht fällt. Eine sekundäre Anpassung und ein nachträglicher Pseudokontakt mit der Realität können insoweit Erfolg gehabt haben, als sie zu einer Einstellung geführt haben, die am besten als «zwanghafte Normalität» zu bezeichnen wäre. Ihr verwandt ist der «Zwang zu beweisen, daß man nicht zwanghaft ist». Patienten dieses Typus verraten ihre reaktive und pathologische Charakterstruktur nur, wenn ihre «normale» Routine unterbrochen wird. Dann nämlich stellt es sich heraus, daß sie ohne sie nicht leben können, daß ihre Routine also zwanghaft war. Zuweilen geht eine «Reaktionsbildung gegen zwanghafte Reaktionsbildungen» so weit, daß jemand jede Regelung zurückweist und ein chaotisches Verhalten an den Tag legt, das einen hysterischen oder sogar impulsiven Eindruck macht (vgl. 112).

Wir wissen wenig darüber, was dafür verantwortlich ist, ob ein Zwangscharakter zugleich mit Zwangssymptomen als Teil einer Zwangsneurose ausgebildet wird oder ob diese Charakterstruktur bestimmte Zwangssymptome abwehrt (und ersetzt). Beide Entwicklungsmöglichkeiten scheinen offenzustehen. Es ist möglich, daß die Zwangscharaktere ohne jedes eigentliche Zwangssymptom mehr einer Entwicklungsstörung als einer Regression ihren Ursprung verdanken.

16. Zykloide Charaktere

Die Erwartung, daß «Zykloide» einen oralen Charakter besitzen, wird durch klinische Erfahrung bestätigt. Aber leider umfaßt der Begriff des oralen Charakters sehr unterschiedliche Erscheinungen (vgl. 57 ff.). Man wird annehmen dürfen, daß die Mechanismen, die den hier charakteristischen Stimmungsschwankungen zugrunde liegen, mit denen identisch sind, die bei echten Manisch-Depressiven wirksam sind, und daß sie sich nur ihrer Intensität nach unterscheiden. Menschen dieses Typus werden durch Konflikte zwischen Ich und Über-Ich bestimmt. In ihrem Konfliktlösungsverhalten spiegeln sich die Einstellungen wider, die sie einst zu den Objekten ihres Ödipuskomplexes eingenommen haben. Das Hoch und Tief ihrer Stimmungen kann durch physische Affektäquivalente ausgeglichen oder ersetzt werden (1183, 1622). Hierher gehören auch viele der «neurotischen Charaktere» Alexanders (38), bei denen Erfolg und Mißerfolg abwechseln. Bei allen Patienten, die periodisch ausagieren, sind auch die Zeichen eines Oralcharakters nachweisbar (445).

17. Schizoide Charaktere

Schizoide Persönlichkeiten sind in dem Abschnitt über Borderline-Fälle im Kapitel XVIII erörtert worden (vgl. Bd. II, S. 349 ff.). Sie sind durch einen erhöhten Narzißmus charakterisiert, der sich in einem intensiven Bedürfnis nach Anerkennung durch andere Ausdruck verschaffen kann, häufiger aber von der Art des primären und allmächtigen Narzißmus ist und (losgelöst vom Urteil anderer) die Fähigkeit zur Realitätsprüfung beeinträchtigt (1380, 1635). Die narzißtische Fixierung verrät sich in der Bereitschaft der Patienten, auf Frustrationen mit einem teilweisen Verlust ihres Objektbesetzungen zu reagieren. Häufig ersetzen sie Objektbeziehungen und Gefühle durch deren bloße Vorspiegelung. Oft ist die Zunahme des Narzißmus nur reaktiv. Die Patienten sind unfähig, eine narzißtische Kränkung zu ertragen, und sichern sich gegen solche Kränkungen durch eine Regression zur primären Allmacht (524, 1250). Es ist typisch für sie, daß sie sich das Gefühl dieser ursprünglichen Allmacht erhalten haben oder es zumindest in gewissem Maß reaktivieren können. Das mag zuweilen auf unbekannten konstitutionellen Faktoren beruhen. In anderen Fällen hat der Primärnarzißmus in einer außergewöhnlichen Umgebung Nahrung gefunden. Da Menschen dieser Art notwendig zahlreiche Enttäuschungen erleben, sind sie stets voll unbewußter Feindseligkeit. Aber auch ihre Feindseligkeit wehren sie ab und empfinden sie daher nicht als solche. Emotionale Reaktionen können bei ihnen durch stereotypisiertes Verhalten, durch leeres Lächeln oder durch andere katatonoide Einstellungen ersetzt werden.

Weiter oben sind bereits die Charakteristika instabiler und leicht auflösbarer Objektbeziehungen mit archaischen Zügen (vgl. Bd. II, S. 350f.) ebenso erörtert worden wie die «Als-Ob»-Charaktere mit ihren unechten Gefühlen (331, 333). Paranoide Charaktere, die voller Eifersucht sind und gegen jedermann einen Verdacht hegen, stellen abortive Formen von Verfolgungswahn oder Eifersucht dar. Hebephrenoide Persönlichkeiten, die generell gehemmt sind, weisen oft deutliche Reaktionsbildungen gegen aggressive Neigungen auf. Katatonoides Verhalten zeigt gelegentlich, daß die Wunden einer psychotischen Episode, die vielleicht nicht einmal als solche erkannt worden ist, keineswegs ohne Narben heilen.

In bezug auf die generelle Unterteilung schizoider Charaktere in Personen, die am Rande einer Psychose stehen, und andere, die aufgrund einer schrulligen Charaktereigenschaft gegen jede Psychose gefeit zu sein scheinen, sei auf das Kapitel XVIII über Schizophrenie verwiesen (vgl. Bd. II, S. 309ff.).

18. Exkurs: Zwei kurze Fallgeschichten

Das Ungenügen an einer bloß theoretischen Beschreibung seelischer Mechanismen wird angesichts von Charakterstörungen stärker als bei den Symptomneurosen. Dieses Ungenügen ist zweifacher Natur. Erstens sind die dargestellten Typen das Ergebnis äußerer Einflüsse auf biologische Strukturen und variieren daher mit diesen Einflüssen. Was in einer bloßen Beschreibung von Typen zu wenig Beachtung findet, ist der Umstand, daß sie alle unserer heutigen Welt entstammen. Bestimmte Charakterstrukturen sind besonders bezeichnend für eine jede Kultur und zuweilen auch für eine bestimmte soziale Schicht in ihr. Pathologische Charakterstrukturen werden heutzutage durch einen Konflikt bestimmt, der zwischen den einander widersprechenden Zielen «aktiver Unabhängigkeit» und «passiv-rezeptiver Sehnsucht» ausgetragen wird, die beide durch unsere heutigen sozialen Verhältnisse hervorgerufen werden (819). Zweitens entsprechen die Begriffe einer jeden Typologie nie exakt den individuellen Fallgeschichten.

Daher sei es erlaubt, die historische Determinierung von Charakterstörungen an zwei kurzgefaßten Fallgeschichten zu illustrieren, die zuvor bereits publiziert worden sind (433, 442a).

Eine Patientin unternahm alles, was sie tat, selbst mehr oder weniger unwichtige Dinge, mit einer ungeheuren Hast. Physisch wie seelisch fand sie sich in einem dauernden Spannungszustand. Sie lebte ständig nur in der Zukunft, nie in der Gegenwart. Diese pausenlose Aktivität des Ich blieb erschreckend oberflächlich. Ihre Assoziationen breiteten sich in jede Richtung aus, ohne je an Tiefe zu gewinnen. Auch ihre Interessen und die Beschäftigungen, denen sie nachging, waren von einer Oberflächlichkeit, die weder ihrer Intelligenz noch ihrem Talent angemessen war. Sie vermied alles, was «ernst» zu werden versprach. Wenn sie ihre Erlebnisse beschrieb, brachte sie häufig ein eigenartiges Minderwertigkeitsgefühl zum Ausdruck und beklagte, daß mit ihr nichts Ernsthaftes oder Konkretes geschehe. Ihre obenhin «spielerische» Aktivität, ihre Ruhelosigkeit und ihre beständige Sorge darüber, was morgen alles passieren könnte, dienten dem Zweck, jedes ernste Erlebnis unmöglich zu machen.

Die Patientin, die verheiratet war, war leidenschaftlich in einen andern Mann verliebt. Sie wollte ihn nicht verlassen, obwohl diese Liebesaffäre sie in große Konflikte stürzte. Wurde sie von Angst, Verwirrung oder dem Beginn einer Depression überfallen, so floh sie in wirkliche oder eingebildete Erlebnisse mit ihrem Geliebten. Sie verhielt sich dabei wie ein Süchtiger, der ein Rauschmittel als Ausweg benutzt. Bald wurde deutlich, daß sie nicht von wirklicher Liebe zu ihrem Geliebten getrieben wurde, sondern daß er ihre narzißtischen Bedürfnisse befriedigte und ihr dadurch half, Ängste und Depressionen zu bekämpfen. Unklar blieb jedoch, wie er das erreichte. Erst allmählich wurde deutlich, daß er humorvoll, scheinbar leichtsinnig und geistreich war. Mit diesen Eigenschaften stellte er das genaue Gegenteil des Ehemanns der Patientin dar. Sein wichtigstes Charakteristikum aber war die Eigenart, nie die Dinge bei ihrem wirklichen Namen zu nennen. Was die Patientin letzten Endes bei ihm suchte, war die Zusicherung, daß sie sich vor der Sexualität nicht fürchten müsse, weil man sich ihr doch nur zum Spaß hingebe. In einer früheren Analyse hatte die Patientin von Anfang an aus einem Widerstand heraus geschwiegen. Die Analyse machte daraufhin keinerlei Fortschritt. Die Patientin schwieg, weil sie die Analyse als «ernsthaft» betrachtete und sich durch sie gezwungen sah, der Realität ins Auge zu sehen und «die Dinge bei ihrem wirklichen Namen zu nennen», was sie unter allen Umständen vermeiden wollte. Die zweite Analyse machte dann scheinbar übermäßig gute Fortschritte. Erst nach längerer Zeit wurde deutlich, daß diese Fortschritte ihrerseits nur wieder das Ergebnis eines besonderen Widerstandes waren. Der Analytiker hatte zufällig über einige Bemerkungen, die die Patientin in einer ihrer ersten Stunden gemacht hatte, gelacht. Das versetzte die Patientin in die Lage, die Analyse aufzufassen, als werde sie «nur zum Spaß» durchgeführt. Wie sie ihre Sexualität «nur zum Spaß» genossen hatte, so wollte sie nun die Analyse dergestalt arrangieren, daß sie ihre Ängste in bezug auf ihr Triebleben nicht angreifen konnte. Wie ein Kind versuchte die Patientin in aktiven Spielen zukünftige Ereignisse zu antizipieren. Das aber gelang ihr nicht. Denn ihre Angst war zu groß, um den ersten Schritt vom Spiel zur Realität vorzunehmen. Immer wieder mußte sie sich versichern, daß es sich nur um ein Spiel handle und um nichts Ernsthaftes. In der Analyse zeigte sich, daß die «ernsthafte» Sexualität ihre für sie schrecklichen Züge am Ende ihres vierten Lebensjahres angenommen hatte, als durch die Geburt eines kleinen Bruders ihr Sadismus erwachte. Wenn sie ihren Triebregungen nachgeben würde, so fürchtete sie unbewußt, werde sie Männern den Penis ausreißen und Kinder aus dem Mutterleib holen. Die Flucht ins «Spiel» war u. a. auf einen besonderen Vorfall im Zusammenhang mit ihrem Bruder zurückzuführen. Eine ältere Schwester hatte der Patientin gesagt, sie solle doch einfach, um den Eindringling loszuwerden, den Kinderwagen umschmeißen. Von diesem Zeitpunkt an hatte die Patientin Angst davor, ihren Bruder zu berühren. Diese Angst wurde stärker, nachdem sie einmal ihre Mutter und das Kindermädchen hatte lachen sehen, als der kleine Junge urinierte. Ihre Mutter hatte versucht, ihre Abneigung dagegen, den kleinen Bruder zu berühren, mit den Worten zu überwinden: «Nimm du ihn in die Arme, und ich bleib' hier stehen. Du bist ja nicht die Mutter, du mußt die Mutter nur spielen.»

Ein anderer Patient wies folgende Widersprüche in seinem Verhalten auf. Auf der einen Seite hatte er deutliche Minderwertigkeitsgefühle, die in andauerndem Ehrgeiz zutage traten. (Seine Unfähigkeit, diesen Ehrgeiz zu befriedigen, sowie bestimmte Potenzstörungen waren die Gründe, deretwegen er in die Analyse kam.) Auf der anderen Seite verhielt er sich vollständig träge, lebte zurückgezogen und unterhielt keine echten Objektbeziehungen. Er war zufrieden, wenn man ihn in Ruhe ließ. Seine Ehrgeizphantasien waren überaus kindisch. Sie waren um die Idee zentriert, sich als der Stärkere erweisen zu wollen. Die Auseinandersetzung sollte dabei, seiner eher primitiven Vorstellung entsprechend, auf der Ebene der Raufereien Jugendlicher stattfinden. Unschwer ließ sich daran sehen, daß ihm sein Sieg weniger wichtig war als die Anerkennung und Zuneigung, die man ihm im Falle eines Sieges entgegengebracht haben würde. Gemeinsames Ziel seines Ehrgeizes und seiner Faulheit war es, in narzißtischer Selbstgenügsamkeit unter dauernder Zufuhr von außen vor sich hin zu leben. Obwohl er in seiner Karriere recht erfolgreich war und Pseudokontakte als Ersatz für Objektbeziehungen aufgenommen hatte, um den äußeren Eindruck, pathologisch zu sein, zu vermeiden, war sein Innenleben erstaunlich farblos. Er betrachtete seine Arbeit als notwendiges Übel, das man so schnell wie möglich hinter sich bringen sollte. Er hatte keine besonderen Interessen, zumindest keine, die dem Stand seiner intellektuellen Fähigkeiten angemessen waren. Er neigte zu Depressionen, wenn er das Gefühl hatte, nicht von allen sofort geliebt zu werden. Seine Beziehungen zu Frauen waren so oberflächlich, daß keine längere Analyse notwendig war, um herauszufinden, daß sich hinter ihnen eine latente Homosexualität verbarg. Aber auch seine Beziehungen zu Männern waren ihrer Natur nach narzißtisch und bestanden hauptsächlich aus kindischen Wettkampfphantasien. Je besser man ihn kennenlernte, desto mehr sah man, in welchem Ausmaß er unter der Herrschaft eines primitiven Narzißmus stand. Er erwartete, sobald er ein Bedürfnis verspürte, daß es von der Außenwelt befriedigt wurde, ohne daß er je die geringste Neigung gezeigt hätte, etwas für andere zu tun. Es kam ihm nicht einmal in den Sinn, daß auch andere Menschen Bedürfnisse haben.

Es dauerte lange, bis die infantilen Elemente dieser narzißtischen Fixierung deutlich wurden. Eines von ihnen lag in der Natur der Mutter. Sie war eine überaus aktive Person, die ihren beiden Jungen gegenüber insbesondere in bezug auf Reinlichkeit unaufhörlich Forderungen stellte. Der Patient erinnerte sich, daß er sich während seiner ganzen Kindheit von seiner Mutter und ihren Geboten «belästigt» fühlte. Er suchte ihnen aus dem Weg zu gehen. Ein zweites Element war jedoch von größerer Bedeutung. Während seiner ganzen Kindheit lebte eine alte Amme im Haus, die in jeder Hinsicht als «Gegenmutter» fungierte. Durch sie wurde der Patient in die Lage versetzt, die ursprünglich auf seine Mutter gerichteten narzißtischen Trotzphantasien in die Wirklichkeit umzusetzen. Er war sich der Liebe dieser Amme absolut sicher. Was sie anging, so durfte er alles tun, wie es ihm Spaß machte. Von ihr erhielt er alles, ohne je erkennen zu müssen, daß auch sie über menschliche Gefühle verfügte.

Ist eine solche Verzärtelung eines primitiven Narzißmus eine ausreichende Erklärung für eine Charakterfixierung, die alles vitale Handeln nicht nur in Liebesbeziehungen, sondern auch auf intellektuellem Gebiet vermeidet? Gewiß nicht. Zweifellos war eine solche Vermeidung einer allgemeinen phobischen Einstellung gleichzusetzen, nach der der Patient die volle Intensität seines Lebens ganz ebenso zu vermeiden suchte, wie ein Agoraphober es vermeidet, auf die Straße zu gehen. Daß er während seiner Realitätsflucht an seiner primitiven narzißtischen Einstellung festhielt, wurde durch die Existenz der Amme ausreichend belegt. Das aber erklärte nicht, worin die Gefahren bestanden, die ihn veranlaßten, sich zurückzuziehen. Um das zu verstehen, mußten erst die als schrecklich erfahrenen Ansprüche der Mutter berücksichtigt werden.

Die nicht enden wollenden Wettkämpfe, denen sich der Patient in seinen Phantasien überantwortete, die er aber in der Realität vermied, ebenso wie eine entsprechende Einstellung in der Übertragungssituation führten immer wieder darauf, daß er einen drei Jahre älteren Bruder besaß. In seinen frühen Kindheitserinnerungen tauchte dieser Bruder immer in Gesellschaft seiner Freunde auf. Seine Wettkampfsehnsucht mußte dem Wunsch entsprochen haben, irgendwann einmal stärker als die älteren Jungen um seinen Bruder zu werden. Die Aussichtslosigkeit dieses Wunsches ließ ihn sich von der Gruppe der Jungen zurückziehen und seiner Amme zuwenden. Man darf unterstellen, daß die oralen Forderungen gegenüber der Amme auf einer Wiederkehr des Verdrängten aus der Verdrängung beruhten und daß sich in seiner Beziehung zu den älteren Jungen eine passiv-rezeptive Homosexualität entwickelt hatte, die durch das Verlangen, stärker zu sein als sie, überkompensiert wurde. Weil sich dieses Verlangen als unrealisierbar erwies, war er auf die Stufe der Rezeptivität regrediert. Als dem Patienten diese Deutung gegeben wurde, antwortete er mit einer überraschenden Erinnerung. Im Alter von ungefähr zehn Jahren und später, so meinte er, sei er seinem Bruder an Stärke überlegen gewesen. Sie boxten häufig gegeneinander, und der Patient blieb dabei immer Sieger. Dieser Triumph führte dazu, daß die Erinnerung daran verdrängt werden sollte, früher einmal der Schwächere gewesen zu sein. Zu diesem Zweck entwickelte er die Idealvorstellung der «kämpfenden Jungen». Das unbewußte, passiv-rezeptive Verlangen nach der Zeit, als er der Schwächere gewesen war, bot die Grundlage dafür, daß diese Idealvorstellung rein theoretisch blieb und er in Wirklichkeit in der «Welt seiner Amme» weiterlebte.

Wenn dieser Patient andere nicht übertreffen konnte, so spürte er das Bedürfnis, sie anzugreifen oder zu beleidigen. Er fürchtete, daß er sich eines Tages auf eine kompromittierende Weise dazu hinreißen lassen könnte. Er vermied jeden aktiven sadistischen Schritt, der dem Zweck hätte dienen können, seine Lust zu verleugnen, der Schwächere zu sein. Diese Art von Verleugnung wäre aber nicht möglich gewesen, wenn nicht in einer tieferen Schicht sich ein fundamentalerer Sadismus gefunden hätte, der sich in seinen permanenten Wettkampfphantasien ebenso verriet wie in der oralen Gier, mit der er eine unmittelbare Befriedigung aller seiner Bedürfnisse forderte.

Ein solcher Sadismus zeigte sich auch an seinem einzigen Hobby, dem Jagen, das allein ihm das Leben lebenswert zu machen schien. Die Analyse dieses Hobbys führte zuerst auf die Feststellung, daß die Freude daran, Tiere zu erschießen, sowenig ein direkter Triebausdruck war wie die Phantasie, plötzlich jene Rivalen totzuschlagen, vor denen der Patient so viel Angst gehabt hatte, daß er ihre Gesellschaft gemieden hatte. Es wurde möglich, den Patienten allmählich an den Punkt zu führen, an dem er die noch fortdauernde Angst erneut durchleben konnte, die er seit seiner Kindheit nicht empfunden hatte. (Daneben besaß er einige eng umschriebene Ängste, z.B. litt er an einer deutlichen Syphilophobie.) Verschiedene Ängste tauchten zuerst in Träumen auf und dann ebenso in Symptomen während des Wachens. Es handelte sich um Ängste, die zunehmend den Charakter schrecklicher Forderungen annahmen, die man gegen ihn erhob und denen er durch Sturheit aus dem Wege zu gehen suchte. Zuweilen schloß er sich in sein Büro ein und schlief dort. Der Gedanke bereitete ihm großes Vergnügen, daß andere ihn bei der Arbeit glauben mußten und daß niemand ihn erreichen oder stören könnte. Aus Angst, so bemerkte er ferner, habe er stets seine Liebesaffären sowie seine Männerfreundschaften abgebrochen, sobald eine bestimmte Gefühlsintensität erreicht war. Schließlich bemerkte er zu seiner Überraschung, daß das einzige, woran er Spaß hatte, die Jagd, ebenfalls auf einer Angst beruhte.

Die Jagd bot dem Patienten Gelegenheit, bestimmte fetischistische Züge zu befriedigen. Er liebte hohe Stiefel und rauhe Kleidung. Offensichtlich war er sich des sexuellen Charakters seiner Vorlieben nicht bewußt. Zumindest blieb sein Stiefel- und Kleidungsfetischismus auf männliche Attribute beschränkt. Beim Geruch von Gummi hatte er eine undeutliche Erinnerung an die Gummilaken, die in seinem Kinderbett verwendet worden waren. An diesem Punkt wurde zum erstenmal das Thema der Enuresis berührt, und es entstand der Eindruck, die «männlichen» Stiefel und Kleidungsstücke dienten dazu, ein passiv-kindliches Ideal zu verleugnen. Ebenso hatte die Vorstellung, seinen Bruder zu besiegen, die Erinnerung an eine Zeit überdeckt, in der er das Lieblingsspielzeug größerer Jungen gewesen war.

Die Geschichte seiner Jagdleidenschaft führte zum erstenmal auf die Beziehung zu seinem Vater. Dieser war kein Jäger, sondern ein Fischer gewesen. Während er im oder am Wasser stand, um zu fischen, durften die Kinder mit ihren Spielzeuggewehren nach kleinen Vögeln schießen. Während solcher Ausflüge fühlte sich der kleine Junge stets sehr «männlich». Dieses Gefühl konnte er in seiner Freude an der Jagd wiederbeleben. Aber Angstträume in bezug auf das Wasser, die immer häufiger auftraten, machten ihm schließlich klar, daß auch diese Freude eine verborgene kontraphobische Bedeutung besaß. Er bestätigte sich nämlich durch sie, ein Jäger und kein Fischer zu sein. Denn daß sein Vater fischte, mußte in ihm Angst ausgelöst haben. Diese Angst hatte er durch den kontraphobischen Stolz überwunden, seinen Vater auf einen seiner männlichen Auflüge begleiten zu dürfen. An diesem Stolz konnte er sich aber nur auf der Jagd erfreuen, während es immer deutlicher wurde, daß eine bisher unbewußte Angst mit dem Fischen und allem, was das Wasser betraf, verbunden war. Mehrere Eigentümlichkeiten seines Verhaltens auf der Jagd bewiesen, daß er sich stets bemühte, die Jagd in die Nähe des Wassers zu verlegen, ohne die Verbindung von Jagd und Wasser allzu eng werden zu lassen. Obwohl er als Kind Angst vor dem Schwimmen hatte, zwang er sich jetzt dazu. Es machte ihm aber überhaupt keinen Spaß. In Träumen und Phantasien trat zutage, daß das Wasser, vor dem er Angst hatte, schmutzig war. Das ergab sich in der Analyse seiner übermäßig starken Anal- und Urethralerotik, gegen deren Ansprüche seine gesamte pathologische Charakterstruktur als Abwehr diente. Zwei weitere Faktoren trugen zur

Entwicklung dieses pathologischen Charakters bei. Der erste hing mit dem Vater zusammen, der seinen kleinen Sohn als ungeheuer männlich beeindruckt hatte. Sein Hauptinteresse bestand in allerlei sportlichen Betätigungen, und er schien die Mentalität jugendlicher Wettkämpfe nie ganz abgelegt zu haben. Daneben legte er großen Wert auf Kleidung. Den Patienten banden homosexuelle Strebungen an diesen Vater, der oft mit dem Jungen ausging, insbesondere auf Parties, und dort mit ihm angab. Bei diesen Gelegenheiten war der Patient einerseits von männlichem Stolz erfüllt und fürchtete andererseits, als kleiner Junge dieser männlichen Aufgabe nicht nachkommen zu können. Aus diesem Grund zog er es dann vor, bei seiner Amme zu bleiben und in seinem primitiven Narzißmus zu verharren. Die Vorstellung, bei gesellschaftlichen Zusammenkünften stets dadurch beeinträchtigt zu sein, daß er noch nicht mit den erwachseneren Männern in Wettbewerb treten konnte, ging ebenso wie die Vorstellung, solche Zusammenkünfte zu meiden, weil er auf ihnen in einem plötzlichen Anfall von Sadismus jemanden verletzen könnte, auf die ursprüngliche Ambivalenz gegenüber seinem Vater zurück, der ihn exhibitionistisch zur Schau gestellt hatte.

Der zweite Faktor, der zur pathologischen Charakterentwicklung des Patienten beigetragen hatte, bestand darin, daß er während der frühen Jahre seiner Kindheit mit seinem Bruder ein Bett geteilt hatte. Was er in der Beziehung zu seinem Vater verschwommen als gefährlich und verlockend phantasierte, hatte er im Verhältnis zu seinem Bruder tatsächlich erlebt. Die homosexuellen Erregungen, die er durch eine Regression zum primitiven oralen Narzißmus wiederzubeleben suchte, hatten ihren Ausdruck in der Enuresis gefunden. Seine Mutter, die ihn überforderte, brachte ihm bei, sich für sein Bettnässen zu schämen. Als Rache dafür, daß sie ihn herabsetzte, entschloß er sich, in Zukunft nur seiner eigenen Befriedigung zu leben und sich um niemanden zu kümmern. Dieser Entschluß zerbrach schließlich und führte zu weiteren Konflikten.

Die prägenitale Fixierung, die ihren Ausdruck einmal im Bettnässen und zum anderen in der oralen Regression fand, ging auf frühe Magen- und Darmstörungen zurück.

Dies krude und schematische Resümee mag genügen, um zu zeigen, wie die Charaktereigentümlichkeiten dieses Patienten durch eine Verbindung mehrerer Umstände in seiner frühkindlichen Umgebung festgelegt waren. Die Amme, die ihn verwöhnte, die Mutter, die ihn überforderte, der ältere Bruder, der Umstand, daß dieser späterhin schwächer wurde als er, das exhibitionistische, prahlerische Verhalten des Vaters – erst wenn alle diese Umstände zusammentreten, wird die Entwicklung dieses Patienten verständlich.

19. Psychoanalytische Technik und Therapie bei Charakterstörungen

Im Falle von Charakterstörungen trifft die analytische Therapie auf besondere Schwierigkeiten. Die Einstellung der Patienten zu ihren Störungen unterscheidet sich von der, die Neurotiker gegenüber ihren Symptomen haben. Obwohl auch Patienten mit Symptomneurosen über Widerstände verfügen und obwohl auch Menschen mit Charakterstörungen überaus unzufrieden mit sich selbst sein können und sehr stark daran interessiert sein mögen, sich zu verändern, bleibt der Unterschied, daß die einen sich einer Störung am Rande ihrer Persönlichkeit entledigen wollen, während bei den anderen die «Persönlichkeit» selbst angegriffen wird. Das geschieht relativ leicht, sobald jemand Einsicht in seine pathologischen Verhaltensmuster zeigt. (Selbst dann aber entstehen Schwierigkeiten dadurch, daß diese Verhaltensmuster alloplastisch und rigider als Symptome sind.) Sehr viel schwieriger wird es, wenn ein Patient über keinerlei Einsicht verfügt und weder seine pathologischen Einstellungen noch die Tatsache anerkennt, daß der größte Teil der miteinander in Konflikt liegenden Energien, die die Analyse freizusetzen bemüht ist, tonisch mit jenen Einstellungen verbunden bleibt. Ebenso schwierig gestaltet sich eine Analyse, wenn die Einstellungen eines Patienten ihren Verlauf durchkreuzen.

Das analytische Vorgehen ist an die Kooperation eines vernünftigen Ich gebunden, dem von ihm selbst unbemerkte Abkömmlinge des Unbewußten durch eine Deutung zugänglich gemacht werden. Freud nannte daher einen «einigermaßen verläßlichen Charakter» als eine der Voraussetzungen einer erfolgreichen Analyse (554). Wir aber fragen uns jetzt, ob nicht auch «unverläßliche» Charaktere in der Analyse geheilt werden können.

Das kann nur dann gelingen, so meinen wir, wenn die Analyse dem Patienten zunächst das Problematische seines Verhaltens bewußtmacht. Erwacht ein Patient erst einmal zum Staunen darüber, wie er sich verhält, so muß ihm klarwerden, daß er gezwungen ist, sich so zu verhalten, und daß er gar nicht anders kann. Ihm wird dann klarwerden müssen, daß eine Angst (oder ein Schuldgefühl) sein besonderes Verhalten notwendig macht und daß dieses Verhalten Abwehrzwecken dient. Er wird allmählich verstehen lernen, aus welchem lebensgeschichtlichen

Grund seine Abwehr gerade diese Form angenommen hat. Schließlich wird er einzusehen vermögen, wovor er sich ängstigt. Gelingt die Remobilisierung alter Konflikte, so wird er statt seiner rigiden und eingefrorenen Einstellungen erneut Angst vor den Triebregungen aus jenen älteren Konflikten empfinden. Damit verändert sich die Charakterneurose in eine Symptomneurose, und die Charakterwiderstände gehen in Übertragungswiderstände über. Späterhin kann eine solche Erkrankung wie eine Symptomneurose mit ihren Übertragungswiderständen behandelt werden (1279).

In der Ausgangssituation der Analyse liegt also ein früher einmal lebendiger und schwerwiegender Konflikt vor, von dem sich das Subjekt durch eine permanente Veränderung des Ich zurückgezogen hat. Die Kräfte, die früher im Kampf miteinander lagen, werden jetzt in fruchtlosen und rigiden Abwehreinstellungen des Ich verschwendet. Der Konflikt ist latent geworden. Durch eine Trennung des beobachtenden und vernünftigen Ich von dessen automatisierter Abwehr muß die gebundene Energie freigesetzt und der alte Konflikt reaktiviert werden (1497).

Es ist verhältnismäßig leicht einzusehen, was zu tun ist. Aufgabe der Analyse ist es, die eingefrorenen Energien aufzutauen und aus ihrer Starre zu befreien. Sehr viel schwerer ist es jedoch, die Aufgabe zu *erfüllen* und die Stelle zu finden, an der das Abwehrsystem am durchlässigsten ist, an der die neurotische Erstarrung weniger rigide ist. Es gilt, die Punkte und Zeiten aufzuspüren, an denen sich die Auseinandersetzung von Trieb und Abwehr am lebendigsten erhalten hat. Es müssen Verschiebungen rückgängig gemacht, Isolierungen aufgehoben und Affektspuren dorthin zurückverfolgt werden, von wo sie ihren Ausgang genommen haben (433, 438).

Freud zweifelte gelegentlich daran, daß eine Remobilisierung älterer und nicht mehr wirksamer Konflikte gelingen könne (629). «Um einen derzeit latenten Triebkonflikt aktuell zu machen», so schreibt er, «können wir nur zweierlei tun: entweder Situationen herbeiführen, in denen er aktuell wird, oder uns damit begnügen, von ihm in der Analyse zu sprechen.» Das erstere habe «man bisher gewiß mit Recht dem Schicksal überlassen». Es sei der Analyse nicht möglich und es sei auch nicht ihre Aufgabe, Leiden erneut zum Leben zu erwecken. Das zweite sei ergebnislos, weil die bloße Besprechung eines Konflikts so wenig weiterführe, wie durch Lektüre psychoanalytischer Schriften eine Neurose geheilt werden könne (629). Diese Alternative läßt sich leicht zurückweisen; es ist keineswegs ausgemacht, daß sie die beiden einzigen Möglichkeiten umfaßt. Denn es gibt eine dritte: Latente Konflikte sind niemals nur latent. Ein Analytiker ist daran gewöhnt, hinter den kleinsten Anzeichen das Vorhandensein starker Kräfte zu erraten. Es ist seine Aufgabe, alte Konflikte zu remobilisieren, und nicht, neue hervorzurufen. Er muß jene Anzeichen soweit objektivieren, daß der Patient sie als Abkömmlinge bedeutenderer latenter Konflikte anzuerkennen vermag, die er gefühlsmäßig bisher nicht anzuerkennen bereit war. Soll der entscheidende Anteil rigider Triebenergie einer Abfuhr zugeführt werden, dann ist es in der Tat die erste Aufgabe der Analyse, «den in der Zukunft möglichen Konflikt in einen aktuellen» zu verwandeln (629).

Das bedeutet, daß in der Analyse tatsächlich Situationen hervorgerufen werden müssen, in denen sich der Konflikt aktualisiert. Dazu braucht der Analytiker nicht die Rolle des Schicksals im Leben seines Patienten zu spielen oder sich künstlich in dessen Übertragung einzumischen. Er muß ihn vielmehr an den Punkten analysieren, an denen latente Konflikte verborgen sind, er muß ihm die fraglichen Einstellungen als Abkömmlinge des Unbewußten nachweisen, und er muß es dem beobachtenden und vernünftigen Ich des Patienten ermöglichen, sich dem Teil seiner Persönlichkeit zu stellen, dem er bisher aufgrund seiner Widerstände ausgewichen ist.

Vordringlich muß die Persönlichkeit des Patienten von der Rigidität befreit werden, in die die pathogenen Energien eingebunden sind. Oft kann es selbst bei Fällen, bei denen an anderer Stelle eine lebhafte Auseinandersetzung von Trieb und Abwehr zu beobachten ist, entscheidend sein, die Aufmerksamkeit auf die rigiden Abwehrstrukturen zu lenken (74, 75, 438, 1279).

Man könnte die Frage aufwerfen, ob nicht jede Analyse eine «Charakteranalyse» sei. Denn alle Symptome sind das Ergebnis besonderer Einstellungen des Ich, die in der Analyse als Widerstände auftauchen und während frühkindlicher Konflikte entwickelt worden sind. Bis zu einem gewissen Grad sind tatsächlich alle Analysen Charakteranalysen. Ein bestimmter Teil der Energie, die in zwecklosen Abwehrkonflikten verausgabt wird und dem Individuum wieder zur Verfügung gestellt werden muß, bleibt stets in «Charakterwiderständen» gebunden. Dennoch bleibt der Unterschied zwischen den Analysen von Symptomneurosen und denen der eigentlichen Charakterneurosen bemerkenswert.

Außer den Schwierigkeiten, die alle Charakterstörungen miteinander gemein haben, bereitet die Frage der Indikation einer Analyse in diesen Fällen zusätzliche Probleme. Charakterstörungen bilden keineswegs eine nosologische Einheit. Die Mechanismen, die ihnen zugrunde liegen, können so unterschiedlich sein wie die, die Symptomneurosen zugrunde liegen. Ein hysterischer Charakter ist einfacher zu behandeln als ein zwanghafter, dieser wiederum einfacher als ein narzißtischer.

Daneben unterscheiden sich in jedem einzelnen Fall die Krankheitseinsicht, der Heilungswille (1174), die Bereitschaft zur Mitarbeit und die notwendige seelische Belastbarkeit. Eine Charakterstörung wird schwieriger anzugehen sein, wenn die sekundären Krankheitsgewinne aufgrund einer pathologischen Einstellung einem Patienten bisher mehr Vorteile als Nachteile gebracht haben. Sind z. B. narzißtische Überkompensierungen noch nicht von der Realität frustriert worden, so wird ein Patient sich stärker an sie klammern, als wenn er bereits in ihnen enttäuscht worden ist. Bestimmte neurotische Charaktereigenheiten können einem Patienten tatsächlich Erfolg oder zumindest ein gewisses Maß an Stolz sowie eine Zunahme des Selbstgefühls verschafft haben. In einem solchen Fall werden die Versuche des Analytikers, den wirklichen Zweck solcher Eigenarten nachzuweisen, auf um so intensiveren Widerstand stoßen.

In jedem Fall wird man die Tiefe der Regression, die Intensität der Widerstände, die Bereitschaft zu Verständnis und Mitarbeit sowie die seelische Belastbarkeit eines Patienten in einer Probeanalyse zu beurteilen haben (vgl. S. 185f.).

Die erwähnten Schwierigkeiten, insbesondere die Notwendigkeit, dem Patienten ein Bewußtsein seiner Verhaltensmuster zu verschaffen und seine eingefrorenen Einstellungen aufzutauen, erfordern im allgemeinen eine längere Behandlungsdauer bei Charakteranalysen als bei Symptomanalysen. Sie stellen auch besondere technische Probleme, die hier nicht erörtert werden können (vgl. 438). Es gibt jedoch keinen Grund, sich bei der Behandlung von Charakterstörungen entmutigen zu lassen (1361). Was Freud einst in bezug auf die Analyse im allgemeinen sagte, gilt verstärkt auch für die Charakteranalyse: Obwohl sie das Individuum konstitutionell nicht verändern kann und obwohl ihre Wirksamkeit daher beschränkt bleibt, kann sie einen Patienten dahin bringen, das zu sein, was er unter günstigeren Lebensumständen hätte werden können (596).

E. VERBINDUNGEN VON TRAUMATISCHEN NEUROSEN UND PSYCHONEUROSEN

Kapitel XXI: Verbindungen von traumatischen Neurosen und Psychoneurosen

Die Unterscheidung von traumatischen Neurosen und Psychoneurosen ist nützlich im Hinblick auf eine theoretische Klassifizierung. Sie lehrt, daß der entscheidende Spannungszustand als Grundlage einer Neurose durch eine zu hohe Erregungsaufnahme ebenso herbeigeführt werden kann wie durch eine zu geringe Erregungsabfuhr. Diese beiden neurotischen Zustände schließen einander jedoch nicht aus. Nachdem ein Individuum zuviel Erregung in sich aufgenommen hat, fürchtet es sich, schneidet sich von der Außenwelt ab und blockiert dadurch seine Erregungsabfuhr. Ein traumatisches Erlebnis ruft Angst vor jeder Art von Spannung hervor und sensibilisiert den Organismus sogar in bezug auf dessen eigene Triebregungen. Ist dagegen die Abfuhr blockiert, so genügt eine geringe und zu anderen Zeiten harmlose Erregungsaufnahme, um die Wirkung einer sehr viel intensiveren Erregung hervorzurufen und die Psyche zu überfluten. Ein neurotischer Konflikt ruft Angst vor Versuchung und Bestrafung hervor und sensibilisiert seinerseits den Organismus im Hinblick auf weitere äußere Reize. Daher ist «Trauma» ein relativer Begriff (513).

In dem Kapitel über die traumatischen Neurosen wurde betont, daß es keine traumatische Neurose ohne psychoneurotische Komplikationen gibt. Deren nähere Untersuchung war nötig, um den klinischen Verlauf traumatischer Neurosen zu verstehen (vgl. Bd. I, S. 175 ff.). Dem sollen jetzt einige Ausführungen über traumatische Elemente bei Psychoneurosen hinzugefügt werden.

Im allgemeinen sind die Symptome von Aktualneurosen denen von traumatischen Neurosen überaus ähnlich. Beide beruhen auf einem

Spannungszustand, der allerdings verschiedene Ursachen hat. Es gibt jedoch ein Element, das für traumatische Neurosen charakteristisch ist, und das bei Aktualneurosen fehlt: die charakteristischen *Wiederholungen* eines Traumas in Symptomen und Träumen. Diese Wiederholungen stellen Versuche einer teilweisen und nachträglichen Bewältigung unbeherrschter Erregungsbeträge dar (605). Wiederholungen treten bei allen psychoneurotischen Erscheinungen auf, sind dort jedoch anderer Natur. So können z.B. Symptome Kindheitserlebnisse, auch wenn sie unangenehm waren, wieder und immer wieder heraufbeschwören. Neurotische Erscheinungen sind dadurch charakterisiert, daß die Patienten, statt angemessen und lebhaft auf bestimmte Reize zu reagieren, wiederholt nur nach rigidem Reaktionsmuster sich verhalten. Auch die Triebregungen sind ihrer Natur nach repetitiv. Sie treten periodisch auf und neigen dazu, immer wieder gleich zu verlaufen. Daneben gibt es unproblematische Wiederholungen. Mit ihnen werden Handlungen ausgeführt oder Einstellungen übernommen, die sich einmal als nützlich erwiesen haben. Sie werden nun reproduziert, wenn ähnliche Bedingungen vorherrschen oder, allgemeiner, wenn auf ähnliche Reize geantwortet werden muß.

Freud sprach von einem Wiederholungszwang (605). Dieser Begriff ist in der psychoanalytischen Literatur umstritten (145, 431, 771, 977, 991, 992, 1064, 1180, 1182, 1469). Neben den «unproblematischen» Wiederholungen müssen dreierlei Arten von Wiederholung unterschieden werden:

1. Die Periodizität der Triebe, die aus der Periodizität der Triebquellen entspringt. Sie stellt ein somatisches Problem dar, das aber weitreichende psychologische Konsequenzen hat (102, 257). Nicht nur kehren Triebregungen periodisch wieder, sondern ihre Periodizität teilt sich auch ihren «Abkömmlingen» mit. Jede Art von Hunger wird durch Sättigung beendet, und eine jede Sättigung geht nach einer Weile wieder in Hunger über. Die Periodizität der Manisch-Depressiven gehört wahrscheinlich unter diese Kategorie.

2. Wiederholungen aufgrund einer Neigung des Verdrängten, sich eine Abfuhr zu verschaffen. Hier liegt der Kern der charakteristischen psychoneurotischen Wiederholungen (991, 992). Am deutlichsten treten sie in den sogenannten Schicksalneurosen hervor, bei denen ein Patient periodisch dasselbe Erlebnis hervorruft oder durchmacht (327, 613). Eine verdrängte Triebregung findet hier, obwohl sie verdrängt bleibt, ihre Befriedigung. Aber jedesmal, wenn der verdrängte Wunsch an die Oberfläche tritt, wird die Angst, die zuerst die Verdrängung auslöste, wieder mobilisiert und ruft zugleich mit der Wiederholung der Triebregung eine Wiederholung der gegen sie gerichteten Maßnahmen hervor. Neurotische Wiederholungen dieser Art enthalten nichts Metaphysisches. Sie stellen einfach nur eine Fortsetzung des Kampfes von verdrängenden und verdrängten Kräften dar. Was nicht befriedigt worden ist, strebt nach Befriedigung. Und dieselben Motive, die zunächst eine Befriedigung ablehnten, bleiben auch späterhin wirksam. Daher liegt selbst die Wiederholung des überaus schmerzhaften Scheiterns des Ödipuskomplexes in der Übertragung während einer analytischen Kur nicht «Jenseits des Lustprinzips» (605). Nicht der schmerzhafte Untergang des Ödipuskomplexes (612) ist das Ziel des Patienten, sondern die Befriedigung ödipaler Wünsche. Aber dieses Bestreben mobilisiert seine Angst. Deren objektives Ergebnis ist eine Wiederholung der schmerzhaften Erfahrung.

Hierher gehören auch die Wiederholungen bei Zwangsritualen (z.B. bei zwanghaftem Zählen) (vgl. Bd. I, S. 220f. und Bd. II, S. 137f.).

3. Wiederholungen traumatischer Ereignisse zum Zwecke ihrer nachträglichen Bewältigung. Diese Art von Wiederholung zeigt sich zunächst und am deutlichsten in Kinderspielen, in denen das, was von einem Kind passiv erfahren wurde, in selbstgewähltem Umfang und zu eigenmächtig festgesetzter Zeit aktiv wiederholt werden kann. Dasselbe Muster tritt in den repetitiven Träumen und Symptomen traumatischer Neurosen ebenso auf wie in vielen kleinen Handlungen Normaler, die in ihren Gedanken, Geschichten oder Handlungen aufregende Erlebnisse mehrmals wiederholen, bevor sie sie bewältigt haben (605, 1552).

Bei Psychoneurosen folgen die Wiederholungen in der Regel dem zweiten, bei traumatischen Neurosen dem dritten Typus.

Es gibt eine Art von Neurosen, bei der Elemente eines «neurotischen Konflikts» und eines «Traumas» zugleich vorliegen. Es handelt sich um die Neurosen von Menschen, deren Motivation zur Abwehr von Triebregungen sich auf besondere traumatische Erlebnisse in ihrer Kindheit stützt (431). Das läßt sich daran erkennen, daß die Wiederholungen im

Verlauf solcher Neurosen zugleich dem zweiten und dem dritten Typus zuzurechnen sind.
Beim zweiten Typus ist eine Wiederholung nicht eigentlich intendiert. Wird eine Erregung «wiederholt», so geschieht dies in der Hoffnung, daß sie zu einem anderen Ergebnis führen wird, nämlich zu einer Befriedigung anstelle des vorherigen Scheiterns. Doch diese Absicht scheitert ihrerseits, und was tatsächlich passiert, ist nur eine Wiederholung der Enttäuschung. Zuweilen erstrebt das Ich offensichtlich eine «Wiederholung unter anderen Umständen», z. B. unter Bedingungen größerer äußerer Sicherheit, die eine bisher unzugängliche Befriedigung in erreichbare Nähe rücken könnte.
Der dritte Typus ist durch andere Züge charakterisiert. Hier ist die Einstellung des Ich zur Wiederholung überaus ambivalent. Die Wiederholung wird zwar zur Linderung einer schmerzhaften Spannung gewünscht, aber weil sie selbst schmerzhaft ist, ängstigt sich das Ich vor ihr und versucht sie zu vermeiden. Gewöhnlich kommt es daher zu einem Kompromiß in Gestalt einer Wiederholung von geringerer Reichweite oder unter ermutigenderen Umständen. Die Ambivalenz gegenüber der Wiederholung zeigt sich hier in den Erscheinungen der Traumatophilie und Traumatophobie (1070, 1244). Was immer Menschen dieses Typus unternehmen, hat für sie traumatische Bedeutung. Sie haben Angst davor und dennoch streben sie danach. Es gibt vielgestaltige Erscheinungsformen dieser Mischung einer Angst vor Wiederholung und dem Verlangen nach ihr. Ist dieses Verlangen unbewußt, so machen die Patienten trotz ihrer Angst vor verwirrenden Erlebnissen jeden Tag etwas durch, was sie aus der Fassung bringt. Sie rennen von einer Katastrophe in die andere. Alles steckt voller Emotionen und bringt sie durcheinander. Sie haben nie genug Zeit, Distanz oder Gelassenheit, um zur Ruhe zu kommen. In anderen Fällen ist der Wiederholungswunsch dem Bewußtsein näher. Die Patienten sehnen sich dann nach dem einen dramatischen Erlebnis, das ihr Mißgeschick ein für allemal beendet (445).
Mehrfach ist darauf hingewiesen worden, daß bei bestimmten Neurotikern die Angst vor Kastration oder Liebesverlust von einer oberflächlicheren Angst vor ihrer eigenen Erregung überschattet wird. Dabei wird die Erregung, deren natürlicher Verlauf blockiert ist, als überaus schmerzhaft empfunden. Patienten dieses Typus haben daher Angst vor

der Endlust. Sind sie sexuell erregt, so sehnen sie sich nach einem «dramatischen» Erlebnis und haben zugleich Angst vor ihm.
Dieses Phänomen tritt insbesondere bei Patienten auf, die aufgrund der Erinnerung an infantile Sexualtraumen, die entweder die Urszene oder eine tatsächliche Verführung zum Gegenstand hatten, zu der Überzeugung gekommen sind, daß jede Erregung gefährlich sei. Die Symptomatologie solcher Patienten enthüllt neben einer Wiederkehr verdrängter Triebkonflikte Wiederholungen von Traumen, die nach dem dritten Typus gebildet sind.
Patienten, die unter solchen Neurosen leiden, sind wegen der physiologischen Natur der sexuellen Erregung schlimmer dran als Patienten mit akuten traumatischen Neurosen. Hat jemand ein äußeres Trauma erlitten wie z.B. einen Autounfall, so wird er eine Zeitlang von diesem Unfall träumen, unfähig sein, sich in ein Auto zu setzen, und vielleicht schon beim Anblick eines Wagens zu zittern beginnen. Das wird so lange dauern, bis die unbewältigte Erregungsmenge abgeführt ist. Nach einer Weile werden die Symptome aufhören. Verlief dagegen ein Trauma so, daß das Ich zu dem Urteil gelangte, sexuelle Erregung sei gefährlich (oder, noch deutlicher, der Verlust des Ich auf dem Gipfel der sexuellen Erregung sei gefährlich), so veranlaßt dieses Urteil das Ich, immer wieder den normalen Verlauf der sexuellen Erregung zu unterbrechen. Diese Unterbrechung verursacht eine Verschiebung der Erregung vom Genitalapparat auf das vegetative Nervensystem. Das wird als schmerzhaft (oder als beängstigend) empfunden und bestätigt dem Ich immer erneut seine irrige Vorstellung von der Gefährlichkeit der sexuellen Erregung. Da nun aber diese Erregung sich von ihrem körperlichen Ursprung her kontinuierlich erneuert, kann eine solche Neurose niemals abklingen. Die Patienten befinden sich in einem Circulus vitiosus. Die «nachträgliche Bewältigung», die in den Wiederholungen angestrebt wird, wird nie erreicht, weil jeder Bewältigungsversuch ein erneutes traumatisches Erlebnis mit sich bringt. Es ist, als müßte jemand, der sich nach einem Unfall wieder in sein Auto setzt, vorher erst wieder einen Unfall durchmachen.

Manche Arten von Todesangst erweisen sich in der Analyse als Angst vor einem Orgasmus. In diesen Fällen hat die Vorstellung des Orgasmus traumatische Qualität angenommen (vgl. Bd. II, S. 29).

Hierher gehören fast alle um eine Urszene zentrierten Neurosen. Denn überall hat in diesen Fällen die Urszene den Patienten Angst vor sexueller Erregung eingejagt. Diese Angst verändert die Erregung zu einer schmerzhaften Empfindung. Das Erlebnis einer solchen Empfindung wird unbewußt als Wiederholung der Urszene aufgefaßt. Kompliziert wird dies dadurch, daß Wiederholungen der Urszene von den Patienten in gleicher Weise aufgesucht werden, wie traumatisch erkrankte Neurotiker Wiederholungen ihres Traumas aufsuchen.
Manche Neurotiker machen den Eindruck, daß sie ihr Leben lang die Eindrücke einer Urszene vergeblich zu bewältigen versuchen. Eine sadistisch wahrgenommene Urszene kann die Weltsicht einer Person so sehr verändern, daß sie zwischen der ängstlichen Erwartung einer Wiederholung dieses Traumas und dessen tatsächlicher Ausführung hin und her schwankt. Ein traumatisches Erlebnis kann nicht nur zu einer unabschließbaren traumatischen Neurose führen, sondern erhöht zugleich die Disposition zur Entwicklung von Psychoneurosen, weil die Erinnerung an das Trauma die Wirkung aller späteren sexuellen Verbote und Enttäuschungen erhöht. (Umgekehrt können auch frühere Verbote und Enttäuschungen die besondere traumatische Wirkung einer erst später wahrgenommenen Urszene erhöhen.)
Bei Neurosen dieser Art scheint jeder Partialtrieb eine Rolle spielen zu können. Einige von ihnen sind gewöhnlich dennoch von größerer Bedeutung. Die Rolle der Gleichgewichtsempfindungen bei der Angst vor der eigenen Erregung ist bereits erwähnt worden (vgl. Bd. II, S. 21 ff.). Ebenso ist auf die Rolle der Muskelerotik in Fällen hingewiesen worden, bei denen ein Tic die Erinnerung an eine Urszene verewigt hat (996) (vgl. Bd. II, S. 183). Bei Männern ist die Angst, das Ich könnte überwältigt werden, zweifellos intensiver, wenn passiv-feminine Wünsche im Vordergrund stehen. Sadistische Strebungen können bei beiden Geschlechtern zu demselben Ergebnis führen. Bei Traumatophilen sind sexuelle und aggressive Erregungen stets untrennbar miteinander vermischt.
Was für die Sexualität gilt, gilt auch für die Aggressionen. Auch sie werden bei einer befriedigenden Abfuhr keineswegs aufgestaut. Wird aber das Gefühl der Wut als solches gefürchtet und blockiert, so entsteht wie bei blockierter Sexualität ein Circulus vitiosus.

Sehr oft sind Menschen, die zum «Ausagieren» neigen, und die äußeren Objekte nur zur Herabsetzung innerer Spannungen verwenden, traumatophil. Ihr Handeln entspricht den Wiederholungen eines traumatischen Neurotikers. Ihr Erlebnishunger dient dem Zweck, Gefahren abzuwehren sowie Schutz zu erwerben oder zu erzwingen. Zugleich kann er darauf zielen, eine überwältigende Erregung nachträglich abzuführen. Das Erlebnis früher Traumen mag bei solchen Menschen für eine charakteristische Spannungsintoleranz verantwortlich sein. Die Erinnerung an ein Trauma hat ihnen die Furcht eingepflanzt, daß jede Erregung ein neues Trauma ankündigen kann. Sie fühlen sich als elende Kreaturen, die einer schrecklichen Welt, die sie mit traumatischen Erlebnissen überhäuft, hilflos ausgesetzt sind. Der einzige Ausweg, der ihnen Hilfe bringen kann, besteht darin, immer wieder aktiv und in begrenztem Umfang das zu antizipieren, wovor sie Angst haben. Gewöhnlich mißlingt ihnen das, weil sie sich in dem oben beschriebenen Circulus vitiosus bewegen.

Manche Psychotherapeuten scheinen ebenfalls zu diesem Typus zu gehören. In der Arbeit mit ihren Patienten befassen sie sich aktiv und in begrenztem Umfang mit dem Unbewußten anderer, weil sie Angst haben, von ihrem eigenen Unbewußten passiv und über alle Maßen überwältigt zu werden. In ihrer Behandlung zeigen sie eine gewisse Vorliebe für emotionale Ausbrüche und dramatische Szenen. Sie begründen das theoretisch, indem sie sagen, es sei notwendig, sich «abzureagieren». Vom «Durcharbeiten» halten sie wenig. Wie alle unbewußten Bestätigungen, die Therapeuten unverdientermaßen aus ihrer Arbeit gewinnen, setzen auch diese den Wert einer Therapie stark herab oder annullieren ihn gar.

In bezug auf die Therapie stehen Neurosen dieses Typus den Psychoneurosen näher als den traumatischen Neurosen. (Es bleibt indes eine offene Frage, ein wie hoher Prozentsatz der sogenannten traumatischen Neurosen tatsächlich unter diese Kategorie gehört.) Würde man auf eine Spontanheilung warten wollen, so würde man vergebens warten. Das Dazwischentreten der Abwehrkräfte des Ich verhindert eine «nachträgliche Bewältigung». Daß sie dazwischentreten, beruht darauf, daß das Ich eine Gefahr wahrgenommen hat. Die Psychoanalyse muß diese Abwehr außer Kraft setzen; sie muß eine erneute Verbindung zwischen den Triebkräften, die ausgeschlossen worden sind, und dem Rest der

Persönlichkeit herstellen. Der lustvolle Verlust des Ich in einer gelingenden sexuellen Vereinigung ist die beste mögliche Bewältigung einer jeden Erregung, die seit der Kindheit wegen der schmerzhaften Erfahrung eines Ich-Verlusts unbewältigt geblieben ist. Da Patienten dieses Typus dieselbe Spannungsintoleranz besitzen wie Menschen mit krankhaften Triebregungen, ist auch bei ihnen eine Überwindung dieser Abwehr schwierig. Zuweilen muß zu diesem Zweck die klassische Technik modifiziert werden. Generell aber geht die Psychoanalyse hier genauso vor wie bei einfachen Psychoneurosen. Denn die Verbindungen von traumatischen Neurosen und Psychoneurosen unterscheiden sich nicht grundlegend von den einfachen Psychoneurosen. Schließlich wird jede Triebabwehr aus Angst vorgenommen, und Angst ist ihrem Wesen nach das Bestreben des Ich, traumatische Erlebnisse zu vermeiden.

F. VERLAUF UND THERAPIE VON NEUROSEN

Kapitel XXII: Der klinische Verlauf von Neurosen

1. Spontanheilungen

Die Auseinandersetzung zwischen der Abwehr neurotischer Erscheinungsformen und den Versuchen, sie in die Organisation der Persönlichkeit einzubeziehen, legt den weiteren Verlauf einer Neurose fest. Die Erörterung neurotischer Charakterstörungen vermittelte einen Eindruck von der Komplexität dieser Auseinandersetzung. Die Frage nun, warum bestimmte Neurosen zu einem Stillstand gelangen, sich bessern oder gar von allein verschwinden, während andere einen bösartigen Verlauf nehmen, läßt sich nicht kurz und abschließend beantworten.

Spontanheilungen können zuweilen scheinhaft und von nur geringer Dauer sein. Eine «wirkliche» Heilung würde eine Lösung des neurotischen Konflikts voraussetzen. Theoretisch wäre dies entweder durch ein Verschwinden der Abwehrmotive zu erreichen, so daß die abgewehrte Triebregung nicht länger in Schach gehalten werden muß, oder durch eine Verschiebung der Triebenergie auf andere, nicht verpönte Ziele. Beides erscheint jedoch unmöglich, da die pathogene Abwehr mit ihren Motiven sowohl wie mit den abgewehrten Triebregungen einem vernünftigen Urteil unzugänglich geworden ist. Gewiß sind Dinge, die ein Kind durcheinandergebracht haben, für eine reife Persönlichkeit nicht weiter aufregend. Hier ist es aber gerade aufgrund der Abwehrmaßnahmen des frühkindlichen Ich unmöglich geworden, bestimmte Störungen rational zu verarbeiten. Gibt es also eine Möglichkeit, pathogene Kindheitsängste trotz ihrer Ausschließung aus dem Ich mit zunehmendem Alter zu überwinden?

Wo in Kindheitsneurosen die Angst, die eine Verdrängung motiviert, noch nicht zu einem Teil der Persönlichkeit geworden ist, kann sie durch die Realität widerlegt werden. Hat ein Kind das Gefühl, daß ein bestimmtes Triebverhalten, bei dem es z. B. seine Hose beschmutzt, den dauernden Verlust der mütterlichen Liebe oder eine andere schwere Bestrafung nach sich ziehen wird, so kann es aus Angst eine solche Triebregung verdrängen und aufgrund dieser Verdrängung neurotische Symptome ausbilden. In einem solchen Fall mögen ein paar tröstende Worte genügen, um ihm seine Angst zu nehmen und eine Verdrängung sowie die Ausbildung einer Neurose überflüssig zu machen. Sein Vertrauen zu seiner Mutter und gute Erfahrungen überwinden eine beginnende Abspaltung der Triebregungen von seiner Persönlichkeit. Ein Großteil frühkindlicher Neurosen verschwindet späterhin dadurch, daß das Kind zu Personen seiner Umgebung oder zu seinen Fähigkeiten Vertrauen gewinnt. Viele frühkindliche Angsthysterien, z. B. die Angst vor dem Dunkel oder dem Alleinsein, werden ebenso unterm Einfluß der Umgebung abgelegt wie aufgrund des natürlichen Reifungsprozesses des Kindes, seines Fortschritts in der Beherrschung der Motilität, seiner Fähigkeit zur aktiven Realitätsbewältigung und seines zunehmenden Selbstbewußtseins. Das Selbstvertrauen eines Kindes kann auch durch den Wechsel der führenden Triebansprüche zunehmen. Hatte ein Kind Angst, bestraft zu werden, weil es sich in die Hosen gemacht hat, so wird es diese Angst verlieren, sobald anale Regungen aufgrund des normalen Entwicklungsfortschritts aufhören, die wichtigste Quelle sexueller Erregung zu sein.

In gewissem Umfang können ähnliche Verbesserungen aufgrund zunehmender Sicherheit auch bei infantilen Erwachsenen auftreten, die noch Angst davor haben, bestraft zu werden. Bei weniger infantilen Personen ist eine Heilung dieser Art unmöglich. Aber auch bei ihnen können zunehmende Sicherheit und größeres Selbstvertrauen eine mehr oder weniger starke Besserung herbeiführen. Diese kann auf objektive Ursachen zurückgehen, sie kann aber auch daher rühren, daß Bedingungen erfüllt worden sind, die aufgrund einer besonderen Lebensgeschichte Sicherheit in Aussicht stellen. So kann etwa eine phobische Verhaltensweise, die bisher unzureichend beherrscht worden war oder allzuviel Energie verbraucht hatte, durch veränderte Bedingungen unter Kontrolle gebracht werden. Dies geschieht z.B. wenn jemand, der auf enge Großstadtstraßen phobisch reagiert, aus äußeren Gründen veranlaßt wird, aufs Land zu ziehen. Zwangsrituale, die unbewußt Sicherheit garantieren sollen, können überflüssig werden, wenn bestimmte äußere Ereignisse oder eine veränderte Lebenssituation diese Funktion zu erfüllen beginnen.

Die Möglichkeit einer so glücklichen Lösung ist jedoch viel weniger wahrscheinlich, wenn die Angst, die die Verdrängung motivierte, ihrerseits so weit ins Unbewußte hinabgesunken ist, daß sie durch neue Erfahrungen nicht mehr behoben werden kann.

Die älteren Praktiker vor Freud pflegten hysterischen Mädchen den Rat zu geben, sich zu verheiraten. Sie meinten damit, daß sie sexuelle Beziehungen aufnehmen sollten. Ratschläge dieser Art mußten unwirksam bleiben, weil die Patientinnen aufgrund ihrer Verdrängungen unfähig waren, sexuelle Befriedigung zu empfinden. Was ihnen aber fehlte, war gerade diese Befriedigung und nicht die bloße Gelegenheit zum Geschlechtsverkehr. Richtig bleibt jedoch an dem Rat der älteren Ärzte, daß Hysteriker geheilt werden könnten, wenn man nur ein Mittel fände, ihnen sexuelle Befriedigung zu verschaffen. Im allgemeinen kann eine Störung der Befriedigungsfähigkeit nicht dadurch überwunden werden, daß man jemanden einfach in eine Situation versetzt, die andere Menschen als befriedigend empfinden würden. Dennoch kann die Erfahrung einer neuen Art von Lust einen Patienten ermutigen, seine Abwehr vielleicht zunächst nur vorübergehend herabzusetzen, einen Wechsel seiner Lebensumstände herbeizuführen und sich andere Arten von Lust zu verschaffen, die ihrerseits zu einer Herabsetzung der Abwehr führen können. Es gibt so etwas wie eine «Heilung durch Verführung» oder «Heilung durch Liebe», bei der eine neue Lusterfahrung die Mauern der Verdrängung einreißt. Zuweilen ist sie mit dem wiedererwachten Vertrauen verbunden, von der Umgebung nicht kastriert zu werden (559). Auf die Möglichkeit einer «traumatischen Heilung» einer schweren Zwangserkrankung ist bereits hingewiesen worden (vgl. Bd. II, S. 99f.).

Zuweilen kann eine Spontanheilung ihre Wurzeln nicht in einer Abnahme der Angst vor einer Triebregung haben, sondern in einer Abnahme der Kraft der abgewehrten Triebregung. Nach Neurosen in den

Wechseljahren treten z.B. postklimakterische Spontanheilungen auf. Zuweilen sind sie mit Regressionen verbunden, die neue Symptome hervorrufen.

Statt zu vollständigen Spontanheilungen können die erwähnten Faktoren zu Besserungen oder begrenzten Heilungen führen, die gleichsam nur «bis zum Widerruf» wirksam bleiben.

Offenbare Spontanheilungen und Besserungen gründen sich auf Änderungen der ökonomischen Situation, aus der sich eine Neurose speist, ohne daß dabei jedoch der zugrunde liegende Konflikt vollständig aufgegeben worden wäre. Veränderungen der Lebenssituation können auf unterschiedliche Weise das dynamische und ökonomische Gleichgewicht innerhalb der Persönlichkeit verändern, so daß eine echte Neurose überflüssig wird. Alle Erlebnisse, die das Verhältnis von Trieb und Angst verändern, verändern auch das neurotische Erscheinungsbild (1317, 1502, 1610).

Bei der Erörterung der auslösenden Faktoren von Neurosen wurden die möglichen Veränderungen im Gleichgewicht zwischen den verdrängten Trieben und den gegen sie gerichteten Ängsten und Schuldgefühlen in einer Aufzählung zusammengestellt (vgl. S. 9ff.). Dieselbe Zusammenstellung kann jetzt mit umgekehrten Werten dazu dienen, Klarheit darüber zu gewinnen, unter welchen veränderten Bedingungen eine bereits ausgebrochene Neurose sich abschwächt.

1) Die veränderte Situation kann auf eine Abnahme der Stärke einer verdrängten Triebregung zurückgehen. Dabei kann es sich um eine absolute Abnahme wie bei postklimakterischen Besserungen handeln oder um eine relative.

Wie jede unbewußte Versuchung einer verdrängten Triebregung eine Neurose auslösen kann, so hat jede Situation, in der die Versuchungen verdrängter Triebregungen ausgeschlossen oder eingeschränkt werden, einen Besserungseffekt.

Eine relative Abnahme der Kraft einer verdrängten Triebregung kann dadurch erreicht werden, daß sich neue Formen der Abfuhr eröffnen. Erlebnisse der erwachsenen Sexualität, die anderen Triebregungen eine Befriedigung verschaffen oder eröffnen, setzen die Macht der Verdrängungskräfte herab («Besserung durch Verführung»). Alles, was zu einer höheren Bewertung anderer Triebregungen führt, kann denselben

Effekt haben. Eine glückliche Durchbrechung rigider Einstellungen kommt einer solchen «Verführung» gleich. Neue Abfuhrmöglichkeiten müssen nicht notwendig aus Triebhandlungen bestehen. Es kann sich bei ihnen um andere Handlungsformen handeln, die an die Stelle der verdrängten Triebregung getreten sind oder die vielmehr die Stelle der neurotischen Symptome eingenommen haben, die zunächst das Ersatzhandeln ausmachten. Dabei kann dann etwas anderes an die Stelle der Neurose treten, eine Art (unechter) «Sublimierung» oder eine «sekundäre» bzw. «künstliche» Neurose. In der Praxis gehört die Mehrzahl aller Spontanheilungen oder Besserungen unter diese Kategorie.
Etwas Ähnliches geschieht zunächst jedesmal, wenn eine frühkindliche Neurose durch die Entwicklung rigider Charaktereinstellungen überwunden wird. Diese Einstellungen bringen eine Verarmung des Ich mit sich und können daher neurotisch genannt werden. Es ist jedoch möglich, daß sie weniger auffallen und stören als eine primäre Neurose.

Bestimmte Lebensumstände können eine Situation hervorrufen, die dynamisch als eine Art «sekundäre Neurose» dient und eine primäre Neurose überflüssig macht. Hierher gehören die Neurotiker, denen es besser geht, wenn sie körperlich krank werden oder ein Mißgeschick erleiden, weil für sie Leiden und Unglück die Bedeutung einer «Bestrafung» angenommen haben, die bisher die Neurose darstellte. Nicht notwendig aber muß ein solcher Ersatz unangenehm sein. Es gibt Heilungen aufgrund von Hobbies, die besondere Möglichkeiten der Sublimierung eröffnen. Daneben gibt es die Selbstheilung neurotischer Künstler durch ihre schöpferische Arbeit.

2) Eine Zunahme der Abwehrkräfte kann zu einem vorübergehenden Sieg des Ich führen, wenn es ihm gelingt, eine energischere und erfolgreichere Unterdrückungsarbeit zu leisten. Die Intensivierung von Angst oder Schuldgefühl kann dabei direkt oder indirekt vor sich gehen (vgl. S. 12). Sie wirkt wie ein gegen die Symptome gerichteter hypnotischer Befehl. Wie bei einem solchen Befehl ist die Besserung auch hier von begrenzter Dauer und Reichweite. Einer verschärften Unterdrückung folgt früher oder später eine verschärfte Rebellion.

Angst, die von außen ausgelöst wird, kann angesichts innerer Schuldgefühle eine gewisse Erleichterung verschaffen. Zwangsneurotiker weisen häufig eine leichte Besserung auf, wenn sie sich einem strengen Boß unterordnen müssen oder etwas Schreckliches erlebt haben.

3) Viele spontane Besserungen beruhen jedoch auf einer Abnahme der Verdrängungskräfte, die weit genug geht, den gesamten Abwehrkampf auf eine Ebene herabzusetzen, auf der er nicht mehr beunruhigend wirkt. Subjektiv oder objektiv beruhigende Erlebnisse, die zeigen, daß vergangene Drohungen ungültig geworden sind, tragen zur Herabsetzung der Angst bei. Das Gefühl, für etwas, das man getan haben mag, genügend gebüßt zu haben, die Erfüllung von Ansprüchen des Ichideals oder der Erwerb neuer moralischer Standards, die etwas als harmlos erscheinen lassen, das bis dahin gefährlich erschien – all das trägt zur Herabsetzung von Schuldgefühlen bei. Die Beichte vermag zweifellos die Neurose eines gläubigen Katholiken zu heilen oder zu bessern. Angst und Schuldgefühle können indirekt herabgesetzt werden, indem man sich verliebt oder eine Zuwendung erhält, die als narzißtische Zufuhr das Selbstgefühl zu regulieren vermag.

Vergebung vermag Schuldgefühle zu erleichtern. Viele «Spontanheilungen» beruhen darauf, daß man meint, auf eine passiv-rezeptive Art der Realitätsbewältigung regredieren zu dürfen und anderen die Verantwortung überlassen zu können. Abraham berichtete von einer überaus eindrucksvollen Spontanheilung dieser Art im Falle eines Hochstaplers (29), der geheilt wurde, als sich eine mütterliche Frau in ihn verliebte und seine ödipalen Wünsche erfüllte. In anderen Fällen kann die erworbene Liebe unpersönlicher Natur sein, wobei es sich dann um die Liebe Gottes oder das Gemeinschaftsgefühl einer großen Menschenmenge handeln mag, die es einem erlauben, jede Aktivität und Verantwortlichkeit gegen den magischen Schutz des «Glaubens» einzutauschen (654).

Das Gefühl, geliebt zu werden, kann durch die Erlangung von Prestige, Macht oder Selbstvertrauen ersetzt werden. Eine ähnliche Rolle spielen auch Lebenssituationen, die phobische Vermeidungen aufrecht erhalten oder eine rituelle Sicherheit bieten. Sogar Erlebnisse, die einen Verlust des Selbstvertrauens aufgrund eines Scheiterns zur Folge haben, können sich günstig auswirken, wenn sie als Erlaubnis aufgefaßt werden, einem passiv-rezeptiven Verlangen nachzugeben.

4) Schließlich könnte sogar eine Verstärkung der verdrängten Triebregungen eine Besserung herbeiführen, wenn sie stark genug wäre, die Gegenbesetzung insgesamt niederzureißen. Die befreiten Triebregungen würden sich dann wie jene Regungen verhalten können, die durch die Analyse aus der Verdrängung hervorgeholt werden. Sie könnten mit

der reifen Persönlichkeit verschmelzen, von der sie abgetrennt worden waren, und sie könnten ihren infantilen Charakter verlieren. In der Praxis fallen Besserungen dieser Art stets mit denen zusammen, die weiter oben als «Besserungen durch Verführung» bezeichnet worden sind.

Die Wirksamkeit all dieser Einflüsse hängt natürlich von der gesamten dynamischen und ökonomischen Lage einer Persönlichkeit ab. Je nach den ökonomischen Faktoren können dieselben äußeren Begebenheiten das Gleichgewicht eines Konflikts so verändern, daß die Krankheit sich bessert oder verschlimmert. Die unterschiedliche dynamische und ökonomische Struktur ist ebenfalls dafür verantwortlich, daß Spontanheilungen und Besserungen bei den einzelnen Neurosen unterschiedlich oft auftreten. Bei einer mobilen Hysterie treten sie häufiger auf als bei einem fixierten Zwang oder bei Charakterneurosen. Der Heilungseffekt einer passiv-rezeptiven Einstellung kann durch Schuldgefühle und sekundäre Konflikte im Zusammenhang mit ihnen zunichte gemacht werden.

2. *Stationäre Neurosen*

Daß manche Neurosen an einem gewissen Punkt ihrer Entwicklung stationär werden, kann auf den gleichen Umständen beruhen, die in anderen Fällen eine Heilung bewirken. Die günstigen Veränderungen in der dynamischen Beziehung von verdrängten Triebregungen und Angst genügen, um das weitere Triebgeschehen, das sich kontinuierlich aus physischen Quellen speist, durch Stauung unter Kontrolle zu halten. Aber die Veränderungen reichen nicht aus, den bis zu diesem Zeitpunkt angerichteten Schaden ungeschehen zu machen.

Der Entwicklungsstillstand einer Neurose ist mit dem anatomischen Einschluß eines Fremdkörpers verglichen worden (vgl. S. 18). Dieses Ergebnis stellt eine Abwehr des Ich gegen die Symptome vermittels einer Isolierung dar.

Beispiele eines solchen Einschlusses sind gegeben durch die erfolgreiche Projektion der Triebgefahr auf eine äußere Situation bei der Angsthysterie; durch die *belle indifférence* der Hysteriker; durch jene Zwangsneurotiker, die, solange sie ihre Rituale erfüllen, vergleichsweise unbehelligt leben können; durch den Patienten, dem es gelingt, eine paranoide Schizophrenie in eine systematisierte Paranoia zu verwandeln, und durch den Zyklothymen, der sich in den Intervallen zwischen seinen depressiven oder manischen Anfällen normal fühlt.

Bei Charakterneurosen kann die Auseinandersetzung von Triebregung und Angst stationär und rigide werden. Statt einer «mobilen Kriegführung» wird zwischen beiden ein «Stellungskrieg» ausgetragen. Der Patient kann dann sehr leicht ermüden und an einer allgemeinen Hemmung aufgrund genereller seelischer Verarmung leiden (618), im übrigen aber relativ intakt bleiben.
Ob eine Neurose gleich bleibt oder sich entwickelt, wird nicht ein für allemal entschieden. Nachdem sie eine Zeitlang ein bestimmtes Erscheinungsbild aufgewiesen hat, kann sie sich durchaus weiterentwickeln. Auch Verschlechterungen oder Fortschritte treten unter dem Einfluß äußerer Ereignisse auf. Dieselben dynamischen und ökonomischen Faktoren, die darüber entscheiden, ob eine von außen beeinflußte Gleichgewichtsstörung einer Besserung oder Verschlechterung dient, beeinflussen auch den Fortschritt oder Stillstand einer neurotischen Entwicklung.

Besserung und Verschlechterung, Stillstand und Fortschreiten sind relative Begriffe. In manchen Fällen ist es eine Frage des Standpunkts, ob man eine von außen hervorgerufene Veränderung einer Neurose unter die eine oder die andere Kategorie subsumieren soll. Bestimmte qualitative Veränderungen können in einer Hinsicht Besserungen, in einer anderen Verschlechterungen darstellen. Als Beispiel ist bereits die Ersetzung einer Angsthysterie durch eine Charakterstörung erwähnt worden (1274). Auf ähnliche Weise kann ein Wechsel in den äußeren Lebensumständen ein Symptomenbild verändern. Zwangsneurosen haben häufig einen historisch älteren «hysterischen Kern» (599). Rituale können an die Stelle von Phobien getreten sein. Läßt im späteren Leben die Rigidität einer zwanghaften Charakterstruktur nach, so können hysterische Züge wieder in den Vordergrund treten. Selbst wo dies nicht der Fall ist, kann sich eine Zwangsneurose, die ihr «neurotisches Gleichgewicht» verliert, in eine Angstneurose oder in eine vegetative Organneurose umwandeln. Interessanter sind die komplizierten dynamischen Beziehungen zwischen Zwangsneurosen und Organneurosen einerseits sowie manisch-depressiven Störungen und Schizophrenien andererseits. Manisch-depressive Patienten weisen gewöhnlich im freien Intervall zwanghafte Züge auf (26), Schizophrenien können artifiziell auf dem Niveau einer Zwangsneurose (vgl. Bd. II, S. 359) oder durch organneurotische Symptome in Schach gehalten werden (vgl. Bd. II, S. 95). Personen, die dazu neigen, psychotische Mechanismen zu verwenden, sind dennoch in der Lage, einige ihrer

seelischen Konflikte mit neurotischen Mitteln zu lösen. Verschärfen sich ihre Konflikte, so werden sie psychotisch reagieren. Läßt dagegen die Intensität der Konflikte nach, so werden sie wieder zu Neurotikern.
Ferner besteht eine Beziehung zwischen manisch-depressiven Störungen und Impulsneurosen. Die pathologischen Impulse dienen als eine Abwehr und als ein Äquivalent von Depressionen. Werden sie aufgrund äußerer oder innerer Ursachen unzureichend, so tritt die Depression an die Oberfläche.

Jede Neurose hat ihre spontanen Aufwärts- und Abwärtsentwicklungen. Die Psychoanalyse der Ursachen, durch die solche Veränderungen ausgelöst werden, stellt wichtiges Material über die Art der unbewußten Konflikte bereit.

3. Fortschreitende Neurosen

Manche Fälle verschlimmern sich, ohne zu einem glücklichen Ergebnis zu führen. Bei ihnen können die Triebregungen, die aus somatischen Quellen stammen, zu keiner angemessenen Abfuhr gelangen und werden immer weiter aufgestaut. Eine Abfuhr ist auch über ihre Abkömmlinge nicht möglich; sie zögern die Katastrophe nur hinaus. So können z. B. phobische Zustände eine immer größere Reichweite gewinnen. Zwangssymptome können immer deutlicher eine triebhafte Bedeutung annehmen, während Ambivalenzen und Zweifel soweit anwachsen können, daß überhaupt keine Entscheidung mehr getroffen werden kann. In zwanghaften Endzuständen scheint die Persönlichkeit von Triebregungen und Gewissensqualen vollständig aufgezehrt zu sein (109, 1292). Es gibt daneben phobische Endzustände, bei denen jede Lebensregung blockiert ist. Eine Sonderform fortschreitender Neurosen läßt sich an der Mischung von Psychoneurosen und traumatischen Neurosen beobachten (431).
Neurosen, die eine Zeitlang gleich geblieben sind, können plötzlich in ihrer Entwicklung fortschreiten. Dieselben Faktoren, die den Ausbruch einer Neurose begünstigen (vgl. S. 9 ff.), sind auch für einen zweiten Ausbruch verantwortlich. Nervenzusammenbrüche können für einen Patienten überaus folgenreich sein, wenn sie z. B. plötzliche Angstanfälle bei Personen hervorrufen, die ihre Neigung zur Angst vorher erfolgreich

zu bekämpfen verstanden, oder wenn durch sie eine rigide Charakterneurose in eine mobilere Symptomneurose, ein emotionsloses zwanghaftes Gleichgewicht in unkontrollierbare vegetative Anfälle verwandelt wird. Unter therapeutischem Gesichtspunkt sind sie eher als günstig zu beurteilen.

Kapitel XXIII: Therapie und Prophylaxe von Neurosen

1. Psychotherapie

Es gibt zahlreiche Arten der Behandlung von Neurosen, aber nur eine Theorie ist in der Lage, sie zu verstehen.

Viele Angriffe gegen die Psychoanalytiker sind mit dem Argument vorgetragen worden, daß sie ausschließlich auf ihre eigene Methode schwören. Das aber ist in keiner Weise richtig. Man kann eine nichtanalytische Behandlung aus vielen Gründen einer analytischen vorziehen. Richtig ist jedoch, daß Psychoanalytiker der Auffassung sind, nur ihre Wissenschaft könne verstehen, was in Neurosen vor sich geht, und es gebe nur eine Theorie, um die Wirksamkeit *aller* Psychotherapien zu erklären.

Dem Analytiker erscheint eine nichtanalytische Psychotherapie als die Anwendung psychoanalytischen Wissens in derselben Weise, wie sie bei einer psychoanalytischen Psychologie der Propaganda oder der Werbung vorgenommen werden würde. Eine nichtanalytische Psychotherapie ist bisher von analytischer Seite nicht systematisch untersucht worden (vgl. 1281). Sie erfordert ein hohes Maß an Intuition. Eine solche Anwendung psychoanalytischen Wissens ist daher schwieriger und gewiß problematischer in ihren Ergebnissen als eine kunstfertig betriebene psychoanalytische Therapie. Simmel hat daher schon vor längerer Zeit gefordert, daß jeder Psychotherapeut, unabhängig davon, welche Methoden er anzuwenden wünscht, eine volle psychoanalytische Ausbildung genossen haben sollte (1439).

Bei den traumatischen Neurosen haben wir bereits gesehen, daß eine Psychotherapie die beiden Arten der Spontanheilung zu imitieren und zu fördern suchen sollte. Ihre Hauptaufgabe besteht darin, die richtige Mischung beider Methoden zu finden. Sie muß dem Patienten sowohl Möglichkeiten nachträglicher Abfuhr bieten wie auch Ruhe, Sicherheit und Entspannung (vgl. Bd. I, S. 183f.). Ähnliches läßt sich in bezug auf die akuten und mehr oder weniger «traumatischen» Erschütterungen im Leben der Normalen sagen. Wer scheitert, einen Liebesverlust erleidet, einen Wechsel seines Lebensstandards oder eine andere wichtige Veränderung hinnehmen muß, hat sich an die neuen Verhältnisse anzupassen. Er muß eine «Lernarbeit» oder eine «Anpassungsarbeit» leisten und sich der neuen, weniger angenehmen Realität stellen. Er muß in sich Bestrebungen zur Regression, zur Fehlinterpretation der Wirklichkeit, zu Passivität und Abhängigkeit sowie zu falschen Wunscherfüllungsphantasien bekämpfen. In derlei Situationen kann eine Beratung hilfreich sein. Sie geht ganz ähnlich vor wie die Therapie bei traumatischen Neurosen. Auf der einen Seite werden die von der Realität gesetzten Aufgaben verbalisiert und geklärt. Dabei wird zugleich die Neigung zu irrationalen Reaktionen unterdrückt, indem sie ins Bewußtsein gehoben werden. Auf der anderen Seite kann diese Hilfe einer Neigung zur Ruhe, zu geringfügigen Regressionen und kompensatorischen Wunscherfüllungen Raum gewähren, die in ihrer Wirkung die Heilung beschleunigen.
Nur ein geringer Teil seelischer Schwierigkeiten ist «traumatischer» Natur. Es gibt jedoch auch bei Psychoneurosen und bei nichtneurotischen Erschütterungen auslösende Faktoren, die mit Traumen verglichen werden können. Es kann sich jemand nach Überwindung frühkindlicher Konflikte zu einem relativen psychischen Gleichgewicht von verdrängenden und verdrängten Kräften entwickelt haben. Eine äußere Veränderung kann nun das Gleichgewicht dieser Kräfte stören und ein bisher realitätstüchtiges Verhalten erschweren.
Ist eine bestimmte Neurose eher traumatischer Natur, so wächst die Wahrscheinlichkeit, daß eine Unterstützung von außen bei der Wiedererlangung des seelischen Gleichgewichts Erfolg verspricht. Setzt ein solcher Erfolg aber voraus, daß zuvor bereits bestehende Blockierungen in Gestalt von bestimmten, für notwendig gehaltenen Abwehrmechanis-

men aufgehoben werden, so ist die Wahrscheinlichkeit einer leichten psychotherapeutischen Heilung gering.
Eine Beratung kann auf die rationalen Hilfsmittel zurückgreifen, die einem Therapeuten zur Verfügung stehen. Eine Verbalisierung unklarer Sorgen verschafft bereits eine gewisse Erleichterung, denn das Ich kann sich besser mit Vorstellungen auseinandersetzen, die bereits einmal zur Sprache gebracht worden sind, als mit undeutlichen emotionalen Empfindungen. Daß sich ein Arzt die Zeit nimmt, mit Interesse und Sympathie den Sorgen eines Patienten zuzuhören, muß nicht nur eine «Übertragung» aus der Vergangenheit begründen, sondern kann für einsame Menschen, die mit niemandem reden können, eine überaus große und wichtige Erleichterung bedeuten. Dasselbe gilt für Menschen, die bisher wegen ihrer Schwierigkeiten nicht verstanden oder ausgeschimpft worden sind. Informationen über emotionale und insbesondere sexuelle Dinge sind darüber hinaus dazu angetan, erregte Gemüter zu beruhigen. Sieht ein Patient Verbindungen zwischen bisher unverbundenen Symptomen, Sorgen oder Teilen seiner Persönlichkeit, zeigt man ihm allgemeine Handlungsmuster hinter seinen konkreten Handlungen und lernt er die Beziehung solcher Handlungsmuster zueinander aufzudecken, so bedeutet all dies zweifellos eine relative Stärkung seines Ich im Verhältnis zu den tieferen Schichten seiner Persönlichkeit. (Eine solche Stärkung kann natürlich auch zu Abwehrzwecken mißbraucht werden.) Manche Autoren glauben, daß die Psychoanalyse aus einer rationalen Lebenshilfe dieser Art besteht (820, 821). Tatsächlich aber ist dies nur ein erster Schritt bei psychoanalytischen Behandlungen, eine notwendige Voraussetzung der psychoanalytischen Arbeit, die sich keineswegs darin erschöpft, Verhaltensmuster aufzudecken, sondern eher darauf zielt, eine dynamische Veränderung der Lebensumstände herbeizuführen, die pathologische Verhaltensmuster hervorrufen.
Es gibt auch lebenspraktische Maßnahmen auf physiologischer Ebene. Die Entspannung zuvor verspannter Muskeln hat aus physiologischen Gründen eine kathartische Wirkung auf die Seele (334, 839, 1410) (vgl. Bd. II, S. 83). Auch der Gebrauch von Beruhigungsmitteln kann nützlich sein. Warme Bäder, die seit alters her nervösen Menschen empfohlen werden, ziehen ihre Wirkung nicht nur daraus, daß sie die Hautero-

tik lustvoll stimulieren und eine Sühnehandlung darstellen, sondern auch daraus, daß sie eine periphere Erweiterung der Blutgefäße mit sich bringen und damit der zentralen Verspannung entgegenarbeiten, an der alle Neurotiker leiden. Die Wirksamkeit solcher rationalen Methoden kann durch Ratschläge erhöht werden, die es dem Patienten ermöglichen, sich unnötigen Erregungen oder Versuchungen zu entziehen und sich größere Sicherheit zu verschaffen.

Die Wirksamkeit all dieser lebenspraktisch rationalen Methoden ist jedoch sehr begrenzt. Je akuter eine Schwierigkeit auftritt und je weniger sie eine wirkliche Neurose, sondern vielmehr ein Problem der unmittelbaren Realitätstüchtigkeit aufwirft, desto größer ist die Wahrscheinlichkeit eines Erfolgs aufgrund dieser Methoden. Stellt eine Schwierigkeit jedoch eine Remobilisierung alter Konflikte und latenter neurotischer Verhaltensmuster dar, dann bleibt die Wirksamkeit dieser Methoden mehr oder weniger darauf begrenzt, zu einem Erfolg zu verführen, der als Grundlage einer positiven Übertragung dienen kann.

Der neurotische Konflikt ist die Grundlage einer jeden Psychoneurose. Nur eine Veränderung in den dynamischen Beziehungen der Konstituentien dieses Konflikts kann eine Neurose verändern. Das kann im Prinzip auf zweierlei Weise geschehen: durch eine Zunahme oder durch eine Aufhebung der Abwehr. Mit einer Zunahme der Abwehr kann die Anstrengung einhergehen, die gesamte Neurose erneut als einen Abkömmling dessen zu verdrängen, was bereits zuvor abgewehrt worden war. Eine Aufhebung der Abwehr würde selbstverständlich das Ende des gesamten Konflikts bedeuten.

Die erste Art von «Therapie» stellt die altbackene suggestive Hypnose dar, bei der die Autorität eines Arztes den Patienten daran hindert, Symptome zu produzieren. Derselbe vorübergehende Effekt kann auch indirekt aufgrund von Techniken erzielt werden, die durch Drohungen, schlechte Behandlung, symbolische Kastration und Vorwürfe die Angst eines Patienten und damit seine Verdrängung erhöhen. Mit Maßnahmen dieser Art soll ein Patient dahin gebracht werden, seine gesamte Neurose zu verdrängen.

Während des Ersten Weltkrieges wurden in Deutschland und Österreich Kriegsneurosen durch überaus schmerzhafte Elektroschocks behandelt. Nach einer solchen Behandlung hatten die Patienten mehr Angst vor den Schmerzen als vor irgend etwas sonst und flohen in die Gesundheit, weil sie das geringere Übel wählten. Simmel zitierte einmal eine Fallgeschichte, die von einem Hypnotiseur geschrieben worden war, der feststellte, daß sich ein Patient trotz heftigen Drucks auf die Hoden nicht hypnotisieren ließ (1439). Weniger drastische psychotherapeutische Maßnahmen bestehen darin, die Vorstellung der Symptome im Denken des Patienten mit schmerzhaften Assoziationen zu verbinden, die den Patienten dazu bringen sollen, seine Symptome aufzugeben, d.h. zu verdrängen.

Durch eine Verdrängung von Symptomen erhöht sich notwendig der Druck des Verdrängten. Das führt früher oder später zur Ausbildung neuer Symptome. Sie können sich darauf beschränken, daß der Patient ängstlicher, introvertierter, rigider und (bewußt oder unbewußt) vom Arzt abhängiger wird. Kurz, der Patient kann anstelle seiner ursprünglichen Neurose eine «Ersatzneurose» ausbilden. Die Heilung aufgrund erhöhter Verdrängung würde sich demnach als eine Heilung durch die Ausbildung neuer Abkömmlinge des verdrängten Konflikts erweisen, die weiter unten zu erörtern sein wird.
Den zweiten Typus, die Behandlung durch eine volle Aufhebung der Verdrängung, stellt die Psychoanalyse dar. Sie ermöglicht es den frühkindlichen Partialtrieben, sich als Teile der reifen Sexualität eines Erwachsenen in die Entwicklung der Persönlichkeit zu integrieren.
Die beiden Methoden scheinen einander strikt zu widersprechen. Tatsächlich aber werden Kompromisse zwischen ihnen geschlossen. So kann z.B. eine aufgehobene Verdrängung dazu verwendet werden, eine andere Verdrängung zu verstärken. Oder die Zunahme einer bestimmten Verdrängung kann zur Bildung weniger verzerrter Abkömmlinge an anderer Stelle führen. Einige dieser Veränderungen sind bereits als Ursachen von Spontanheilungen oder Besserungen erörtert worden (vgl. S. 138ff.). Fast alle Psychotherapien gehen solche Kompromisse ein. Sie versuchen, spontane Besserungen mit technischen Mitteln zu imitieren.

Daß eine Triebregung in einem ihrer Abkömmlinge teilweise abgeführt wird, um den Rest verdrängt halten zu können, tritt außer bei spontanen neurotischen Symptomen und Charaktereinstellungen insbesondere bei perversen Symptomen auf.

Auch während der psychoanalytischen Behandlung treten gelegentlich Besserungen auf, bevor eine auf psychoanalytischem Weg herbeige-

führte Veränderung wirklich erreicht ist. Der Patient verwendet dann eine neue Erkenntnis, die er durch eine erfolgreiche Deutung gewonnen hat, im Sinne eines Widerstands und verstärkt durch sie andere Verdrängungen. Oder er verändert mit seiner Übertragung auf den Analytiker das dynamische Verhältnis von verdrängten Triebregungen und Angst, wobei dann der Analytiker als bedrohende, verzeihende oder Sicherheit gewährende Macht empfunden wird.
Die meisten Psychotherapien bieten dem Patienten gewisse Abfuhrmöglichkeiten, die als Ersatz einer spontanen Symptombildung hingenommen werden. Das geschieht entweder, weil sie die Konflikte eines Patienten tatsächlich erleichtern, seine innere Spannung herabsetzen und Gelegenheit zu Verdrängungen an anderen Stellen bieten, oder weil Rachemaßnahmen von seiten des Arztes gefürchtet bzw. Belohnungen unbewußt erhofft werden.
Glover hat einmal in einem sehr interessanten Referat untersucht, wie unvollständige oder ungenaue Deutungen und andere therapeutische Maßnahmen die Patienten beeinflussen (690; vgl. auch 687). Er kam zu dem Ergebnis, daß diese Maßnahmen ersatzweise Symptome anbieten, durch die die spontanen Symptome überflüssig werden können. Tatsächlich haben viele psychotherapeutische Maßnahmen Ähnlichkeit mit neurotischen Symptomen. Indem wir die Thesen Glovers teils übernehmen, teils ergänzen, können wir feststellen: Übungen, Bäder oder andere physische Maßnahmen, die Neurotikern vorgeschrieben werden, lassen sich als «künstliche Konversionen» betrachten. Das heißt, sie dienen, soweit sie erfolgreich sind, im Leben eines Patienten als ein Konversionsausdruck seiner Konflikte. Verbote aller Art – z.B. der Entzug von Alkohol und Nikotin – stellen eine «artifizielle Phobie» dar. Strenge Empfehlungen in bezug auf Lebensführung und Ernährungsweise können als «artifizielle Zwänge» dienen. Das gilt insbesondere für bestimmte religiöse Rituale, wie die Gebete der Christian Science, die Bußen bei der Beichte oder die magischen Formeln der «Autosuggestion», die eine Imitation der Wortmagie darstellen, mit der viele Zwangsneurotiker spontan ihre Symptome abwehren (28, 889). Häufig wird von zwanghaften Patienten medizinischer Rat in einer Weise angenommen, daß er Zwangssymptome hervorruft, die die Bedeutung einer Buße haben. Bäder sind z.B. seit alters her als Reinigungs- und

Bußhandlungen aufgefaßt worden, bei denen der Schmutz der Sünde abgewaschen werden soll. Gehorcht ein Patient seinem Arzt, so erkauft er sich dadurch den Schutz seines Über-Ich. Beschäftigungstherapie (754; vgl. 1440) kann, soweit es sich bei ihr um eine lustvolle Tätigkeit handelt, um Sport etwa oder um ein Hobby, weniger einen künstlichen Zwang darstellen als vielmehr eine künstliche Impulsneurose oder sogar eine Art künstlicher Perversion. Ist ein Therapeut entweder besonders gütig oder besonders streng, so schafft er eine passiv-rezeptive Abhängigkeit und unter bestimmten Umständen sogar einen künstlichen Masochismus. Er kann dann sogar sein eigenes Versagen auf die mangelnde Heilungsbereitschaft des Patienten schieben und von diesem eine positive Reaktion erwarten. Die Behandlung selbst kann die Bedeutung eines Bußrituals annehmen, durch das eine Neurose überflüssig wird (1446). Das Extrem einer künstlichen passiv-rezeptiven Abhängigkeit wird in der Hypnose erreicht, bei der die «Beziehung» zwischen Patient und Arzt selbst zu einer Ersatzneurose wird, die als künstlicher Infantilismus zu bezeichnen wäre. Die Verschreibung von Arzneimitteln dient, soweit der Patient durch sie «bösartige» Stoffe in seinem Körperinnern meint neutralisieren zu können, als eine Art künstliche Paranoia (12).
Die Wirksamkeit therapeutischer Methoden dieser Art hängt davon ab, ob der angebotene Ersatz mit der seelischen Dynamik eines Patienten vereinbar ist. Ein Hysteriker kann keine künstlich erzeugten Zwänge akzeptieren, ein Zwangsneurotiker keine künstlichen Konversionen. Darüber hinaus muß der Ersatz lustvoll sein, d. h. entweder eine verborgene sexuelle Bedeutung haben oder insgeheim Sicherheit bieten. Nur dann nämlich ist er attraktiver als die spontan ausgebildeten Symptome. Eine verborgene sexuelle Bedeutung ist z. B. bei den meisten Sportarten, den Hobbys und der Hydrotherapie offensichtlich (555). Etwas weniger offensichtlich ist sie, wenn eine bisher verschlossene Lustquelle durch die Erlaubnis eines Arztes zugänglich gemacht wird und eine ersatzweise Abfuhr gestattet, die den besonderen emotionalen Bedürfnissen eines Patienten entspricht. Es kann sich dabei um Spiele, das Theater, um Hobbys oder Bücher handeln (1141). Eine verborgene Sicherheit kann sich hinter Erlaubnissen dieser Art oder hinter anderen aus der Übertragung gewonnen Befriedigungen verstecken. Hat ein Patient seine neurotischen Symptome als (verdientes oder unverdientes) Leiden hingenom-

men, so wird die Wirkung solcher Maßnahmen desto größer sein, je eher er eine Freude als einen «Ausgleich» betrachten kann, auf den er Anspruch hat, oder als ein Zeichen der Vergebung, das sein Rachebedürfnis beendet. Die verborgene Bedeutung des Ersatzes muß jedoch von der ursprünglichen triebhaften Bedeutung eines Symptoms genügend weit entfernt bleiben, um akzeptiert werden zu können. Der Ersatz muß denselben Bedingungen genügen, denen ein Rat gehorchen muß, den man jemandem gibt, der sich langweilt (422). Er muß nahe genug bei der ursprünglichen verpönten Vorstellung liegen, um attraktiv zu sein, und er muß zugleich so weit von ihr entfernt sein, daß er nicht als Abkömmling zu erkennen ist.

Ein Ersatz wird desto bereitwilliger akzeptiert, je mehr er auch lebenspraktisch Erleichterung verschafft. Die oben erörterten lebenspraktischen, «rationalen» Maßnahmen, die akute Schwierigkeiten beheben, vermögen auch darüber hinaus Erleichterung zu verschaffen und können bei schweren Psychoneurosen zu einer positiven Einstellung gegenüber dem Therapeuten führen.

Die Ausbildung einer Übertragungsneurose ist der häufigste und wichtigste Ersatz einer spontanen Neurose. Als Übertragungsneurose bezeichnete Freud den Vorgang, bei dem verdrängte frühkindliche Triebkonflikte in den Gefühlen gegenüber dem Analytiker ihren Ausdruck finden. Sie können daher auf zahlreiche andere Darstellungsformen verzichten (577, 596). Der Therapeut wird als Reinkarnation der Eltern betrachtet und ihm wird die Fähigkeit zugeschrieben, Drohungen und Strafen, Schutz und Liebe spenden zu können.

Die bloße Gegenwart des Therapeuten kann die psychische Dynamik eines Patienten in eben der Weise beeinflussen, wie es einst die Erziehungsmaßnahmen der Eltern getan haben; denn unbewußt wird die Gegenwart des Analytikers als eine Wiederholung dessen mißverstanden, was in der Kindheit vorgefallen ist.

Die Mechanismen einer Besserung aufgrund von Übertragungen sind mit den Mechanismen identisch, die eine erfolgreiche Erziehung steuern. So kann sich die Vorstellung, das neurotische Verhalten fortzusetzen, im Kopf eines Patienten mit der Vorstellung von Gefahr verbinden. Ebenso kann die Vorstellung einer Besserung mit einer Hoffnung auf besondere Belohnung verbunden werden. Zugleich ist es möglich, daß beide Vorstellungen zusammen auftreten (427, 1495).

Wird eine Besserung aufgrund von Übertragungen mittels einer Drohung erzielt, so wirkt sie wie eine Kastrationsdrohung, die das Kind ursprünglich veranlaßte, bestimmte Triebregungen zu verdrängen. Der Glaube an die neue Kastrationsdrohung veranlaßt einen Patienten, die Symptome zu verdrängen, die als Abkömmlinge ursprünglich verdrängter Triebregungen hervortreten. Eine Besserung aufgrund von Sicherheit gewährenden Übertragungsgefühlen veranlaßt den Patienten, seine Neurose «dem Arzt zuliebe» abzulegen. Durch die Zuneigung und Liebe des Therapeuten erhofft er sich sexuelle Befriedigung. Er benötigt Zuneigung und Liebe, um seine Sicherheit und sein Selbstgefühl aufrechtzuerhalten. Viele Therapeuten haben großes Geschick darin, ihre Patienten Drohungen auszusetzen und anschließend in Sicherheit zu wiegen. Ein solches Vorgehen wirkt wie ein emotionales Wechselbad. Ferenczi erörterte die Wirksamkeit dieser Methode anläßlich von Beobachtungen bei der Zähmung eines wilden Pferdes (462).

Wie es Besserungen aufgrund von Übertragung gibt, so gibt es auch Verschlechterungen aufgrund von Übertragung. Sie treten nicht nur in den Fällen auf, bei denen eine Übertragung zum Widerstand geworden ist, d.h. bei denen ein Patient die analytische Arbeit unterbricht, weil er nur noch an der Erfüllung seiner Übertragungswünsche Interesse hat (449, 577), sondern sie treten auch in jenen Fällen auf, bei denen eine negative Übertragung eine Verschlimmerung der Neurose in ganz der gleichen Art mit sich bringt, wie eine negative Einstellung einem Erzieher gegenüber ein Kind veranlaßt, ungezogen zu sein. Um den Analytiker ins Unrecht zu setzen, kann sich der Zustand eines Patienten verschlimmern. Wird er dessen gewahr und macht er sich klar, welchem Zweck seine negative Übertragung gedient hat, so kann der Widerstand überwunden werden.

Gelegentlich kann eine Besserung paradoxerweise gerade dann eintreten, wenn aufgrund einer Übertragung der Analytiker ins Unrecht gesetzt werden soll. So kann z.B. ein Patient nicht nur dem Analytiker zuliebe seine Symptome verlieren, sondern auch um dem Analytiker, der ihn für krank erklärt, zu beweisen, daß er gesund ist. Der Trotz ist dann selbst zu einem Ersatz der offenbar geheilten Neurose geworden. Er sollte, um spätere Rückschläge zu vermeiden, unbedingt analysiert werden.

Zuweilen bleibt ein Patient trotz einer langen und scheinbar tiefen Analyse krank. Es mag dann vorkommen, daß er seine Analyse abbricht und bei einem anderen Therapeuten fortsetzt, der ihn in überaus kurzer Zeit heilt. Der rasche Erfolg des zweiten Therapeuten ist der Pointe in folgendem Witz vergleichbar. Eine Mutter schimpfte mit ihrem Sohn, weil dessen Anzug ruiniert war: «Dein Bruder hat den Anzug jahrelang getragen, und nichts ist passiert. Du trägst ihn nur ein paar Monate, und schon ist er kaputt!» Ein Patient in dieser Lage hat nicht ganz unrecht, wenn er annimmt, daß der erste Analytiker keine gute Arbeit geleistet hat. Denn die Übertragung wurde offenbar nur unzureichend analysiert. Aus diesem Grund ist auch die Heilung durch den zweiten Therapeuten mit großer Wahrscheinlichkeit langfristig nicht von Dauer.

Analytiker wissen, daß nicht nur Liebes- und Bestrafungserwartungen übertragen werden, sondern sehr viel spezifischere Erwartungen, Triebregungen und Emotionen. In der Analyse ist jede Übertragung, und mag sie noch so wichtiges Material bereitstellen oder für den weiteren Fortgang verwendbar sein, ein Widerstand. Denn die falsche Verknüpfung vergangener Emotionen mit der Gegenwart verdunkelt die wahren Zusammenhänge, und der Patient, der an der unmittelbaren Befriedigung seiner Übertragungswünsche interessiert ist, hat kein Interesse daran, seine Widerstände zu überwinden. Auch Besserungen aufgrund von Übertragung stellen keine Ausnahme von dieser Regel dar. Allzu häufig ist die Rede von einer «Flucht in die Gesundheit» berechtigt.

Anders sieht die Situation bei Therapien aus, die eine falsche Verknüpfung der unbewußten Wünsche eines Patienten als Mittel ihres therapeutischen Erfolges herbeiführen. Sie können es sich nicht leisten, Übertragungen spontan sich entwickeln zu lassen, um sie gerade in ihrer Spontaneität zu untersuchen. Sie müssen alles begünstigen, was verwendbare Übertragungsgefühle hervorruft. Vor allem aber müssen sie jede negative Übertragung von Anfang an verhindern. Ihre Schwierigkeit besteht darin, daß dies ziemlich planlos geschehen muß, weil ihnen die Dynamik der Konflikte eines Patienten zumindest in ihren Details unbekannt ist. Erkennbar ist diese Dynamik nur an der spontanen Entwicklung von Übertragungsgefühlen.

Alles, was in der Analyse einen Übertragungswiderstand hervorruft, kann bei einer Behandlung, in deren Verlauf die Übertragung nicht analysiert wird, zu einem «Erfolg» führen. Dieselben Faktoren sind aber auch für eine ungünstige Übertragungshandlung, z. B. den Abbruch der Analyse, verantwortlich.

Die Mehrzahl aller Therapeuten handelt nicht nach einem bewußt ausgearbeiteten «System», sondern folgt eher ihrer Intuition. Der Arzt vermutet etwas, spielt eine bestimmte Rolle und ändert sein Verhalten nach den manifesten Reaktionen eines Patienten, ohne sie zu verstehen. Ein «geborener» Psychologe hat auf diese Weise einigen Erfolg, ein schlechter Psychologe scheitert.

Ein mit psychoanalytischen Mitteln arbeitender Therapeut ist in einer besseren Lage. Entsprechend seinem dynamischen Verständnis der Symptome und Äußerungen eines Patienten kann er sich ein Urteil darüber bilden, was Übertragungserfolge begünstigt und was sie beeinträchtigt (vgl. S. 162).

Eine Besserung aufgrund von Übertragungen ist selbstverständlich wenig vertrauenerweckend. Eine solche Besserung löst nicht die pathogenen Kindheitskonflikte, sondern verschiebt sie und wiederholt sie. Jede Veränderung in der Gefühlsbeziehung zum Therapeuten sowie jedes Erlebnis, das eine solche Veränderung motiviert, gefährdet den therapeutischen Erfolg. Aus diesem Grund gab Freud die Hypnose als Mittel der Behandlung auf. Es hatte sich nämlich herausgestellt, daß eine Besserung bei den Patienten nur so lange anhielt, wie sie sich mit dem behandelnden Arzt gut verstanden (586). Sie waren von ihm abhängig geworden, und diese Abhängigkeit war die Bedingung dafür, daß sich ihr Zustand besserte. Die Übertragung aber war nicht analysiert worden.

Genauer lassen sich Besserungen aufgrund von Übertragung am Beispiel der Hypnose untersuchen. Bei ihr dient die Abhängigkeit des Patienten vom Arzt, die Beziehung zu ihm, als Ersatzneurose. Die Hypnose zeigt dabei auch, welche Art von Beziehung die wirksamste ist. Nachdem Ferenczi (449, 453, 456) und Freud (606) zunächst festgestellt hatten, daß es sich dabei um eine frühkindliche libidinöse Bindung handelt, die den hypnotisierten Patienten an den Hypnotiseur fesselt, haben spätere Forschungen die Frage geklärt, welche frühkindliche Sexualität in dieser Beziehung vorherrscht (378, 651, 673, 872, 880, 994, 995, 1048, 1081, 1234, 1370, 1378). In seiner «Abhängigkeit» erfährt der hypnotisierte Patient die Befriedigung einer Sexualität, die sich noch nicht von seinen narzißtischen Bedürfnissen geschieden hat. Er kehrt auf die Stufe der passiv-rezeptiven Realitätsbewältigung zurück. In den ersten beiden Jahren unseres Lebens gaben uns «allmächtige» Personen, die für uns sorgten, Nahrung, Schutz, Unterkunft und sexuelle Befriedigung. Sie ließen uns an einer von uns verlorenen Allmacht teilhaben und vermittelten uns das Gefühl, in einem größeren Ganzen sicher aufzugehen, während wir noch keine Individualität ausgebildet hatten. Die Erinnerung an diese Jahre hinterläßt in jedem Menschen eine Fähigkeit zum Heimweh nach diesen frühen Zuständen, das sich immer dann meldet, wenn die aktive Realitätsbewältigung scheitert. Eine regressive Sehnsucht dieser Art wird in der Hypnose befriedigt.

Diese regressive Sehnsucht ist nicht bei allen Menschen gleich entwickelt. Am intensivsten liegt sie bei oralen Patienten vor, die zu Depressionen, Süchten und Impulsneurosen neigen.
Dieselbe Sehnsucht erhält große soziale Bedeutung, wenn sie sich in Zeiten einer allgemeinen Frustration der Massen bemächtigt und die aktive Bewältigung konkreter Schwierigkeiten ablöst (436).
Autoritäten und Erzieher antworten von alters her denen, die von ihnen abhängig sind und von ihnen Schutz und narzißtische Zufuhr erbitten: «Ihr könnt bekommen, was ihr braucht – unter einer Bedingung! Wenn ihr gehorcht, erhaltet ihr Schutz und Liebe. Gehorcht ihr nicht, so werdet ihr umkommen.» Die Initiationsriten primitiver und weniger primitiver Völker verbinden stets schreckliche Erlebnisse mit der feierlichen Aufnahme in die Welt der Erwachsenen (1284). Dem Initiierten wird klargemacht, daß er das Privileg genießen darf, ein Erwachsener zu sein und als Mitglied der jeweiligen Gesellschaft zu fungieren. Er dürfe aber, so wird ihm bedeutet, diese Privilegien nur solange genießen, wie er sich an die Gesetze und Regeln hält. Die Schmerzen, die ihm bei der Initiation bereitet werden, sollen ihn daran erinnern, daß man ihm viel größere Schmerzen zufügen wird, falls er nicht gehorcht. Ihm wird also die Teilhabe an der Macht in einem restringierten Sinne gestattet; denn sie bleibt an eine Bedingung gebunden. Untertanen und Kinder, die auf diese Teilhabe angewiesen sind, sind stets bereit, den Preis für eine solche Beschränkung zu zahlen.
Auch psychotherapeutische Besserungen aufgrund von Übertragung können auf diesem Wege erreicht werden. Ist ein Patient «brav» und benimmt sich nicht neurotisch, so erhält er vom allmächtigen Therapeuten Liebe, Schutz und eine «Teilhabe» an seiner Allmacht. Gehorcht er nicht, so muß er seine Rache fürchten. In dieser Hinsicht befindet sich der Psychotherapeut in guter Gesellschaft: Er verwendet dieselben Mittel der Beeinflussung wie Gott.
Tatsächlich stehen Therapeuten dieses Typus Gott nahe. Die Medizin im allgemeinen und insbesondere die Psychotherapie ist lange Zeit hindurch ein Zuständigkeitsbereich der Priester gewesen (1636). Oft ist sie das noch heute. Die Heilkräfte von Lourdes oder der Heilerfolg einer katholischen Beichte übertreffen noch immer die Leistungen eines durchschnittlichen Therapeuten (156, 965). Neurotiker, die Menschen

sind, denen es nicht gelungen ist, ihre Umgebung aktiv zu bewältigen, sind stets mehr oder weniger auf der Suche nach passiv-abhängigem Schutz. Je mehr es einem Therapeuten gelingt, den Eindruck zu erwecken, über magische Kräfte zu verfügen oder wie die alten Priester-Ärzte als Stellvertreter Gottes zu fungieren, desto stärker kommt er der Sehnsucht seiner Patienten nach magischer Hilfe entgegen. Die Christian Science und andere Sekten, die als Belohnung für Gehorsam und Glauben Gesundheit und magischen Schutz versprechen, können aufgrund ihrer Geschichte und der ehrfürchtigen Scheu, die sie von ihren Mitgliedern verlangen, bessere und schnellere Heilerfolge erzielen als viele Wissenschaftler.

Das soll nun nicht heißen, daß ein Therapeut um so erfolgreicher arbeitet, je mehr er sich magischer Mittel bedient und sich wie ein Zauberer aufführt. Die Magie besteht heute weniger im äußeren Aufwand großer Apparate als vielmehr in einer gewissen Unnahbarkeit der jeweiligen Autoritätsperson. Auf keinen Fall jedoch sollte der uralte magische Glaube unterschätzt werden (289, 965). Die auf den Doktor projizierte magische Macht muß nicht notwendig zur Verhinderung neurotischer Symptome eingesetzt werden. Sie kann auch wie bei der kathartischen Hypnose zur Aufgabe bestimmter Verdrängungen verwendet werden. Jeder Heilerfolg jedoch, der auf diesem Weg erzielt wird, bleibt auf eine passiv-abhängige Einstellung des Patienten zum Arzt angewiesen. Das Ich des Patienten wird nicht in die Lage versetzt, aus reifer Überlegung zu handeln, sondern wird unreif gehalten.

Hier liegt die entscheidende Beschränkung einer jeden kathartischen Behandlung (188, 510, 731). Überwindet man die Widerstände eines Patienten durch den Kurzschluß eines hypnotischen Befehls, so kann man Vergessenes zutage fördern und für die Analyse wichtiges Material in Erfahrung bringen. Der therapeutische Wert eines solchen Wissens ist jedoch nicht sehr groß. Ihm fehlen die dynamischen Veränderungen, die entstehen, wenn ein Patient seine Lebensgeschichte durcharbeitet und dabei erfährt, aus welchen Gründen er bestimmte Abwehrformen entwickelt hat und welchen Konflikten er sich stellen muß. Widerstände, die mit «Gewalt» überwunden und nicht analysiert worden sind, treten notwendig wieder auf.

Eine Zeitlang wurde das «Abreagieren» als therapeutisch entscheidend angesehen (504, 543, 554). Tatsächlich werden bei jeder korrekten Deutung bisher blockierte Emotionen befreit. Auf diesem Wege ist jedoch keine wirkliche und dauerhafte Lösung von Abwehrkämpfen zu erreichen. Zweifellos besteht die Analyse aus einer

Summierung der Abfuhr von Abkömmlingen. Es handelt sich bei ihr jedoch um eine allmähliche Summierung, der das Ich folgen können muß. Es werden nicht nur zuvor gebundene Energien mit einemmal befreit, sondern die somatisch stets erneut hergestellte Triebspannung muß auf Dauer abgeführt werden können. In der Analyse liefert das «Abreagieren» zuweilen bedeutungsvolles Material, steht aber zuweilen auch nur im Dienst des Widerstands. Es bietet Gelegenheit, dem Patienten die Existenz und Intensität seiner Gefühle vorzuführen und ihn auf das therapeutische Durcharbeiten dessen gefaßt zu machen, was in seinem Ausagieren zutage getreten ist. Unterbleibt ein Durcharbeiten, wie bei der Hypnose oder Narkosynthese, so bleibt die Wirksamkeit des Abreagierens auf die unmittelbare Erleichterung beschränkt, die ein Ausdruck von Emotionen zu verschaffen vermag. Eine unmittelbare Erleichterung dieser Art ist am intensivsten bei traumatischen Neurosen, sie ist noch intensiv bei traumatisch getönten Psychoneurosen, aber minimal bei chronischen Charakterstörungen.

Der Hypnotiseur übernimmt einige Funktionen des Über-Ich eines Patienten (und sogar einige der Funktionen des Ich) als ein vorübergehender, «parasitischer Doppelgänger» des Über-Ich (603). Als solcher versucht er, die zuvor geleistete Arbeit des Über-Ich, die den Abwehrkampf begonnen hat, ungeschehen zu machen. Ein sehr interessanter und vielversprechender Versuch, die Grenzen der Wirksamkeit des Hypnotiseurs zu erweitern, wurde von Erickson unternommen. Er verzichtete darauf, einer Patientin zu sagen, daß die Moral, die sie von ihrer Mutter übernommen hatte, falsch sei und nicht mehr in Betracht gezogen werden dürfe. Statt dessen legte er ihr nahe, daß die Mutter, die inzwischen gestorben war, ihre moralischen Vorstellungen geändert haben würde, wenn sie noch am Leben wäre (377).

Daneben hat Erickson andere Mittel beschrieben, die einen Hypnotiseur in die Lage versetzen, die vorübergehende Abhängigkeit eines Patienten zur Grundlage von dessen späterer Unabhängigkeit werden zu lassen (371, 372, 373, 374, 375, 376, 378).

Es sind in jüngster Zeit neue und überaus vielversprechende Versuche einer «Hypnoanalyse» unternommen worden. Bei ihnen wird die Hypnose oder ein chemisch herbeigeführter Zustand des Halbschlafs nicht nur zum «Abreagieren» verwendet, sondern um die nachteilige Wirkung aufzuheben, die in der Analyse entsteht, wenn das Ich sich seinen Konflikten und seiner fortgesetzten Abhängigkeit nicht stellt (673, 994, 995). Es ist noch nicht abzusehen, zu welchen Ergebnissen solche hoffnungsvollen Ansätze führen werden. Die therapeutische Wirksamkeit einer «Hypnoanalyse» bleibt mehr oder weniger auf eine Symptomanalyse beschränkt. Dieselben Hoffnungen und Beschränkungen gelten bei der Verwendung von Drogen zur Überwindung von Amnesien oder anderen Widerständen. Obwohl die Wirkung einer Droge «objektiver» ist als ein hypnotischer Befehl, versetzt auch sie das Ich in einen artifiziellen Zustand.

Viele Psychotherapeuten versuchen, das Selbstvertrauen ihrer Patienten zu stärken (vgl. 1609). Da mit zunehmendem Selbstvertrauen die Angst allgemein abnimmt, wäre dies tatsächlich ein probates Mittel. (Unglücklicherweise ist eine Stärkung des Selbstvertrauens ohne Analyse bei Neurotikern, die an Minderwertigkeitsgefühlen leiden, nur schwer zu erzielen.) Der Versuch, das Selbstvertrauen durch Suggestion zu stärken, ist jedoch eine zweischneidige Sache. Besitzt ein Patient nämlich Selbstvertrauen, weil der Arzt es ihm geraten hat, so hat er mehr Vertrauen zum Arzt als zu sich selbst. Sein Selbstvertrauen ist dann nur geliehen, und es geht mit der Teilhabe an der Macht des Arztes wieder verloren.

Die Psychotherapie, die den Patienten in Abhängigkeit hält, um ihm zu sagen, er solle unabhängig werden, befindet sich in einer ähnlichen Situation wie die heutige Erziehung. Auch sie nämlich versucht, dem Ideal aktiver Unabhängigkeit ebenso Genüge zu tun wie dem gehorsamer Unterwerfung. Den bedauernswerten Kindern oder, im Falle der Psychotherapie, den Patienten bleibt es überlassen, sich aus diesem Widerspruch herauszuwinden.

Unter günstigen Bedingungen geschieht das gewöhnlich auf folgende Weise. Unter der Maske der Unabhängigkeit und Aktivität, auf die er bewußt überaus stolz ist, genießt ein Patient seine passiv-rezeptive Abhängigkeit. Diese Abhängigkeit kann er sich als nur vorübergehend vorstellen und sich auf eine spätere (in der Phantasie antizipierte) Unabhängigkeit vorbereiten. Weil dies die seelische Situation von Kindern und Jugendlichen ist, neigen viele Neurotiker dazu, Kinder oder Jugendliche zu bleiben.

Es gibt im Leben zahlreiche Situationen, in denen eine scheinbar unabhängige Aktivität eine abhängige Passivität verdeckt. Für viele Neurotiker, und vielleicht nicht nur für sie, bietet die Armee Anlaß zu scheinhafter Aktivität. Soldat zu sein, erscheint in ihrem Bewußtsein als Gipfelpunkt aktiver Männlichkeit. In Wahrheit aber bedeutet Soldat zu sein, von Vorgesetzten abhängig zu sein, Teil eines größeren Ganzen zu werden und sich ernähren und kleiden zu lassen. Je intensiver diese innere Sicherheit aufgrund einer Abhängigkeit ist, desto größer kann die Enttäuschung sein, wenn sich herausstellt, daß die Vorgesetzten nicht in der Lage sind, Schutz zu gewähren (vgl. Bd. I, S. 176f.).

Der Gipfel einer Abhängigkeit, die sich als Unabhängigkeit maskiert, wird durch die Methoden der *Autosuggestion* erreicht. In ihnen wird ein schwaches und passives Ich durch ein mit magischen Kräften ausgestattetes ungeheures Über-Ich kontrolliert. Dessen Macht aber ist nur geliehen oder sogar usurpiert (28, 889).

Wie geht nun die «wilde Psychoanalyse» vor? Darunter werden Methoden der Psychotherapie verstanden, die nur begrenzte Deutungen geben, weil sie entweder nicht so weit in die Tiefe gehen oder den Patienten direkt mit Tiefendeutungen attackieren. Die «wilde Psychoanalyse» kann auf verschiedene Art vorgehen. Hat sie überhaupt Erfolg, so beruht er auf einer Kombination der folgenden Mechanismen:

1. Besserung aufgrund einer Übertragung, die durch dynamische Veränderungen in der Gefühlsbeziehung zum Arzt erreicht wird und mehr oder weniger unabhängig davon eintritt, was der Arzt jeweils sagt. Besserungen dieser Art sind oft am Beginn einer Analyse zu beobachten. – 2. Rationale Hilfe durch Verbalisierung von Konflikten, den Aufweis psychischer Zusammenhänge und eine Beratung bei aktuellen Schwierigkeiten. – 3. Eine unspezifische Hilfe, die darin besteht, daß die Aufmerksamkeit des Patienten auf Angelegenheiten gelenkt wird, die er bisher nicht beachtet hat. Ihm wird Mut gemacht, über zuvor verbotene Themen nachzudenken und zu reden (570). – 4. Eine spezifischere Hilfe derselben Art, d.h. ein wirklicher analytischer Einfluß, der, weil er in seiner Tiefe beschränkt ist, als Widerstand gegen eine weitere Analyse verwendet werden kann. Häufig wird eine analytisch gewonnene Einsicht dazu mißbraucht, in einem anderen Teil der Seele eine Verdrängung zu verstärken. Die Akzentverlagerung von der Gegenwart auf die Kindheit, die von einigen Psychotherapeuten vorgenommen wird, kann eine weitere Verdrängung von oder Illusionen über gegenwärtige Schwierigkeiten bedeuten. – 5. Alle artifiziellen Neurosen, die durch nichtanalytische therapeutische Maßnahmen hervorgerufen werden, können auch durch begrenzte und ungenaue Deutungen ausgelöst werden (690, 885).

Ohne Zweifel kann das psychoanalytische Verständnis der Arbeitsweisen nichtanalytischer Psychotherapien zur Wahl einer bestimmten Behandlungsmethode beitragen. Solange jede psychotherapeutische Schule ihre eigene «Theorie» hatte, waren Ergebnisse nicht vorhersehbar und hingen vom Zufall oder vielmehr von der Intuition eines Therapeuten ab. Die Methoden der Psychotherapie blieben dabei die gleichen wie zu den Zeiten der frühesten Hexenbeschwörer. Ihre Ergebnisse waren vielleicht nicht schlecht, aber da sie auf keinem systematischen Verständnis beruhten, waren sie unzuverlässig. Es war nie exakt vorherzusagen, ob sie im Einzelfall erreicht werden würden.

Eine kurze Psychotherapie auf psychoanalytischer Grundlage kann dem Abhilfe schaffen. Ein Analytiker ist in der Lage, die Symptome, die Lebensgeschichte, das Verhalten und die Äußerungen eines Patienten zu verwenden, um eine «dynamische Diagnose» zu stellen. Aus ihr ergeben sich die zentralen Konflikte eines Patienten, die relative Stärke der verdrängten und verdrängenden Kräfte, die Intensität der Abwehr sowie ihre schwachen Stellen, die Rigidität oder Elastizität der psychischen Konstitution eines Patienten sowie seine allgemeine Zugänglichkeit. Aufgrund einer solchen dynamischen Diagnose ist ein Analytiker in der Lage, bis zu einem bestimmten Grad von Wahrscheinlichkeit die Reaktionen eines Patienten auf bestimmte Maßnahmen vorherzusagen. Er kann mehrere begrenzte Deutungen miteinander in Einklang bringen, eine bestimmte Art der Übertragung provozieren, eine ersatzweise Abfuhr vorbereiten, durch Vorschläge oder Verbote die Umgebung eines Patienten in der Weise ändern, daß er bestimmten Versuchungen aus dem Wege geht und größere Sicherheit gewinnt; schließlich kann er aktuelle Konflikte verbalisieren und ihn bei seiner psychischen Hygiene beraten. Diese Art der Kurztherapie wird noch nicht in großem Umfang betrieben, aber es gibt vielversprechende Ansätze, die von Aichhorn (33, 34, 35) und Zulliger (1639, 1641, 1646) über das Chicagoer Psychoanalytische Institut (55) bis hin zu vielen amerikanischen Psychiatern und psychiatrischen Institutionen reichen (122, 297, 370, 679, 727, 787, 870, 941, 951, 964, 966, 1037, 1108, 1138, 1226, 1390, 1562).

In begrenztem Umfang wurde eine kurze Psychotherapie auf psychoanalytischer Grundlage bereits vom Berliner psychoanalytischen Institut ebenso versucht wie vom Psychiatric Service in Los Angeles. In bezug auf die Ergebnisse wird man als Psychoanalytiker gewiß zurückstecken müssen. Trotz dieser Einschränkung kann aber kein Zweifel daran bestehen, daß auf diesem Weg vielen Menschen geholfen werden kann. Es ist oft rührend, zu sehen, wie dankbar Patienten dafür sind, daß ihnen ein

Arzt aufmerksam zuhört und bereit ist, ihnen zu helfen. Ob jedoch auf diesem Weg ein dauerhafter Erfolg zu erzielen ist, bleibt eine offene Frage.
Die «Spieltherapie» mit neurotischen Kindern (59, 237, 300, 646, 1038, 1040, 1066, 1169, 1319, 1326, 1447, 1448 u.a.) beruht ebenso wie die Beschäftigungstherapie (754, vgl. auch 1440) auf einem «kathartischen» Effekt. Sie stellt neue Abfuhrmöglichkeiten zur Verfügung und kann mit begrenzten Deutungen arbeiten.

Man kann nur hoffen, daß unter dem Druck bitterer praktischer Notwendigkeit bald eine psychoanalytische Theorie der Therapien vorgelegt wird, die nicht mit analytischen Mitteln arbeiten (569, 1114). Das ist um so notwendiger, als bereits verschiedene Angriffe gegen die Psychoanalyse sich mißbräuchlich als «Kurztherapie» bezeichnen.
Die Psychotherapie geht andere Wege, wenn sie versucht, zur «Situationstherapie» zu werden und weniger die psychische Struktur eines Patienten als vielmehr seine Umgebung zu verändern.
Ein Wechsel in der Umgebung ist überaus wirksam bei Kindern, bei denen die Neurose noch nicht definitiv internalisiert worden ist. Hat ein Kind Angst vor unangenehmen Lebensverhältnissen, so kann eine Veränderung dieser Verhältnisse seine Angst und mit ihr seine neurotischen Verdrängungen beseitigen. Zuweilen kann ein Milieuwechsel auch die entgegengesetzte Wirkung haben. Die Umgebung kann für ein Kind zur Quelle von Erregungen und Versuchungen werden, und eine Unterbrechung dieser äußeren Reize kann die Intensität seiner Triebansprüche in ausreichendem Maße herabsetzen.
Nachdem eine Neurose stärker internalisiert worden ist, sind einfache Heilmittel dieser Art nicht länger anwendbar. Häufig wird eine Psychotherapie als Reedukation betrachtet. Aufgrund von Verdrängungen sind die Folgen der schädlichen Erziehungseinflüsse nicht unmittelbar zugänglich. Eine Wiederholung des Erziehungsprozesses ist jedoch denkbar, wenn dessen schädliche Folgen weniger in dem bestanden, was einem Individuum widerfahren ist, als vielmehr in dem, was an ihm versäumt wurde. Das Versäumte nämlich kann unter Umständen später nachgeholt werden. Als Beispiel mögen hier die sogenannten Psychopathen dienen, deren Über-Ich-Schäden auf eine gestörte Kindheit zurückzuführen sind, in der sie weder Zeit noch Gelegenheit hatten, sich mit «guten» Elternfiguren zu identifizieren. Aichhorn berichtet, daß er in einer Reihe von Fällen therapeutische Erfolge unter der Voraussetzung

erzielen konnte, daß etwas, was in der Kindheit versäumt wurde, nachgeholt werden müsse (31, 32, 33, 34, 35).
Aber auch bei anderen Arten von Neurosen kann eine Veränderung der Umgebung nützlich sein. Eine Besserung beruht in diesen Fällen weniger darauf, daß pathogene Ängste ungeschehen gemacht werden können, als vielmehr darauf, daß auslösende Faktoren entfallen, die bestimmte Ängste oder Versuchungen verschlimmern. Zeremonielle phobische oder zwanghafte Bedingungen einer relativen Gesundheit, die abhanden gekommen sind, lassen sich in einer neuen Umgebung möglicherweise wiederherstellen.
Eine Besserung, die ausschließlich auf einen Milieuwechsel zurückzuführen ist, bleibt von diesem Wechsel abhängig. Ist ein Neurotiker gezwungen, sein vorheriges Milieu wieder aufzusuchen, so erkrankt er erneut. Daher ist auch der Aufenthalt in einer Klinik eine therapeutische Maßnahme von zweifelhaftem Wert.
Man kann jedoch aus einer veränderten Umgebung sehr großen therapeutischen Nutzen ziehen, wenn man eine Behandlung beginnt, während ein Patient sich in günstigeren Lebensumständen befindet. Behandelt man ihn in einer Klinik, sollte die tägliche Routine auf seine besonderen Bedürfnisse ausgerichtet sein und es ihm erlauben, sich abzureagieren, Sicherheit zu gewinnen sowie eine Übertragung auszubilden (87, 219, 261, 962, 964, 1138, 1440, 1443, 1477). In manchen Fällen kann eine solche Routine auch die Aufgabe einer Psychoanalyse erleichtern (1440). Ein Klinikaufenthalt ist indiziert, wenn ein schwierigerer Lebensabschnitt (Anfälle von Depression) überwunden werden muß oder wenn eine Psychoanalyse bzw. eine andere Art von Psychotherapie in der gewohnten Umgebung nicht durchgeführt werden kann (Süchte, Schizophrenie, Depressionen). Zuweilen ist alles gewonnen, wenn man nur Zeit gewinnt. Nach einem «Nervenzusammenbruch» kann eine begrenzte Zeit unter veränderten Bedingungen dafür ausreichen, daß das Ich sein verlorenes Gleichgewicht wiedergewinnt. Der alte Rat, bei Nervosität Urlaub zu machen, d.h. die Bedingungen aufzugeben, die eine Neurose hervorgerufen haben, enthält zweifellos ein Körnchen Wahrheit.
Aufgrund der überhandnehmenden Zahl von Patienten sowie aus theoretischen Überlegungen haben einige Psychoanalytiker mit einer *Grup-*

pentherapie begonnen. Übertragungsbeziehungen verlaufen in einer Gruppe sehr viel komplizierter. Die Objektbeziehungen der Mitglieder zueinander bieten in Liebe, Haß, Eifersucht, Neid und Identifizierungen sowie mit dem Beispiel von «guten» und «schlechten» Vorbildern ein ungemein komplexes Bild. Andere psychologische Charakteristika einer Gruppe scheinen jedoch eine Psychotherapie zu begünstigen. Freud hat die hypnotische Situation als eine «Masse zu zweit» bezeichnet (606). Er wollte damit darauf hinweisen, daß die libidinösen Bindungen einer Gruppe denen einer hypnotischen Beziehung ähneln. Diese Ähnlichkeit kann für psychotherapeutische Zwecke verwendet werden. Das Beispiel der anderen, mit denen ein Patient sich identifiziert, und die allgemeine Neigung, Abkömmlinge der Triebe und seelische Differenzierungen in einer Gruppe aufzugeben, können dazu beitragen, Widerstände zu überwinden. Für ein tiefergehendes Durcharbeiten scheint jedoch die intimere Zweiersituation von Arzt und Patient unerläßlich zu sein. Es ist daher verständlich, daß Thomas in seinem Überblick über die bisherigen Ansätze der Gruppentherapie zu der Feststellung gelangt, daß die auf Verdrängung und Inspiration beruhenden Methoden die analytischen bei weitem übertreffen (1535). Man wird sich fragen dürfen, ob Autoren wie Schilder, die an eine rein psychoanalytische Grundlegung der Gruppentherapie glauben (1388, 1390, 1393, 1394), nicht in bezug auf das, was sie tun, einem Irrtum erliegen. Auf Verdrängung und Inspiration zurückgreifende Methoden können sehr unterschiedlich vorgehen. So können sich magische Wirkungen durch die bloße Gegenwart einer Vielzahl von Gläubigen verstärken, mit denen sich ein Novize zu identifizieren vermag. Zahlreiche Versuche sind in dieser Richtung unternommen worden. Sie reichen von denen, die Pratt bereits 1906 für tuberkulöse Patienten unternommen hat (1230), über die Praktiken von Sekten wie der Christian Science zu den durch heilige oder profane Theatervorstellungen gebildeten Gemeinschaften (1145) bis hin zu der Arbeit von Borrow, der durch eine «Phyloanalyse» versucht, seine Patienten zur Beachtung ihrer natürlichen Körperfunktionen zurückzuführen (224, 225).

2. *Schocktherapie*

Da in diesem Buch die manisch-depressiven Störungen ebenso erörtert werden wie die Schizophrenie, wird man wahrscheinlich erwarten, daß es zumindest kurz auf die Schocktherapie eingeht. Es konnte bisher keine Einigkeit darüber erzielt werden, worauf die Wirkung einer Schockbehandlung zurückzuführen ist. Da die unterschiedlichsten Mittel, wie z.B. Insulin, Metrazol und Elektroschocks, sich in gleichem Maße als wirksam erwiesen haben, beruht die Wirkung einer solchen Behandlung wahrscheinlich eher auf dem Schockerlebnis als auf dem Mittel, durch das er herbeigeführt wird.

Daß sich Elektroschocks und eine Metrazolbehandlung bei manisch-depressiven Störungen und starker Melancholie eher bewähren, während sich Insulin bei bestimmten Schizophrenien als wirksamer erweist, nimmt diesem Schluß etwas von seiner Plausibilität.

Was aber ist ein Schock? Zweifellos handelt es sich um etwas, das den Organismus sowohl physisch wie seelisch trifft. Der Verfasser dieses Buches kennt die Schockbehandlung nur aus der Analyse von Ärzten, die sie anwenden. Die (bewußte oder unbewußte) Einstellung dieser Ärzte zur Schocktherapie war regelmäßig auf die Vorstellung zurückzuführen, daß die Patienten in ihr getötet und wieder zum Leben erweckt würden. Je nach der Persönlichkeit der Ärzte waren mit dieser Vorstellung unterschiedliche Gefühle verbunden. Möglicherweise entspricht der Eindruck, den die Behandlung Ärzten vermittelt, einem Eindruck der Patienten. Auch sie scheinen eine Art von Tod und Wiedergeburt zu durchleben. Die Vorstellung, den kranken Menschen zu töten und eine gesunde Person ins Leben zu rufen, verweist auf alte, magische Praktiken. Das besagt freilich nichts über die objektiven und alles andere als magischen Veränderungen, die in einem Organismus auftreten können, während ein Patient etwas magisch erlebt.

Die psychoanalytisch orientierten Autoren, die sich mit der Schockbehandlung beschäftigt haben (231, 362, 718, 724, 1046, 1212, 1392, 1431, 1518, 1554, 1560), vertreten die Auffassung, daß objektive Veränderungen der Körperfunktionen und insbesondere der Stoffwechselprozesse im Gehirn den Vorstellungen von Tod und Wiedergeburt entsprechen. Plausibler als für die Vorstellung einer Wiedergeburt läßt sich das für die des Todes vertreten. Der Schock führt wahrscheinlich zu einer augenblicklichen Regression, einer Aufhebung von Differenzierungen und einer Reduktion des Organismus auf eine primitive Entwicklungsstufe. Das allein aber vermag zu keiner Heilung zu führen. Die «Wiedergeburt» nach diesem künstlichen «Tod» erscheint problematischer und von größerer Wichtigkeit. In bezug auf sie sind zwei einander widersprechende Theorien vorgelegt worden: 1. Einige Autoren sind der Meinung, daß nach der Entdifferenzierung der Persönlichkeit eine neue Entwicklung einsetzt, die zu einer größeren und dauerhafteren Realitätstüchtigkeit führen kann. Das gilt nach ihrer Auffassung insbesondere dann, wenn zugleich psychotherapeutisch die Chance genutzt wird, die sich mit dem Regressionsschock für eine Umstrukturierung des Unbewußten bietet (231, 1392). Die Blockierung kortikaler Impulse durch den Schock hebt seelische Hemmungen auf, so daß Triebregungen, die insbesondere auch aggressiver Natur sind, aus der Verdrängung zutage treten. Einige Autoren meinen sogar, daß alle ursprünglichen Entwicklungsstufen des Ich und der Libido nach dem Schock in schneller Folge erneut durchlebt werden (1431). Das Trauma des Schocks soll angeblich die narzißtischen Schutzvorrichtungen eines Patienten zerstören und ihm eine bessere Anpassung an die Realität in der Wiederholung seiner Entwicklung während der Restitutionsphase nach dem Schock ermöglichen (231). – 2. Andere Autoren stehen dagegen der Möglichkeit einer Readaptation skeptischer gegenüber. Sie befürchten dauernde Schäden infolge der Schockbehandlung (362, 1560). Die volle Differenzierung der Persönlichkeit, so argumentieren sie, sei nie wieder zu erreichen; das Persönlichkeitsniveau bleibe ein für allemal niedriger; die Folge sei ein dauernder Verlust emotionaler Tiefe und der Differenzierung persönlicher Kontakte. Der Heilerfolg könne auf den Umstand zurückgeführt werden, daß eine Anpassung an die Realität einer einfachen vegetativen Existenz leichterfalle als einer hoch entwickelten Persönlichkeit (362). Sullivan fand die radikalste Formulierung dieses Arguments, indem er schrieb: «Die Philosophie (der Schocktherapie) läuft darauf hinaus, daß ein zufriedener Idiot besser dran sei als ein Schizophrener» (1518). Eisler vertritt die Meinung, daß «eine Metrazolbehandlung, wenn überhaupt, erst angewandt werden sollte, wenn eine Psychotherapie definitiv gescheitert ist» (362).

3. Die Psychoanalyse als therapeutische Methode

Im Gegensatz zu allen anderen Arten von Psychotherapie versucht die Psychoanalyse, die pathogene Abwehr wirklich aufzulösen. Sie sieht darin das einzige Mittel, um die Patienten definitiv von den schädlichen Folgen ihrer pathogenen Konflikte zu befreien und ihnen wieder Zugang zu den Energien zu verschaffen, die zuvor in diesen Konflikten gebunden gewesen waren. Die Psychoanalyse ist daher die einzige *kausal* vorgehende Therapie von Neurosen. Ihr Ziel besteht darin, das Ich eines Patienten mit dem zu konfrontieren, was er zuvor abgewehrt hat. Die Übertragung wird nicht unmittelbar für therapeutische Zwecke nutzbar gemacht, sondern sie wird zunächst analysiert, um sie dem Patienten vorzuführen. Was vor der Analyse aus der Persönlichkeit ausgeschlossen worden war, findet jetzt wieder Anschluß an sie und gelangt zu nachträglicher Reife. Der größere Teil der bisher in Abwehrkonflikten gebundenen Triebenergien kann abgeführt werden, der kleinere Teil kann mit besseren Mitteln abgewehrt werden (874, 1114).

Obwohl diese Ausführungen möglicherweise bereits Gesagtes wiederholen, ist der Sachverhalt wichtig genug, um ausführlicher kommentiert zu werden.

Im Seelenleben des Neurotikers liegt eine pathogene Abwehr vor. Ihre Wirksamkeit verdankt sie der Tatsache, daß während der Kindheit entwickelte Ängste und Schuldgefühle in ihr fortleben, die sich dem Zugriff eines vernünftigen Ich entziehen. Freud bezeichnete es einmal als das Wesen der Neurose, daß in ihr Ängste weit über jene Zeit hinaus beibehalten werden, in der sie der Realität angemessen waren (618).

Der fortdauernde Glaube an eine Gefahr, die offensichtlich nicht gegeben ist, stellt in sich selbst ein Ergebnis der in der Kindheit unter dem Einfluß eben dieser Angst entwickelten Abwehr dar. Die Angst, die zur Abwehr geführt hat, ist zusammen mit den verpönten Triebregungen ins Unbewußte abgedrängt worden. Sie nimmt nicht an der Entwicklung des übrigen Ich teil und kann durch spätere Erfahrung nicht mehr korrigiert werden.

Die Aufgabe der Therapie besteht darin, dem bewußten Ich die Inhalte wieder zugänglich zu machen, die als unbewußte Ängste des Ich und

Triebregungen des Es durch Gegenbesetzung vom Bewußtsein ferngehalten worden sind. Es geht also darum, die Gegenbesetzung aufzuheben. Möglich wird das durch den Umstand, daß die abgewehrten Triebregungen Abkömmlinge produzieren.
Folgt man der Grundregel der Psychoanalyse und schließt die zweckgerichteten Bestrebungen des Ich soweit wie möglich aus, treten derlei Abkömmlinge deutlicher zutage. Jede Deutung eines Widerstands oder einer Triebregung des Es besteht darin, dem urteilsfähigen Teil des Ich gegen Widerstände einen Abkömmling des Unbewußten als solchen vorzuführen. Eine Deutung kann nicht darin bestehen, unbewußte Inhalte beim Namen zu nennen, die noch nicht durch vorbewußte Abkömmlinge repräsentiert worden sind und die ein Patient infolgedessen nicht einfach dadurch erkennen kann, daß er ihnen seine Aufmerksamkeit zuwendet. Führt man dem Patienten vor, daß er etwas abwehrt, wie er es abwehrt, warum er das tut und wogegen sich seine Abwehr richtet, so kann man sein abwehrendes Ich zur Toleranz gegenüber zunehmend weniger entstellten Abkömmlingen erziehen. An der Deutung des Übertragungswiderstandes, die praktisch das wichtigste Beispiel einer Deutung darstellt, hat Sterba gezeigt, daß sie aufgrund einer Spaltung des Ich in einen vernünftigen, urteilsfähigen Teil und einen erlebenden Teil wirksam werden kann. Der vernünftige Teil des Ich erkennt dabei, daß jener andere Teil der Gegenwart unangemessen ist und aus der Vergangenheit stammt (1490, 1497, 1498). Das führt zu einer Herabsetzung der Angst und damit zur Produktion weiterer, weniger entstellter Abkömmlinge des Unbewußten. Die Spaltung wird durch die Verwendung einer positiven Übertragung sowie aufgrund vorübergehender Identifizierungen mit dem Analytiker erreicht.

Es bleibt zu untersuchen, wie sich diese wünschbare «Ichspaltung» und diese «Selbstbeobachtung» von der pathologischen Spaltung und Selbstbeobachtung unterscheiden, die beide dem Ziel dienen, Isolierungen aufrechtzuerhalten und die Produktion von Abkömmlingen des Unbewußten zu *verhindern.*

Die «analytische Atmosphäre», die den Patienten davon überzeugt, daß er bei größerer Toleranz gegenüber seinen zuvor abgewehrten Triebregungen nichts zu fürchten hat, scheint nicht nur eine Voraussetzung jeder Übertragungsdeutung zu sein (vgl. Bd. I, S. 49f.); sie ist auch

ein entscheidendes Mittel, um das Ich dazu zu überreden, versuchsweise etwas anzunehmen, was es zuvor abgewiesen hatte.
Man hat in diesem Zusammenhang die Befürchtung geäußert, daß dies zu einer Isolierung der Analyse gegenüber dem Alltagsleben führen müsse. Der Patient, so wurde argumentiert, könne das Gefühl gewinnen, in der Analyse nur mit seinen Triebregungen zu spielen, während er sie im Alltagsleben, wo es mit ihnen ernst werde, weiterhin abwehren müsse (910). Dieser Einwand mag gelegentlich berechtigt sein. Wo er es ist, muß, was er trifft, als Widerstand analysiert werden. Das beseitigt aber nicht die Vorzüge einer Atmosphäre der Toleranz. Das «Ausagieren», das das Ich daran hindert, dem unbewußten Material konfrontiert zu werden, bietet dem Analytiker häufig wertvolle Einblicke. Es ist aber im Prinzip von keiner geringeren Gefahr als der gegenläufige Widerstand, bei dem in einer rein theoretischen Analyse nur über die Vergangenheit geredet wird, ohne daß ihr Fortwirken in der Gegenwart zur Kenntnis genommen würde. Denn das «Ausagieren» bezieht sich nur auf die Gegenwart und verleiht dem Patienten nicht das Bewußtsein, von seiner Vergangenheit beherrscht zu werden (445). Die Analyse aber sollte ihm zeigen, daß die Vergangenheit in der Gegenwart noch wirksam ist. Freud bemerkte einmal, daß der Analytiker von der Kindheit des Patienten reden müsse, wenn dieser nur von seinem gegenwärtigen Leben spreche, und daß er umgekehrt die Gegenwart ins Spiel bringen müsse, wenn der Patient ausschließlich seine Kindheitserinnerungen berichte. Ein bloßes Theoretisieren über die Kindheit bezieht sich nur auf eine Vergangenheit, die mit der Gegenwart nicht mehr verbunden ist, während das «Ausagieren» eine gegenwärtige Realität darstellt, ohne deutlich werden zu lassen, daß sie in der Vergangenheit verwurzelt ist.
Obwohl in der Analyse alle Methoden Verwendung finden, die dazu geeignet sind, die Produktion von Widerständen aufseiten des Patienten herabzusetzen (596), läßt sich der gewünschte Effekt desto dauerhafter und wirksamer erreichen, je mehr es dem Analytiker gelingt, das vernünftige Ich des Patienten mit seinen Widerständen und deren Ursprung zu konfrontieren (1271, 1279). Indem diese Konfrontation den Patienten dazu bringt, den unbewußten Teil seiner Widerstände anzuerkennen, macht sie diese selbst überflüssig.
Daß diese Konfrontation soweit wie möglich aufgrund der Übertragung

vorgenommen wird, unterscheidet die Psychoanalyse von allen anderen Psychotherapien. Jede psychotherapeutische Methode bedient sich der Übertragung, nur die Psychoanalyse *deutet* sie und hebt sie damit ins Bewußtsein. Wirksam wird die Deutung des Analytikers dadurch, daß er nicht emotional auf die emotionalen Ansprüche des Patienten, auf seine Liebe, seinen Haß oder seine Angst reagiert. Er bleibt ein «Spiegel», in dem der Patient sehen kann, was er selbst tut.

Der Analytiker weigert sich, an irgendeiner Übertragungshandlung des Patienten teilzunehmen, weil er seine Aufgabe als Arzt, der den Patienten heilen soll, in einer Weise begreift, die eine solche Teilnahme ausschließt. Die Forderung, der Analytiker solle ein «Spiegel» sein, schließt also keinen Verzicht auf die Heilungsaufgabe ein. Ein Analytiker, der seine Rolle als «Spiegel» so auffassen würde, müßte inhuman werden, wie ein Automat funktionieren sowie nach kurzer Zeit und keineswegs zu Unrecht scheitern (vgl. 438).

Der Umstand, daß die pathogenen Konflikte, die in der Übertragung wiederbelebt werden, in ihrem vollen emotionalen Gehalt erfahren werden, verleiht der Übertragungsdeutung eine sehr viel größere Effektivität als jeder anderen Deutung (46, 432, 1514).
Da Neurotiker Menschen sind, deren unbewußtes Triebleben entweder auf einer infantilen Stufe stehengeblieben oder zu ihr regrediert ist und in deren Sexualität (oder Aggressivität) sich infantile Formen erhalten haben, könnte man erwarten, daß nach einer Beseitigung der pathogenen Abwehr perverse Strebungen zum Vorschein kommen. Die Praxis aber beweist, daß diese Gefahr nicht vorliegt. Die abgewehrten Anteile der Triebe haben ihren infantilen Charakter allein deswegen erhalten, weil sie abgewehrt worden sind. Wird die Abwehr aufgehoben, fügen sich die zuvor ausgeschlossenen Teile der reifen Gesamtpersönlichkeit ein.

Bei der Analyse des Rattenmanns erläuterte Freud dies «durch einen Hinweis auf die in meinem Zimmer aufgestellten Antiquitäten. Es seien eigentlich nur Grabfunde, die Verschüttung habe für sie die Erhaltung bedeutet. Pompeji gehe erst jetzt zugrunde, seitdem es aufgedeckt sei» (567).

Die wesentlichste Errungenschaft der erwachsenen Triebökonomie ist der Genitalprimat. Die abgewehrte prägenitale Sexualität hat sich diesem Primat widersetzt. Nachdem sie aus ihrer Verstrickung in Abwehrkämpfe befreit worden ist, werden ihre Kräfte der Genitalität zugeschlagen. Es ist vor allem die Erfahrung einer nun möglich gewordenen Befriedigung, die ein für allemal die pathogene Stauung aufhebt. Triebregungen sind *periodische* Prozesse, die nach ihrer Befriedigung für einige Zeit verschwinden und erst allmählich wieder auftreten. Ist ein Individuum zu normaler Befriedigung fähig, so braucht das Ich sich nicht vor einer exzessiven Triebquantität zu fürchten.

Ein vereinzeltes «Abreagieren» vermag dies nicht zu erreichen. Es verhilft zu einer momentanen Erleichterung, führt aber nicht zu einer Beseitigung der Abwehrkämpfe oder zu einer Befreiung der in ihnen gebundenen Energie. Die relative Geringschätzung der therapeutischen Bedeutung des Abreagierens und der Auflösung verdrängter Erregungen im Akt der Bewußtwerdung setzt den relativen therapeutischen Wert einzelner Affektausbrüche herab. Diese können in bestimmten analytischen Situationen durchaus nützlich sein, stehen aber insgesamt im Gegensatz zur Entwicklung einer regulierten Triebökonomie. Wichtiger als das Abreagieren ist ein darauf folgendes «Durcharbeiten» (584). Dieses Durcharbeiten, das nach Rado der Trauerarbeit vergleichbar ist (1235), besteht darin, die unbewußte Triebregung, sobald sie einmal erkannt worden ist, in ihren vielfältigen Formen und Verknüpfungen wieder und immer wieder kenntlich zu machen, um auf diesem Wege ein Ende der pathogenen Abwehr zu erreichen.

Die Untersuchung des Ich und der Abwehrmechanismen trug viel zur Systematisierung und Wirksamkeit der psychoanalytischen Therapie bei (541). Sie ermöglichte es, die Deutung unter genauen dynamischen und ökonomischen Aspekten bestimmten Zeitpunkten zuzuweisen, an denen sich ihre Wirksamkeit erhöhte (433, 438). Sie vermochte jedoch nichts an dem hauptsächlichen Nachteil der Psychoanalyse zu ändern – an ihrer langen Dauer. Wir wissen nun aber zumindest, was diese lange Dauer notwendig macht: die Erziehung des Ich, immer weniger entstellte Abkömmlinge des Unbewußten zu ertragen, bis die pathogene Abwehr aufgehoben ist. Es ist z. B. unmöglich, das Wissen über die Rolle der Regression in der Zwangsneurose dazu zu verwenden, die Analyse abzukürzen und die analsadistischen Wünsche als bloße Entstellungen zu übergehen. Man kann nicht den Ödipuskomplex unmittelbar angreifen, da seine Erwähnung den Patienten dynamisch überhaupt nicht berührt, solange die Besetzung dieses Komplexes verschoben und mit analsadistischen Phantasien durchdrungen ist. Dasselbe gilt für alle anderen Formen von Widerstand. Die Deutungen des Analytikers müssen den Widerständen des Patienten in allen ihren Verzweigungen folgen und sie in ihrer Natur und Geschichte einen nach dem anderen aufdecken. Die Einzigartigkeit einer jeden individuellen Lebensgeschichte verbietet jede Art von Abkürzung.

Zur Veranschaulichung der Versuche, die zu einer Psychoanalyse erforderliche Zeit abzukürzen, sollte man sich eine Karikatur aus dem *New Yorker* vor Augen führen. Auf ihr ist ein Paar zu sehen, das mit hoher Geschwindigkeit Auto fährt. Die Frau bittet ihren hinter dem Steuer sitzenden Mann: «Fahr bitte keine Abkürzungen heute, wir haben nämlich keine Zeit!»

Die Beseitigung der Abwehr macht andere Abfuhrmöglichkeiten zugänglich, die bisher blockiert gewesen sind. Quantitativ spielen Sublimierungen in der Triebökonomie früherer Neurotiker eine geringere Rolle als eine angemessene sexuelle Befriedigung.
Es ist aufgrund ihrer therapeutischen Prinzipien nicht sehr schwer zu entscheiden, ob man eine bestimmte Behandlung als Psychoanalyse bezeichnen kann. Freud bemerkte einmal, jede Behandlung könne als Psychoanalyse angesehen werden, die es sich zum Ziel setze, Widerstände aufzuheben und Übertragungen zu deuten (586). Demnach hätte jede Therapie auf den Titel einer Psychoanalyse Anspruch, die das Ich mit seinen pathogenen Konflikten in ihrer vollen Emotionalität konfrontiert, indem sie die einer solchen Konfrontation entgegenarbeitenden Abwehrkräfte aufhebt. Zugleich muß sie diese Abwehrkräfte als «Widerstände» deuten, die sich insbesondere in der Übertragung äußern. Dies allein kann als Unterscheidungskriterium angenommen werden. Denn daneben ist es unerheblich, ob ein Patient liegt oder sitzt und ob bestimmte ritualisierte Vorgehensweisen eingehalten werden oder nicht. Bei Psychotikern ebenso wie bei Kindern und bei bestimmten Charakterstörungen muß die «klassische» Methode modifiziert werden. Am besten geeignet ist das Vorgehen, das die besten Voraussetzungen für die Aufgaben der Analyse bereitstellt. Auch ein «keineswegs klassischer Ansatz» bleibt eine Psychoanalyse, wenn die klassische Me-

thode nicht möglich ist. Es ist sinnlos, eine «orthodoxe» von einer «nicht orthodoxen» Psychoanalyse zu unterscheiden.
Überlegungen zum Vorgehen der Psychoanalyse, zu Fragen der psychoanalytischen Technik und speziellen technischen Problemen gehören zweifellos nicht in eine Neurosenlehre (vgl. 438, 684, 855, 1422 u.a.).

4. Indikationen einer psychoanalytischen Behandlung

Da sie pathogene Konflikte aufhebt, ist eine psychoanalytische Behandlung immer dann indiziert, wenn neurotische Schwierigkeiten als Ergebnis eines neurotischen Konflikts auftreten. Dabei kann die Verbindung zwischen den neurotischen Erscheinungsformen und dem pathogenen Konflikt direkt oder indirekt sein.
Freud hat die Neurosen unter therapeutischem Gesichtspunkt in Übertragungsneurosen und narzißtische Neurosen eingeteilt (596). Praktisch fällt diese Unterscheidung mit der gewöhnlichen Unterscheidung von Neurosen und Psychosen zusammen. Die neuen Termini betonen aber einen therapeutisch entscheidenden Umstand. Bei Neurosen suchen sich die abgewehrten Triebregungen in Verbindung mit einer Sehnsucht nach Objekten Ausdruck zu verschaffen, indem sie Übertragungen hervorrufen.

Übertragungen werden überall und immer entwickelt. Während der analytischen Kur wird ihre Hervorbringung jedoch begünstigt. Zum einen bietet die Grundregel durch den Ausschluß sekundärer, bewußter Motive besondere Gelegenheit, Abkömmlinge des Unbewußten hervortreten zu lassen. Zum anderen verleiht das Verhalten des Analytikers der Übertragung ein scharfes Profil, da er nicht wie Personen des Alltagslebens durch seine Reaktionen das in den Übertragungen entworfene Bild verzerrt (vgl. Bd. I, S. 188).

Psychotiker dagegen sind aufgrund ihrer Regression zu einer vor der Ausbildung von Objekten liegenden Entwicklungsstufe an einem Kontakt mit anderen nicht interessiert. Zumindest werden ihre versuchsweisen Kontakte durch die Neigung, sich zurückzuziehen, unverläßlich.
Da eine Deutung der Übertragung ihr wichtigstes Handwerkszeug ist, ist eine Psychoanalyse bei Übertragungsneurosen besonders indiziert,

während sie bei narzißtischen Neurosen scheinbar nicht angewandt werden kann.
Es gibt jedoch zu dieser allgemeinen Regel, die Freud noch in den «Vorlesungen zur Einführung in die Psychoanalyse» aufrechterhielt (596), bedeutende Ausnahmen. Denn die Unterscheidung zwischen den zwei Arten von Erkrankungen gilt nicht absolut. Reste von Objektbeziehungen bei Psychosen können ebenso als Grundlage einer ersten analytischen Einflußnahme dienen wie eine Sehnsucht danach, solche Beziehungen wiederaufzunehmen. Daraus kann sich allmählich eine minimale Übertragungsfähigkeit entwickeln. Wo jedoch eine solche Grundlage fehlt, ist die Psychoanalyse nicht anwendbar; wo sie nur in geringem Umfang vorhanden ist, erweist sich eine Modifizierung der psychoanalytischen Technik als unerläßlich (vgl. Bd. II, S. 355ff.).
Von Bedeutung ist aber nicht allein die Fähigkeit, eine Übertragung zu entwickeln; denn mindestens ebenso bedeutsam ist die Natur der Gefühle, die in sie eingehen. Je näher diese Übertragungsgefühle den normalen Regungen von Liebe und Haß kommen und je näher die Ziele der Übertragung den normalen Zielen der Genitalität stehen, desto einfacher wird die analytische Arbeit. Je näher dagegen die Übertragungsgefühle den archaischen Einverleibungszielen des Säuglings kommen und je prägenitaler die Übertragungsziele werden, desto schwieriger gestaltet sich die Aufgabe des Analytikers. Im allgemeinen entspricht daher die Schwierigkeit einer Analyse der Tiefe der pathogenen Regression. Unter Berücksichtigung des analytischen Wissens über die Tiefe der entscheidenden Fixierungen bei den einzelnen Neurosen können diese nach ihrer analytischen Zugänglichkeit in der folgenden Reihenfolge angeordnet werden:
1. Hysterie: Wenn keine besonderen Kontraindikationen vorliegen, ist die Prognose überaus günstig. Die besten Aussichten bestehen bei Fällen von früher Angsthysterie.
2. Zwangsneurosen und prägenitale Konversionsneurosen: Die prägenitale Regression ist hier für eine gewisse Unsicherheit der Ergebnisse verantwortlich. Fälle, bei denen die Rigidität zusammengebrochen ist, bei denen Angst aufgetreten ist und bei denen pathogene Konflikte wiederbelebt worden sind, liegen günstiger als Fälle mit einem relativ stabilen und unbeweglich gewordenen Gleichgewicht.

3. *«Neurotische» Depressionen:* d.h. leichte Depressionen, die noch auf Objekte gerichtet sind, und Zyklothymien. Das orale Element erschwert hier eine Analyse stärker als in Fällen von Zwangsneurose.

4. *Charakterstörungen:* Charakterstörungen sind im Prinzip stets schwerer anzugehen als Symptomneurosen, weil bei ihnen einer unvernünftigen Neurose kein vernünftiges und verläßliches Ich entgegensteht. Das Ich bleibt hier selbst in die Krankheit eingeschlossen. Charakterstörungen stellen jedoch Störungen von sehr verschiedenem Ausmaß und unterschiedlich tiefer Regression dar. Diesen Unterschieden entspricht eine größere Bandbreite bei den Schwierigkeiten der Behandlung. Außerdem ist in jedem Fall die Bereitschaft und Fähigkeit zur Mitarbeit verschieden sowie die Flexibilität oder Rigidität der Persönlichkeit des Patienten.

5. *Perversionen, Süchte und Impulsneurosen:* Im Prinzip sind diese Neurosen mit schweren Charakterstörungen vergleichbar. Sie sind jedoch besonders schwer zu behandeln, weil das Symptom entweder als lustvoll empfunden wird oder wenigstens lustvoll zu sein verspricht, woraus eine neue und schwere Form von Widerstand erwächst, und weil eine prägenitale (zumeist orale) Ausrichtung vorherrscht.

6. *Psychosen, schwere manisch-depressive Fälle und Schizophrenien:* In diese Klassifizierung sind die Organneurosen nicht aufgenommen worden, weil sie allzu unterschiedliche Strukturen aufweisen. Sie können kategorial jeder anderen Neurose entsprechen.

Die Klassifizierung bietet selbstverständlich nur einen Überblick. So kann sich etwa aufgrund von Komplikationen die Analyse eines Hysterikers als besonders schwierig erweisen, oder es können besondere Umstände die Analyse eines Schizophrenen verhältnismäßig erleichtern. Zahlreiche andere Details müssen bei einer Prognose in Rechnung gestellt werden: die dynamische Beziehung zwischen den Widerständen und einem Heilungswunsch, der sekundäre Krankheitsgewinn und die allgemeine Flexibilität einer Person. In akuten Fällen ist eine Psychoanalyse eher indiziert als in chronischen. Rezente Erkrankungen bieten eine bessere Prognose als ältere. Neurosen, die als ichfremd empfunden werden, sind leichter zu behandeln als andere, bei denen die Krankheit die gesamte Persönlichkeit befallen hat (795). Die besonderen Indikationen bei einzelnen Neurosen wurden bereits erwähnt.

Keiner der im folgenden aufgezählten Faktoren stellt eine absolute Kontraindikation einer psychoanalytischen Behandlung dar. Als relative Kontraindikationen müssen sie jedoch vor einer Entscheidung über eine solche Behandlung berücksichtigt werden.

1. Alter: Das ideale Alter für den Beginn einer Analyse liegt zwischen dem 15. und 40. Lebensjahr. Zweifellos aber ist eine Analyse sowohl in jüngerem wie auch in fortgeschrittenerem Alter möglich.

Das Alter spielt insofern eine Rolle, als die Psychoanalyse eine bestimmte Vernünftigkeit und eine gewisse Flexibilität der Gesamtpersönlichkeit voraussetzt. Kleine Kinder sind oft noch nicht verständig genug, während ältere Menschen ihre Flexibilität verloren haben.

Die erforderliche Vernünftigkeit ist jedoch nicht allzu groß, und Kinder sind im allgemeinen sehr viel eher dazu in der Lage, Verbindungen im Unbewußten aufzufassen, als man gemeinhin annimmt. Eine untere Altersgrenze ist daher nur durch die Fähigkeit zu sprechen gegeben (175). Die Kinderanalyse, die sich in den letzten Jahren zu einem gesonderten Gebiet der Psychotherapie entwickelt hat (179, 253, 538, 539, 541, 826, 953, 958, 1245, 1400, 1639), muß mit ihrer Technik ihrem besonderen Gegenstand gerecht werden. Kinder können nur selten der Grundregel der freien Assoziation folgen. Man muß also andere Wege finden, um unbewußtes Material zu sammeln. Das ist über die Beobachtung ihrer Spiele, ihrer künstlerischen Ausdrucksfähigkeit und ihres allgemeinen Verhaltens möglich. Bei der Kinderanalyse spielt die Übertragung eine andere Rolle als bei der Analyse Erwachsener. Solange die Instanz des Ich nicht definitiv ausgebildet ist, können Erwachsene an ihrer Bildung teilnehmen. Der Analytiker «stellt nicht nur die Mutter dar», sondern fungiert als eine zweite Mutter im Leben des Kindes, das er analysiert (538, 539). Die Übertragungsanalyse muß also anders gehandhabt werden. Es kann sogar vorkommen, daß bestimmte Erziehungsmaßnahmen mit den analytischen verbunden werden müssen. Kinder sind viel stärker von ihrer Umgebung abhängig als Erwachsene. Wenn ein Kind analysiert wird und danach in die selbe ungünstige Umgebung zurückkehren muß, in der die Neurose hervorgerufen wurde, so tritt diese erneut auf. Mit der besonderen Abhängigkeit der

Kinder hängt ein weiteres Problem der Kinderanalyse zusammen. Der Analytiker hat es in ihr nicht nur mit den Widerständen des Kindes, sondern auch mit denen der Eltern zu tun (826).
Die Heilung beruht bei der Analyse Erwachsener auf dem Umstand, daß nach einer Aufhebung der Verdrängungen der Primat der Genitalität errichtet wird und eine regelmäßige Befriedigung erreichbar ist, die es dem Patienten gestattet, die Ökonomie seines Trieblebens zu regulieren. Die Möglichkeiten einer wirklichen Triebbefriedigung sind dagegen für Kinder in unserer Kultur überaus begrenzt (842).
Alle diese Umstände komplizieren eine Kinderanalyse im Vergleich mit der Analyse Erwachsener. Sie machen sie jedoch keineswegs unmöglich. Kinderanalysen sind im Gegenteil oft erfolgversprechender als die von Erwachsenen, da bei Kindern die Neurose weniger zum Teil der Person geworden ist. Ist bei ihnen erst einmal ein bestimmtes Vertrauen und eine gewisse Sicherheit erreicht, so kann das der Analyse einen wichtigen Auftrieb geben. Eine Kinderanalyse kann darüber hinaus im Vergleich zur Analyse Erwachsener von großem prophylaktischem Wert sein. Nähere Einzelheiten sind aus der Spezialliteratur zu entnehmen (vgl. 175, 179, 221, 222, 300, 539, 541, 646, 666, 715, 716, 753, 825, 826, 841, 842, 934, 935, 953, 955, 958, 1062, 1066, 1097, 1110, 1185, 1245, 1316, 1400, 1401, 1415, 1424, 1487, 1553, 1639, 1641, 1646).
Fortgeschrittenes Alter schränkt notwendig die Plastizität einer Persönlichkeit ein. Da das Altern aber ein Prozeß ist, der auf den einzelnen Altersstufen verschieden stark eingreift, läßt sich in bezug auf die Analysierbarkeit älterer Menschen keine allgemeine Regel aufstellen. Mehrere Autoren, die mit Patienten in sehr hohem Alter Analysen unternommen haben, berichten von beachtlichen Erfolgen (18, 725, 859, 951, 1025). Zieht man in fortgeschrittenem Alter eine Analyse in Betracht, so sollte man die gesamte Lebenssituation eines Patienten im Auge behalten. Stehen ihm Möglichkeiten libidinöser oder narzißtischer Befriedigung zur Verfügung, so erscheint eine Analyse aussichtsreicher, als wenn sie ihn nur zu der Erkenntnis führen kann, daß sein Leben ein Fehlschlag gewesen ist, ohne ihm irgendeine Handlungschance als Ausgleich zu bieten. Um ein einzelnes Symptom zu beheben, kann man auch mit alten Menschen eine Analyse beginnen. Ist dagegen keine Heilung ohne tiefgehende Charakteränderung möglich, sollte man sich daran erin-

nern, daß Änderungsmöglichkeiten bei älteren Personen überaus begrenzt sind.

2. Schwachsinn: Da die Analyse in der Weise vorgeht, daß sie das Ich mit seinen Konflikten konfrontiert, können Fälle, bei denen die Fähigkeit zu einer solchen Konfrontation fehlt, nicht analysiert werden. Schwachsinn stellt eine Kontraindikation dar.

Selbst diese Kontraindikation aber gilt nicht absolut. Denn bei offenkundigem Schwachsinn kann es sich um eine psychogene Pseudodebilität handeln. In solchen Fällen kann der Analytiker seine Technik modifizieren, um zunächst einmal mit dem Patienten in Kontakt zu kommen. Über einen solchen Kontakt kann er dann versuchen, die Möglichkeiten des Ich eines Patienten zu erweitern (103, 173, 393, 957, 1019, 1020, 1099, 1379, 1403).

Selbst bei genuinem Schwachsinn, bei dem eine Psychoanalyse zweifellos unmöglich ist, kann die Verwendung bestimmter Momente der psychoanalytischen Behandlungstechnik möglich und hilfreich sein (1069).

3. Ungünstige Lebensumstände: Sogar bei jüngeren Menschen gewinnt man zuweilen den Eindruck, daß eine erfolgreich abgeschlossene Analyse sie unglücklicher machen würde, als sie mit ihrer Neurose sind. Das ist z. B. der Fall, wenn jemand unter Verhältnissen lebt, die jede Befriedigungsmöglichkeit ausschließen und bei denen die Neurose bestimmte Illusionen aufrechterhält (596). Zuweilen gewinnt man auch den Eindruck, daß es untunlich ist, Sehnsüchte zu erwecken, die nicht erfüllt werden können.

Die Entscheidung darüber, ob man Kranke, Krüppel oder anderweitig Behinderte analysieren soll, erfordert Einblick in die Dynamik der jeweiligen Persönlichkeit. Starke Persönlichkeiten sind gewöhnlich in der Lage, auch mit ungünstigen äußeren Verhältnissen fertig zu werden. Ihre Neurose kann sie daran hindern. Bei schwächeren Personen stellt gelegentlich die Neurose selbst die beste Art von Realitätsbewältigung dar. Dasselbe gilt für Menschen, die auch nach einer Analyse mit einiger Wahrscheinlichkeit nicht imstande sein werden, sexuelle Befriedigung zu finden.

4. Trivialität einer Neurose: Wie eine chirurgische Operation nur unternommen werden sollte, wenn sie notwendig ist, so sollten auch Neurosen nur behandelt werden, wenn man den Eindruck hat, daß sich die Mühe lohnt. Gelegentlich steht der Aufwand an Zeit, Geld und Energie in keinem Verhältnis zu der Schwere einer Störung. Wenn ein therapeutischer Erfolg mit geringerem Aufwand erreichbar scheint, sollte man auf keinen Fall eine Psychoanalyse beginnen.

5. *Dringlichkeit eines neurotischen Symptoms:* Es gibt neurotische Symptome, die unmittelbar behoben werden müssen, weil sie entweder körperliche Schädigungen mit sich bringen oder einfach unerträglich sind. Eine Psychoanalyse erfordert viel Zeit. Daher stellen derlei dringliche Symptome eine Kontraindikation dar.

Doch auch diese Kontraindikation gilt nicht absolut. Es ist denkbar, zunächst andere therapeutische Maßnahmen zu ergreifen, bis die unmittelbare Gefahr beseitigt ist, und dann mit einer Psychoanalyse zu beginnen.

6. *Schwere Sprachstörungen:* Da die Psychoanalyse sich als therapeutische Methode wesentlich der Sprache bedient, wird sie unanwendbar, wo das Sprechen unmöglich ist.

Auch dies aber bildet keine absolute Kontraindikation. Das Sprechen kann durch andere Formen der Kommunikation, z. B. durchs Schreiben ersetzt werden. Wahrscheinlich wäre es allein wegen des Zeitaufwands unmöglich, eine ganze Analyse schriftlich durchzuführen. Es ist jedoch möglich (und auch erfolgreich praktiziert worden), während eines begrenzten Zeitraums das Sprechen durchs Schreiben zu ersetzen, wenn z. B. hysterischer Mutismus vorliegt.

7. *Fehlen eines vernünftigen und zur Mitarbeit bereiten Ich:* Dies ist die praktisch folgenreichste Kontraindikation, die zugleich am allerschwersten zu beurteilen ist.

Die psychoanalytische Methode beruht auf der Mitarbeit eines vernünftigen Ich. Sie kann also, wie es scheint, nicht angewendet werden, wenn ein solches Ich nicht vorhanden ist. Häufig kann jedoch in einer «voranalytischen» Behandlungszeit mit nichtanalytischen Mitteln ein Ich gebildet werden. So läßt sich etwa bei Schizophrenen als Grundlage einer späteren Analyse eine Übertragung herstellen. Bei Psychopathen mit nur schwach ausgebildetem Über-Ich läßt sich, bis eine vernünftige Mitarbeit erreichbar ist, mit erzieherischen Mitteln ein gewisser Ausgleich für die entgangene Erziehung schaffen.

Weigert sich jemand aus Eigensinn oder aus anderen Gründen, in der Analyse mitzuarbeiten, so kann er zweifellos nicht analysiert werden. Es wird jedoch möglich, ihn zu analysieren, wenn es dem Analytiker gelingt, den Patienten davon zu überzeugen, daß er keineswegs (wie er meint) nicht mitzuarbeiten *wünscht*, sondern daß er zu einer Mitarbeit nicht in der Lage ist. Der Patient kann sich dann für diese Unfähigkeit zu interessieren beginnen, und dieses Interesse kann als erstes Motiv einer Mitarbeit eingesetzt werden, wobei dann zu hoffen bleibt, daß ihm andere Motive folgen. Nicht immer läßt sich diese Hoffnung realisieren. Das Problem der Mitarbeit des Ich ist bei den meisten Charakterstörungen überaus schwer zu lösen und kann sogar zuweilen unlösbar sein (438, 511, 512, 539, 1279).

Bei den beiden Extremformen von Charakterwiderstand, die oben als «allgemein frigide» und «pseudoemotional» (vgl. S. 41 f.) beschrieben worden sind, stellt sich dieses Problem gewöhnlich mit besonderer Schärfe. Frigide Patienten können sich weigern, die Logik der Gefühle zu verstehen (44), pseudoemotionale verfügen nicht über die notwendige Distanz, um ihre eigenen Gefühle zu beurteilen.
Da die Psychoanalyse eine wissenschaftliche Methode ist, verlangt sie von ihren Patienten keinen «Glauben». Sie können sich so skeptisch geben, wie es ihnen paßt (zeigen sie keinerlei Skepsis, so erhebt sich der Verdacht, daß sie negative Übertragungen verdrängen). Von den Patienten wird lediglich verlangt, daß sie in ihrer Mitarbeit der Grundregel folgen, ihr Bestes zu tun versuchen und der Psychoanalyse eine faire Chance geben. Die Psychoanalyse, so sagte Freud einmal, verlange von ihren Patienten eine wohlwollende Skepsis (578, 584).

Eine ähnliche Schwierigkeit ergibt sich bei Patienten, die nicht aus eigenem Antrieb zur Analyse kommen, sondern weil andere es ihnen nahegelegt haben, deren Wünsche sie erfüllen wollen. Dies ist keine gute Voraussetzung für eine Analyse. Es mag jedoch als Grundlage einer Versuchsanalyse von wenigen Wochen genügen, in deren Verlauf der Analytiker dem Patienten klarmachen muß, daß er sich um seine Analyse selbst zu kümmern hat und daher auch selbst entscheiden muß, ob er sich ihr unterziehen will oder nicht.
8. Bestimmte sekundäre Krankheitsgewinne: Manche Patienten scheinen von ihrer Neurose zu leben. Sie machen den Eindruck, nicht bereit zu sein, sie aufzugeben. Man kann viel Energie sparen, wenn man sich diesen Umstand rechtzeitig klarmacht.

An dieser Stelle erhebt sich das Problem einer Analyse von Künstlern. Diese fürchten oft, ihre schöpferischen Fähigkeiten zu verlieren, wenn deren Quelle in ihren Konflikten analysiert wird. Man kann gewiß niemandem zusichern, daß seine schöpferischen Fähigkeiten durch die Analyse nicht beeinträchtigt würden. Die Erfahrung lehrt aber, daß neurotische Arbeitsschwierigkeiten sehr viel häufiger durch die Analyse beseitigt werden als die künstlerische Schaffenskraft. Man wird jedoch einräumen müssen, daß bei einer geringen Zahl von Künstlern Arbeit und Neurose so eng miteinander verbunden sind, daß es unmöglich scheint, neurotische Störungen zu beheben, ohne die künstlerische Arbeitsfähigkeit zu beeinträchtigen.

9. Schizoide Persönlichkeiten: Hat man bei manchen Personen den Eindruck, daß sie zwar nicht psychotisch sind, es aber werden könnten, wenn ihre Kindheitskonflikte aufgerührt werden, so ist es schwer, zu einer Entscheidung darüber zu gelangen, ob sie analysiert werden sollten. Zweifellos gibt es schizoide Persönlichkeiten, bei denen eine Analyse einen psychotischen Prozeß hervorrufen kann. Ebenso aber gibt es andere, die durch die Analyse vor einer zukünftigen Psychose bewahrt werden. Man kann keine Regel angeben, nach der ein Patient zur ersten oder zweiten Kategorie gehört. Nur eine versuchsweise Analyse, die eine Einschätzung der dynamischen und ökonomischen Bedingungen des besonderen Falles ermöglicht, kann zu einer Entscheidung führen.

10. Kontraindikation der Analyse bei einem bestimmten Analytiker: Zuweilen meint ein Analytiker, daß ein bestimmter Patient besser von einem anderen analysiert werden sollte. Das kann seinen Grund darin haben, daß der Patient auf die Persönlichkeit des Analytikers nicht reagiert oder daß der Analytiker nicht gern bzw. nicht gut mit ihm zusammenarbeitet. Auch Patienten haben gelegentlich entsprechende Vorbehalte.

Da die Psychoanalyse ihrer Natur nach eine sehr enge persönliche Zusammenarbeit erfordert, kommt es zuweilen vor, daß zwei Personen ganz einfach nicht zueinander passen. Unterstellt man, daß der Analytiker hinreichend qualifiziert ist, so bieten sich, wenn man diese Situation analytisch betrachtet, zwei Möglichkeiten:

a) Es liegt ein bestimmter Widerstand auf seiten des Patienten vor. Die Frage ist, ob man ihm nachgeben darf. Im allgemeinen besteht die

Aufgabe der Analyse nicht darin, Widerständen nachzugeben. Sie werden von ihr vielmehr analysiert. Man wird sich also fragen müssen, ob dieser Widerstand nicht tief im Charakter des Patienten verankert ist, einen Teil seiner Neurose ausmacht und sich bei jedem Analytiker wiederholen würde. Der Regel, Widerständen nicht nachzugeben, kann man aber nur begrenzt folgen. Ist ein Widerstand allzu groß, muß seine Analyse zurückgestellt werden, bis andere analytische Arbeit geleistet worden ist. Ist z. B. ein Agoraphober nicht in der Lage, seine Wohnung zu verlassen, so muß ihn der Analytiker am Beginn der Behandlung zu Hause aufsuchen. Die Analyse eines intensiven Vaterkomplexes wird erleichtert, wenn der Analytiker, mit dem der Patient über diesen Komplex reden muß, nicht gerade seinem Vater ähnlich sieht.

Ähnliche Probleme wirft die Frage auf, ob ein bestimmter Patient besser von einer Analytikerin oder von einem Analytiker behandelt werden sollte. Bei der Erörterung der Homosexualität wurde weiter oben gesagt, daß das Geschlecht des Analytikers im allgemeinen nicht von ausschlaggebender Bedeutung ist (vgl. Bd. II, S. 192f.). Es gibt jedoch zu dieser allgemeinen Regel zahlreiche Ausnahmen. Personen mit stark ausgeprägtem Kastrationskomplex reagieren sehr unterschiedlich auf Männer bzw. Frauen. In solchen Fällen läßt sich ein allzu großer Widerstand in der Analyse vermeiden, indem man einen Analytiker auswählt, der aufgrund seiner Geschlechtszugehörigkeit weder eine allzu große Ablehnung hervorruft, noch einen allzu beruhigenden Einfluß ausübt (516, 604, 822). Kein Allheilmittel ist es dagegen, bei Schwierigkeiten in der Analyse zu einem Analytiker des jeweils anderen Geschlechts hinüberzuwechseln. Wichtiger ist es in solchen Fällen, die Schwierigkeiten gründlich zu untersuchen. Nur bei wenigen Ausnahmen, bei denen ein unüberwindbarer Widerstand vom Geschlecht des Analytikers abhängig zu sein scheint, ist ein solcher Wechsel indiziert.

In all diesen Fällen aber sollte man zunächst den Widerstand zu *analysieren* versuchen. Erst wenn er sich unter den gegebenen Umständen als unüberwindbar erweist, sollten diese Umstände geändert werden (1536).

b) Die Schwierigkeiten können aber auch auf seiten des Analytikers liegen. Jeder Analytiker, der sich selbst gegenüber ehrlich ist, wird, auch wenn er gründlich analysiert worden ist, zugeben, daß er mit bestimmten Patienten besser arbeitet als mit anderen. Das sollte jedoch nie so weit gehen, daß die Arbeit mit bestimmten Persönlichkeiten vollkommen unmöglich wird. Jeder Analytiker sollte ein so großes Einfühlungsvermögen besitzen, daß er jeden Persönlichkeitstypus zu analysieren vermag. Bleibt die Realität in dieser Beziehung allzuweit hinter dem Ideal zurück, so wird man den Fehler beim Analytiker suchen müssen. Er verfügt dann entweder über eine negative Gegenübertragung oder er ist enttäuscht, weil ein bestimmter Patiententyp nicht den Erwartungen entspricht, die er unbewußt und ungerechtfertigterweise mit seiner Arbeit verbindet. In solchen Fällen sollte der Analytiker selbst gründlicher analysiert werden (1501).

Jeder Analytiker tut gut daran, seine Verwandten, Freunde oder Bekannten nicht zu analysieren. Die Tatsache, daß seine eigenen Emotionen in bezug auf diese Personen seine Arbeit stören könnten, ist jedoch nur einer der Gründe für diese Regel. Ein weiterer liegt in dem Umstand, daß die Übertragung viel von ihrem spezifischen Charakter verliert oder sich zumindest weniger deutlich als Übertragung nachweisen läßt, wenn sie nicht im Verlauf der Analyse entsteht, sondern eine analytisch unkontrollierte Vorgeschichte besitzt.

Aus diesem Grunde kann sogar die Analyse von Verwandten, Freunden und Bekannten der Verwandten, Freunde und Bekannten des Analytikers zu einem zweifelhaften Unternehmen werden. Freud meinte jedoch, daß kein Analytiker Menschen seine Hilfe verweigern sollte, denen jede andere Hilfe unerreichbar bleibt. Er sollte jedoch wissen, daß er das Risiko auf sich nimmt, seine Freunde zu verlieren, wenn er sie analysiert (584).

Eine eingehende und zuverlässige Beurteilung dieser 10 Gesichtspunkte ist in jedem Fall nur in einer Analyse möglich. Aus diesem Grunde wird Patienten geraten, sich einige Wochen probeweise analysieren zu lassen. Nach Ablauf dieser Wochen kann eine endgültige Entscheidung darüber gefällt werden, ob ein Patient eine vollständige Psychoanalyse braucht. Die Probeanalyse wird nach denselben Regeln durchgeführt wie eine längere Psychoanalyse. Die Aufmerksamkeit des Analytikers bleibt bei ihr allerdings auf eine Beurteilung der Indikation gerichtet. Er wird im Verlauf der Probeanalyse nicht nur seine erste Diagnose bestätigen (oder ändern). Er wird auch eine «dynamische Diagnose» der führenden Konflikte eines Patienten stellen, sich einen Eindruck von den hauptsächlichen Widerständen und ihrer zu erwartenden relativen Stärke verschaffen, die Abwehrsysteme eines Patienten und ihre schwachen Stellen kennenlernen sowie sich ein Bild von der allgemeinen Zugänglichkeit, der Plastizität oder Rigidität des Patienten machen. Die Lebensgeschichte eines Patienten, sein Verhalten, seine Äußerungen und auch seine ersten Träume bilden das Material dieser dynamischen Diagnose (1354). Es ist jedoch wichtig, eine allgemeine, dynamische Diagnose nicht mit Hypothesen über besondere Kindheitserlebnisse zu verwechseln, die am Anfang der Analyse nicht formuliert werden können oder sollen, da sie die Aufmerksamkeit des Analytikers allzu definitiv in eine Richtung lenken würden. Darüber hinaus würden sie seine Empfänglichkeit für neue Eindrücke und seine Bereitschaft einschränken, sich durch neu auftauchendes psychisches Material überraschen zu lassen (1293). Die Beurteilung der kontraindikativen Faktoren ist nur ein Teil einer dynamischen Diagnose.

Verschiedentlich wurde die Frage aufgeworfen, ob es möglich ist, sich selbst zu analysieren. Freud bietet in dieser Hinsicht das beste Beispiel dafür, daß es in gewissem Umfang möglich ist. Seine «Traumdeutung» ist der klassische Fall einer Selbstanalyse (552).

In der Literatur haben verschiedene Autoren eine Selbstanalyse befürwortet (382, 383, 821). Im allgemeinen aber sind deren Möglichkeiten sehr beschränkt. Das gilt aus zwei Gründen:

1. Widerstände ohne Hilfe einer anderen Person zu überwinden, setzt eine sehr starke Persönlichkeit voraus. Es wird vollkommen unmöglich, wenn ein Widerstand aus einer «blinden Stelle» besteht und wenn man einfach nicht sieht, was man nicht sehen will. Ein Analytiker kann seinen Patienten immer wieder auf seine Blindheit hinweisen. In einer Selbstanalyse dagegen bleibt ein blinder Fleck unberührt.

2. Die als Übertragung bezeichnete Gefühlsbeziehung zum Analytiker, die bei einer Selbstanalyse fehlt, fungiert in doppelter Weise als Werkzeug der Analyse. Der Wunsch, dem Analytiker zu gefallen, ist ein wichtiges Motiv bei der Überwindung von Widerständen, und die Form der Übertragung bietet ein unersetzliches Untersuchungsmodell der Verhaltensmuster eines Patienten.

6. Statistiken über therapeutische Ergebnisse der Psychoanalyse

Häufig wird nach Statistiken über die therapeutischen Ergebnisse der Psychoanalyse verlangt. Sie sind schwer zu erstellen. Die Schlußfolgerungen, die sie bieten, hängen zunächst einmal davon ab, welche Fälle in sie aufgenommen worden sind. Wurden Fälle aufgenommen, bei denen von Anfang an eine zweifelhafte Prognose gegeben war, sehen die Statistiken natürlich sehr viel schlechter aus, als wenn die Fälle sehr sorgfältig ausgewählt worden sind. Eine zweite Schwierigkeit besteht darin, daß Ärzte unter Begriffen wie «Heilung» und «Besserung» sehr verschiedene Dinge verstehen. Gerade dieser Umstand sollte insbesondere dann berücksichtigt werden, wenn die Ergebnisse der Psychoanalyse mit denen anderer Therapien verglichen werden. Jedermann ist der Auffassung, daß es notwendig, aber nicht entscheidend für den Erfolg ist, wenn Symptome verschwinden. Auch die «Fähigkeit zur Arbeit und zum Genuß» kann sehr verschieden aufgefaßt werden. Analytiker kennen den Unterschied zwischen einem Übertragungserfolg, bei dem jemand diese Fähigkeit vorübergehend in beschränktem Umfang erworben haben kann, und einer erfolgreichen Heilung, bei der die psychische Dynamik aufgrund einer Psychoanalyse vollständig verändert worden ist (78, 1503).

Die Schwierigkeit, die Begriffe «Normalität» und «Gesundheit» unter psychoanalytischem Aspekt zu definieren, ist häufig erörtert worden (243, 693, 901, 1036, 1095, 1409). Besonders beeindruckend ist die Untersuchung von Hartmann (751). Glücklicherweise erfordert die Praxis eine weniger scharfe Trennung beider Begriffe.

Die Statistik, in der die zehnjährige Arbeit des Berliner Psychoanalytischen Instituts dargestellt wurde, legte sehr strenge Kriterien zugrunde. Die Ergebnisse sind zweifellos mit denen anderer medizinischer Statistiken vergleichbar (417). Inzwischen sind weitere Statistiken veröffentlicht worden (287, 1195, 1348). Man ist bei der Zusammenstellung all dieser Statistiken überall zu ähnlichen Ergebnissen gekommen (969). Zweifellos läßt die psychoanalytische Therapie noch viel zu wünschen übrig. Es gibt in ihr Fehlschläge und mäßige Erfolge. Es kann aber kein Zweifel daran bestehen, daß die Psychoanalyse zur Behandlung von Neurosen als die einzig radikale Methode am besten geeignet ist. Ihr

Hauptnachteil ist der große Aufwand an Zeit und Geld, den sie erfordert. Ihr Vorzug, auf den alle Analytiker stolz sind und dessen sich allein die Psychoanalyse rühmen darf, besteht darin, daß sie auf wissenschaftliche Erkenntnisse gegründet ist. Als Therapie stellt sie zugleich eine Forschungsmethode dar, die zu weiterer wissenschaftlicher Einsicht führt. Ihre Ergebnisse sind nicht nur für die Behandlung von Neurosen von Belang, sondern erlauben eine breitere Anwendung.

7. *Prophylaxe*

Überall wächst in der Medizin das Bestreben, Krankheiten nicht nur zu heilen, sondern ihren Ausbruch zu verhindern. Die psychiatrische Prophylaxe wird als seelische Hygiene bezeichnet (1581). Diese kann sich in ihrer Arbeit dem Einzelnen oder den Massen zuwenden. Sie versucht, einzelnen klarzumachen, wie sie sich verhalten müssen, um der Wahrscheinlichkeit einer Erkrankung zu entgehen. Zugleich versucht sie, auf gesellschaftliche Einrichtungen Einfluß auszuüben, um die Häufigkeit psychotischer oder neurotischer Erkrankungen zu verringern.

Da die Psychoanalyse zu einem wissenschaftlichen Verständnis des wirklichen Verlaufs von Neurosen geführt hat, kann kein Zweifel bestehen, daß ihre Erkenntnisse auch für die seelische Hygiene von entscheidender Bedeutung sein müssen. Ihre Möglichkeiten sollte man nicht unterschätzen. Versteht nämlich ein Arzt die Dynamik und die «Komplexe» eines bestimmten Individuums, so wird er zweifellos durch seinen Rat in der Lage sein, eine schädliche Mobilisierung latenter Konflikte zu verhindern (1500). Dennoch sollte man in die seelische Hygiene keine übertriebenen Hoffnungen setzen. Das gilt insbesondere in bezug auf ihre zweite Aufgabe, eine allgemeine Prophylaxe psychischer Erkrankungen.

Das entscheidende Element einer allgemeinen Prophylaxe ist eine richtige Kindererziehung. Neurosen beruhen auf neurotischen Konflikten, und diese entstehen während der Kindheit in den Auseinandersetzungen von Triebregungen und Ängsten, die darauf gerichtet sind, jenen Regungen nachzugeben. Ist es Eltern und Erziehern möglich, pathogene Konflikte bei Kindern zu vermeiden oder wenigstens ihrer Zahl nach zu verringern (64)?

Zweifellos läßt sich die Vorstellung nicht vermeiden, daß die Triebe gefährlich sein können. Denn triebhaftes Handeln ist zuweilen *in der Tat* gefährlich. Kein menschliches Wesen kann rein nach dem Lustprinzip leben und in jedem Augenblick tun, was ihm Spaß macht. Die Erfahrung lehrt jedes Kind (sogar ohne besondere Erziehungsmaßnahmen), daß solches Verhalten unvernünftig ist. Wenn es zu viel Süßigkeiten ißt, bekommt es Magenschmerzen; wenn es nach dem Feuer greift, verbrennt es sich; quält es seine Umgebung, so wird es selbst gequält. Daher verändert sich ein unter dem augenblicklichen Zwang von Triebregungen stehendes Leben allmählich in ein von der Vernunft beherrschtes. Das Realitätsprinzip wird aufgrund von Erfahrungen errichtet, die unmittelbare Lust mit unmittelbarem oder nachträglichem Schmerz verknüpfen. Späterhin hat es seine Ursache zusätzlich in Erfahrungen, die ursprünglich schmerzhaft sind und erst im nachhinein lustvolle Gratifikationen erreichbar werden lassen (427, 575, 1494) (vgl. Bd. I, S. 67 ff.).

Die Erziehung kann zweifellos bei diesem Prozeß eine Hilfestellung geben. Denn um das Realitätsprinzip zu erlernen, braucht man sich nicht notwendig zu verbrennen. Die Erziehung sollte daher die Schmerzen von Verbrennungen in geringerem Umfang an anderen Schmerzen zu antizipieren lehren und den Kindern dabei helfen, Unlust und Spannung zu ertragen.

Niemand weiß, wie sich ein Kind ohne Erziehung verhalten würde, ob es nicht im Zusammentreffen mit der Realität auf natürlichem Wege zur Vernunft gelangen könnte. Mit Sicherheit aber wissen wir, daß unsere Erziehungspraxis von jedem Kind mehr verlangt als bloße Vernünftigkeit. Häufig wird nämlich die Erziehung durch künstlich hervorgerufene Triebängste zu einer Übertreibung des Realitätsprinzips gedrängt, die eine Fessel für die Vernunft darstellt. Praktisch wird von einem Kind nicht nur ein angemessenes gesellschaftliches Verhalten verlangt, sondern dieses Verhalten wird in einer bestimmten Weise eingeschränkt, die auf eine Anpassung an vorliegende Bedingungen hinausläuft.

Zweifellos wäre eine Gesellschaft von Individuen absolut unmöglich, die sich triebhaft wie zweijährige Kinder verhalten würden. Die Frage aber ist, ob ein zweijähriges Kind, das nicht erzogen würde, niemals sein Verhalten ändern würde.

Die Gefahren der Erziehung bestehen also darin, daß das Realitätsprinzip jedes Einlenken auf die Triebe als gefährlich denunziert. Die Erziehung kann dann dem Kind den Eindruck vermitteln, alle Triebe (oder zumindest die meisten) seien gefährlich.

Gelegentlich wird die Meinung vertreten, daß die kindliche Sexualität eine gefährliche Entwicklung nehmen würde, wenn sie nicht verdrängt würde. Richtig daran ist, daß eine nicht regulierte Sexualität dazu neigt, die Bedürfnisse anderer zu ignorieren. Das aber ist ihre einzige Gefahr. Die Erfahrung lehrt, daß unbefriedigte Triebe sehr viel schwerer zu beherrschen und sehr viel gefährlicher sind als Triebe, die zuweilen befriedigt werden. Menschen, deren Sexualität nicht unterdrückt worden ist, wären nicht andauernd zum Geschlechtsverkehr bereit. Sie würden nur periodisch Verlangen nach ihm verspüren und im übrigen befriedigt sein. Erscheint die heutige Sexualität so oft als gierig, asozial und daher gefährlich, so ist das ein Ergebnis vorheriger Sexualunterdrückung. Manche fürchten, daß ein Kind, das seine Sexualität nicht verdrängt, der Gesellschaft keine nützlichen Dienste werde erweisen können. Es werde, so lautet ihre Befürchtung, seine gesamte Libido im Feld der ursprünglichen Sexualität verbrauchen und keinerlei Energie für Sublimierungen zur Verfügung haben (171). Diese Auffassung ist in keiner Weise berechtigt. Gewiß werden Sublimierungen mit Hilfe sexueller Energie gebildet, aber es handelt sich bei ihnen eher um prägenitale Energie. Die Unterdrückung der Sexualität verschafft dieser Energie keinerlei Zugang zu Sublimierungen, sondern hält die unbefriedigten Sexualtriebe unverändert im Unbewußten. Das hat eine Störung der angestrebten Sublimierungen sowie allen Handelns durch unbefriedigte Triebregungen zur Folge.

Vor Freud wußte die Wissenschaft nichts von der frühkindlichen Sexualität. Das beweist, wie groß der allgemeine Widerstand gegen sie war. Woher rührt dieser Widerstand? Wo entstand der Aberglaube, die frühkindliche Sexualität sei gefährlich? Wo bildete sich ein Erziehungswesen aus, das eine allzugroße Triebunterdrückung fördert? Einstellungen dieser Art sind ebenso wie die in unterschiedlichen Gesellschaften überaus verschiedenen Moralvorstellungen das Ergebnis der jeweiligen sozialen Verhältnisse und müssen nach Maßgabe dieser Verhältnisse kritisch analysiert werden (131, 1278).

Von hier aus wird nun die zuvor zum Ausdruck gebrachte Skepsis verständlich. Denn die seelische Hygiene wird durch soziale Verhältnisse in ihrer Wirksamkeit eingeschränkt. Als praktische Bewegung wird sie durch die gleichen sozialen Kräfte hervorgerufen, die zu dieser Beschränkung beitragen (307). Neurosen sind ein Übel, das unter dem Einfluß einer Erziehung entsteht, die weniger von den Meinungen und Persönlichkeiten einzelner Erzieher abhängig ist als vielmehr von allgemeinen sozialen Verhältnissen, die die Erziehungseinrichtungen ebenso bestimmen wie die Meinungen und Persönlichkeiten einzelner Erzieher. Zweifellos kann ein Analytiker eine Reihe allgemeiner Vorschläge zur Kindererziehung machen, die dazu dienen sollen, spätere Neurosen zu verhindern (833, 834, 1303, 1309, 1582). Soweit wie möglich sollten unnötige Warnungen vor einzelnen Triebregungen vermieden werden. Daneben sollten auch starke, aber unnötige Erregungen von außen vermieden werden, die die Triebansprüche über ihr spontanes Wachstum hinaus erhöhen. Allgemein läßt sich sagen: 1. Es ist nicht ratsam, Kinder sexuelle Handlungen zwischen Erwachsenen beobachten zu lassen. 2. Verführungen durch Erwachsene oder durch ältere Kinder sollten so weit wie möglich vermieden werden. 3. Es sollte nicht unmittelbar mit Kastration gedroht werden. 4. Die Reinlichkeitserziehung sollte nicht zu früh, nicht zu spät, nicht zu streng und nicht zu emotional vorgenommen werden. 5. Kinder sollten im voraus auf außerordentliche Ereignisse wie die Geburt von Geschwistern, Operationen usw. vorbereitet werden. 6. Es ist stets besser, für die Bedürfnisse eines Kindes Verständnis zu haben, als rigide Disziplinarmaßnahmen anzuwenden. All dies ist wichtig, und die Aufzählung könnte zweifellos noch weiter fortgesetzt werden. Es ist aber wiederum so wichtig auch nicht; denn die Wirksamkeit von derlei Vorschlägen ist überaus begrenzt. Wir meinen, indem wir das sagen, nicht, daß trotz intensivster Fürsorge Traumen auftreten können; denn dies wäre zweifellos kein Einwand dagegen, Kindern sein Bestes zu geben. Die Wirksamkeit der Vorschläge einer seelischen Hygiene wird vielmehr dadurch eingeschränkt, daß Umstände in der Umgebung eines Kindes, die schwerlich verändert werden können, einen viel größeren Einfluß ausüben als irgendeine isolierte Erziehungsmaßnahme. Die Worte, mit denen ein Erwachsener im Einzelfall auf die Triebhandlung eines Kindes reagiert, sind weniger entscheidend als die latenten und chronischen Einstellungen der Eltern zum Triebleben. Reich zeigte in einem ausgezeichneten Aufsatz, daß der Wert seelischer Hygiene weniger durch ihren manifesten Inhalt bestimmt wird als durch die gesamte seelische Umgebung, in der sie auftritt (1273). Die seelische Struktur eines Kindes legt fest, ob ein Erlebnis als Gratifikation oder als Bedrohung empfunden wird. Auch diese Struktur hängt von der Gesamtheit seiner vergangenen Erfahrungen ebenso ab wie von gegenwärtigen Einflüssen.

Die Umstände, die nicht nach Belieben veränderbar sind, sind zum einen mit dem *Unbewußten* der Erzieher gegeben, das nicht so sehr ihre «Erziehungsmaßnahmen» beeinflußt als vielmehr ihr Alltagsverhalten. Zum anderen sind sie mit der Institution der Familie gegeben, mit deren Verhältnis zu außerfamiliären Gruppen und der kulturellen Tradition. Gerade dieses Verhältnis aber ist wichtiger als das Unbewußte der Erzieher, das durch es beeinflußt wird. Man muß sich klarmachen, daß das wirkliche Ziel einer Erziehung nicht mit den Zielen identisch ist, die in den Lehrbüchern der Pädagogik genannt sind oder in den Köpfen der Erzieher auftreten. Die Absichten und Denkgewohnheiten einzelner Eltern oder Lehrer sind von weniger großer Bedeutung als die sozialen Institutionen, durch die sie beeinflußt werden. Es sind dies vor allem Schule und Familie. In der *Familie* ergibt sich eine Situation, in der ein Paar, das sexuelle Beziehungen unterhält, mit nur einigen Kindern zusammenlebt, wobei sich von diesem Paar einer als mehr oder weniger absoluter Herrscher darstellt. Mit der *Schule* ist eine Institution gegeben, in der äußere Verhaltensregeln wie z. B. festgelegte Stunden, Lehrpläne und Curricula vorherrschen.

Die «progressive Erziehung», die die Irrtümer der vorausgegangenen Periode aus Angst vor deren Frustrationen vermeiden wollte, ist zuweilen ins andere Extrem verfallen. Auch sie erwies sich als nicht weniger abhängig von sozialen Kräften als eine «autoritäre» Erziehung. «Frustrationsvermeidung» ist zweifellos unmöglich. Denn die Realität bringt notwendig Frustrationen mit sich. Daher bereitet eine künstlich beschützte Kindheit überaus unzureichend auf sie vor. Je mehr frühe Frustrationen vermieden werden, desto mehr haben späterhin geringfügige Frustrationen dieselbe Wirkung, wie sie intensive Frustrationen bei normal erzogenen Personen haben. Die Neigung der Erzieher, «stets nett zu sein», hat zur weiteren Konsequenz, daß Kinder den Eindruck gewinnen, jede Aggressivität sei schrecklich und verboten. Spüren sie nun Aggressivität in sich aufsteigen, müssen sie sie verdrängen. Ihre nach außen zur Schau gestellte Sanftmut läßt das Über-Ich (zumindest in seiner Einstellung zur Aggressivität) immer strenger werden, bis das Kind vielleicht sogar nach einer strengen äußeren Autorität als Ersatz verlangt (180). Darüber hinaus müssen die Eltern ihre eigene Aggressivität verdrängen, die dann ohne Zweifel in unerwünschtem Ausmaß und Umfang an anderer Stelle zutage tritt.

In der «modernen Erziehung» wird häufig der Standpunkt vertreten, jede Aggressivität sei böse. Wir wissen nicht, was «gut» und «böse» ist. Was wir aber wissen, ist, daß Aggressivität in vielen Lebenssituationen unumgänglich ist und daß ein Mensch, der sich ihrer nicht zu bedienen versteht, ebenso beeinträchtigt ist wie jemand, der seine sexuellen Fähigkeiten verloren hat (1349).

Zweifellos kann eine isolierte Veränderung der Erziehung einiger weniger Kinder diesen keine schweren Konflikte ersparen. Eher ist das Gegenteil der Fall. Solche Kinder werden früher oder später in noch schwerere Konflikte gestürzt, weil sie überall das Gegenteil von dem zu hören kriegen, was man ihnen zuhause oder in der Schule beizubringen sucht.

Die seelische Hygiene kann also in Einzelfällen Rat geben. Ziemlich hilflos ist sie aber, wenn sie mit den Problemen einer allgemeineren Öffentlichkeit konfrontiert wird. Mittel und Ziele der Erziehung werden nicht von Analytikern gemacht, sondern haben sich unter historischen Bedingungen und aufgrund sozialer Konflikte durch gegenwärtige (und vergangene) Gesellschaftsformationen entwickelt. Nicht nur wird sozial das Ausmaß vorgeschrieben, in dem frühkindliche Triebansprüche zugelassen werden oder verdrängt werden müssen. Vorgeschrieben werden darüber hinaus die Methoden, mit denen die vorgeschriebenen Frustrationen beigebracht werden müssen, sowie die Art, in der ein Kind auf diese Frustrationen reagieren muß. Die «Vergleichende Psychosoziologie der Erziehung» ist ein neues Forschungsgebiet von größter praktischer Bedeutung, das hier weder behandelt noch ausführlicher erörtert werden kann (131, 650).

Neurosen treten nicht wie das Altern mit biologischer Notwendigkeit auf. Sie sind auch nicht wie die Leukämie rein biologisch festgelegt. Die Hilflosigkeit des menschlichen Säuglings und die Ausdifferenzierung des organisierten Ich aus dem Es sind zweifellos Vorbedingungen für die Vorentwicklung von Neurosen (618). Sie sind aber ebensowenig deren Ursache, wie die Existenz des Magens Ursache von Magenkrankheiten sein kann. Neurosen sind auch nicht «durch soziale Verhältnisse beeinflußt» wie die Tuberkulose, bei der die besonderen Umstände von Wohnung und Ernährung über den Verlauf der Krankheit entscheiden können. Neurosen sind soziale Erkrankungen in einem strengeren Sinne. Während die verdrängten Triebansprüche (freilich erst in letzter Instanz) biologische Kräfte darstellen, verdankt sich der Zwang zu ihrer Verdrängung dem Druck der sozialen Umgebung. Die Notwendigkeit einer pathogenen Abwehr entsteht nicht aus Versagungen, die in der frühkindlichen Hilflosigkeit ihren Ursprung haben, sondern aus solchen, die Eltern und Erzieher verbal oder durch ihr Verhalten dem Kind auferlegen. Diese Erziehungsmaßnahmen stellen wiederum Ansprüche der Zivilisation dar, die einer Triebbefriedigung feindlich gegenüberstehen (561, 1396). Aus den Ansprüchen der heutigen Zivilisation in all ihren zeitgenössischen Erscheinungsformen entstehen die Neurotiker von heute (819). Soweit wir wissen, haben andere Zivilisationen andere Neurosen hervorgebracht, die sich von den unseren dadurch unterschieden, daß jene Zivilisationen andere Versagungen verlangten und andere Reaktionen auf sie notwendig machten. Viele Reaktionsweisen, die heute als Zwangsneurosen bezeichnet werden, gelten in anderen Zivilisationen als normal oder werden in ihnen institutionalisiert. Eine «Teufelsneurose im 17. Jahrhundert», die Freud einst untersuchte (610), würde heute in kein diagnostisches Schema passen. Wir können tatsächlich beobachten, wie sich das klinische Bild von Neurosen parallel zu Veränderungen in der Gesellschaft seinerseits verändert. Angesichts dieses Umstands muß man als Psychologe einräumen, daß das Problem der Ätiologie von Neurosen kein rein medizinisches Problem ist, sondern zusätzlich soziologische Überlegungen erfordert (433).

Neurosen sind das Ergebnis gesellschaftlich bedingter ungünstiger Erziehungsmaßnahmen, die einem bestimmten historisch entwickelten Gesellschaftszusammenhang entsprechen und mit einiger Notwendig-

keit aus ihm hervorgehen. Sie können nicht ohne eine Veränderung dieses gesellschaftlichen Zusammenhangs geändert werden.
Ist eine Gesellschaft instabil und steckt voller Widersprüche, wird sie gar zum Feld der Auseinandersetzung zwischen einzelnen ihrer Teile, so entscheidet allein, wer die Macht hat, darüber, welchen Zielen die Erziehung in ihr dienen soll. Die Instabilität und die Widersprüche einer Gesellschaft spiegeln sich in ihrem Erziehungswesen und später in den Neurosen ihrer Mitglieder wider.
Wir wollen an dieser Stelle nicht der Versuchung nachgeben, einen Exkurs zu Problemen der Soziologie, der Erziehung und der Moral zu machen. Stattdessen wollen wir das bisher Gesagte lediglich durch zwei Beispiele illustrieren.
Das Selbstgefühl eines Menschen hängt ebenso wie Inhalt und Ausmaß seiner Abwehr von seinen «Idealen» ab. Diese Ideale werden weniger durch unmittelbares Lehren und Lernen als vielmehr durch das geistige Klima entwickelt, in dem sich das Leben eines Kindes entfaltet.
Eine autoritäre Gesellschaft muß in ihren Mitgliedern die Bereitschaft zu späterer Unterwerfung erzeugen, indem sie ihnen die Idee einer jeden Autorität einhämmert: das an die Bedingung von Gehorsam und Unterwerfung gebundene Versprechen einer (realen oder imaginären) Teilhabe an Macht und Schutz. Eine demokratische Gesellschaft weiß sich den Idealen von Unabhängigkeit, Selbstbestimmung und aktiver Realitätsbewältigung verpflichtet. Gesellschaften, in denen «autoritäre» und «demokratische» Elemente miteinander im Widerstreit liegen, bilden auch widersprüchliche Idealvorstellungen aus. Ein Kind lernt in ihnen, daß es sich unterwerfen und gehorchen muß, um die notwendige Anerkennung zu erhalten, und es lernt zugleich, daß es auf eigenen Füßen stehen soll. Unumstritten war das gesellschaftliche Ideal der Autorität während des Feudalismus. Es wurde in diesem System für die Untertanen gesorgt, wenn sie bereit waren, auf ihre Unabhängigkeit zu verzichten. Die seelische Bereitschaft der Mehrzahl der Gesellschaftsmitglieder zu dieser Abhängigkeit war erforderlich, um die Gesellschaft zu erhalten. Der heraufkommende Kapitalismus führte zu der entgegengesetzten Idealvorstellung. Ein freier Wettbewerb setzte Freiheit und Gleichheit voraus. Mit der Entwicklung des Kapitalismus war die Mehrzahl der Menschen nicht nur erneut gezwungen, sich mit relativer Frustra-

tion und Abhängigkeit zufriedenzugeben, sondern ökonomische Widersprüche ließen die Gesamtgesellschaft in einem solchen Ausmaß instabil werden, daß mit dem Wegfall des freien Wettbewerbs autoritäre Verhaltensmuster wiederum als notwendig erschienen. Da jeder einzelne sich in seiner Existenz gefährdet fühlte, erschienen ihm seine vereinzelten Aktivitäten als aussichtslos. In dieser Lage treten regressive Sehnsüchte nach einer passiv-rezeptiven Lebenspraxis auf. Alte feudalistische Ideale werden wiederbelebt und sogar verstärkt. Das Ergebnis ist eine Mischung von widersprüchlichen Idealvorstellungen, die zu Konflikten und späterhin zu Neurosen führt. Unterschiede in den ökonomischen Bedingungen ebenso wie in der jeweiligen Geschichte sind für die enormen Unterschiede im Mischungsverhältnis von «Autorität» und «Demokratie» verantwortlich, die heutzutage in verschiedenen Ländern anzutreffen sind. Indem sie ihre Kinder früh auf die Rolle vorbereitet, die Geld und Wettbewerb in ihrem späteren Leben spielen werden, begünstigt jede kapitalistische Gesellschaft eine Verstärkung analsadistischer Strebungen. Dies ist um so ungünstiger, als zugleich die genitale Sexualität entmutigt und frustriert wird (434, 1278).
Ein zweites, noch allgemeineres Beispiel: Es ist für die heutige Gesellschaft charakteristisch, daß viele Menschen nicht in der Lage sind, ihre Bedürfnisse zu befriedigen, obwohl die Mittel ihrer Befriedigung durchaus vorhanden sind. Die Lehrbücher der Psychopathologie erörtern lang und breit die Mängel des Über-Ich bei Personen, die stehlen. Uns scheint, daß das Problem anders formuliert werden sollte: Wie kommt es, daß so viele Menschen *nicht* stehlen? Natürlich werden sie in erster Linie davon abgehalten, weil man sie mit Gewalt daran hindert. Die Mehrzahl aber wird nicht durch Gewalt oder Angst vor Bestrafung daran gehindert. Es ist unter den gegebenen gesellschaftlichen Verhältnissen gelungen, mit einer innerpsychischen Gewalt eine besondere Art von Gewissen auszubilden, die die Bedürfnisse unterdrückt, die nach Befriedigung verlangen. Man stiehlt nicht, «weil man es ganz einfach nicht tut». Besondere gesellschaftliche Institutionen lösen also die Entwicklung besonderer gegen die Triebe gerichteter Kräfte in den Gesellschaftsmitgliedern aus. Die Notwendigkeit solcher Kräfte muß als entscheidender Faktor in der antisexuellen Ausrichtung bestimmter Zivilisationen angesehen werden.

Es folgt aus unseren Bemerkungen, daß die Einsicht in die formende Macht der gesellschaftlichen Verhältnisse in bezug auf das Seelenleben der einzelnen keineswegs, wie manche Autoren glauben machen wollen, eine Veränderung der Freudschen Triebtheorie erfordert (653, 820, 921). Die Triebbedürfnisse sind das Rohmaterial, das durch gesellschaftliche Einflüsse überformt wird. Aufgabe einer psychoanalytisch orientierten Soziologie wäre es, die Details dieses Formprozesses zu untersuchen (650). Unterschiedliche «biologische Konstitutionen» enthalten eine Vielfalt von Möglichkeiten. Erst durch kulturell bedingte Erfahrungen werden diese Möglichkeiten in die Wirklichkeit überführt, wird die wirkliche seelische Struktur des Menschen geschaffen, werden seine Triebansprüche in bestimmte Richtungen gezwungen, werden einige dieser Ansprüche begünstigt, andere blockiert und wieder andere gegen den Rest gewendet.

Die seelische Hygiene wird sozial nicht nur durch Faktoren beschränkt, die die Kindererziehung betreffen. Auch Erwachsene werden durch ihre soziale Lage daran gehindert, dem Rat zu folgen, den ihnen die seelische Hygiene theoretisch zu geben vermag. Die guten Ergebnisse psychiatrischer Sozialarbeit sollten gewiß nicht gering eingeschätzt werden. Die meisten psychiatrisch ausgebildeten Sozialarbeiter werden aber wohl zustimmen, daß die Erfüllung grundlegender Ansprüche der seelischen Hygiene oft von Voraussetzungen abhängt, die die seelische Hygiene ihrerseits nicht erfüllen kann. Wäre es nicht die erste Aufgabe einer seelischen Hygiene, jedermann Arbeit, Brot und Befriedigung seiner grundlegenden Bedürfnisse zu garantieren?

Gewiß ist wirkliches Elend für die Entstehung von Neurosen bei Erwachsenen nicht verantwortlich. Es ruft jedoch Frustrationen und damit Regressionen hervor. Es führt nicht zur Bildung von Neurosen, kann aber ein auslösender Faktor in deren Entwicklung sein. Die alte Vorstellung, daß die moderne Nervosität durch die «Hast» und den «Konkurrenzdruck» der heutigen Zivilisation bewirkt wird, enthält ein Körnchen Wahrheit. Daneben kann das Elend Erwachsener auf indirektem Wege Neurosen hervorrufen, nämlich in der jeweils nächsten Generation, die von den frustrierten Erwachsenen erzogen wird.

Man hört seltsamerweise in bezug auf Neurosen zwei einander widersprechende Urteile. Manche äußern, daß Neurosen ein direktes Ergebnis sozialen Elends seien, daß es keineswegs überrasche, wenn Menschen zur «Nervosität» neigten, denen Ernährung und Unterkunft fehlt. Andere dagegen äußern, Neurosen seien eine Art «Luxus reicher Müßiggänger». Ein Arbeiter habe andere Dinge im Kopf, als nervös zu werden. Beide Urteile sind falsch und verraten in ihrer Gegensätzlichkeit nur einen allgemeinen emotionalen Widerstand gegen eine vorurteilsfreie Untersuchung der Neurosen. Das enorme Ausmaß von Neurosen in der heutigen Gesellschaft kennt keinerlei Klassenunterschiede. Diese Feststellung widerspricht keineswegs der These, daß Neurosen gesellschaftlich bestimmt sind. Sie illustriert nur die Tatsache, daß die moralischen Vorstellungen und Verhaltensweisen trotz extrem unterschiedlicher Lebensbedingungen sich in den verschiedenen Klassen einer gegebenen Gesellschaft nicht allzusehr unterscheiden. (Tatsächlich gibt es keinerlei Klassenunterschiede bei Neurosen. Sie entsprechen den Unterschieden im sozialen Erlebnishorizont der jeweiligen Kinder.) (133, 136, 496).

Im Leben der Erwachsenen könnte die seelische Hygiene als Prophylaxe von Neurosen wirksam werden, wenn sie neue Frustrationen und mit ihnen neue Verdrängungen verhindern könnte, wenn sie durch neue Befriedigungsmöglichkeiten «zur Gesundheit verführen» könnte, wenn sie Bedingungen zu schaffen vermöchte, die nicht alte Kindheitskonflikte remobilisierten. Noch wirksamer wäre sie, wenn sie in der Lage wäre, pathogene Konflikte zu verhindern. Sie müßte an den Punkten, an denen kindliche Triebansprüche notwendig zurückgewiesen werden müssen, einem Kind mehr Reaktionsweisen offenhalten, als es gegenwärtig zur Verfügung hat. Sie müßte es ihm ermöglichen, mit geringeren Schuldgefühlen, mehr Selbstvertrauen, mehr Aktivität, Vernunft und eigener Entscheidung sowie weniger archaischen Automatismen zu reagieren. Damit wäre sie in der Lage, ein starkes Ich zu schaffen, das die Konsequenz seines Handelns vernünftig antizipiert. «Wo Es war, soll Ich werden», schrieb Freud (628). Diese Forderung sollte ergänzt werden durch den Satz: «Wo Über-Ich war, soll Ich werden.» Denn auch die automatisierte Autonomie unvernünftiger Schuldgefühle und das Prinzip der Talion sollten einer vernünftigen Realitätsbewältigung weichen. Diese Forderung aber stößt gegen gesellschaftliche Schranken.

Nicht weil primitive Triebe noch in uns fortwirken, leben wir mit Krieg, Elend und Neurosen. Wir haben es vielmehr noch nicht gelernt, Krieg und Elend durch eine vernünftigere und weniger widersprüchliche Regelung unserer sozialen Verhältnisse zu vermeiden. Deshalb leben wir

noch mit einer Triebstruktur, die Krieg, Elend und Neurosen produziert.
Wir wissen nicht, ob es unter anderen sozialen Verhältnissen keine Neurosen gäbe. Was wir aber wissen, ist, daß unter den gegenwärtigen Bedingungen gesellschaftliche Faktoren schon die Ansätze einer Prophylaxe von Neurosen zu einer Sisyphusarbeit machen.
Sind wir angesichts des unerhörten neurotischen (und nichtneurotischen) Elends unserer Tage häufig der Verzweiflung nahe, wenn wir uns klarmachen, daß wir nur fünf bis zehn Personen im Jahr helfen können, so mag uns die Erkenntnis ein Trost sein, daß diese eingeschränkte psychotherapeutische Arbeit zugleich die Forschungsleistung einer Wissenschaft darstellt, die vielleicht eines Tages die Möglichkeit allgemeinerer Anwendung gewinnt.

Gesamtregister (Band I–III)